BORN TO
PUBLISH

BORN TO PUBLISH

ALLES, WAS SIE BRAUCHEN, UM IN DER
MEDIENBRANCHE ERFOLGREICH ZU SEIN

BY

KURT GASSNER

My-mindguide.com

Born to Publish
Kurt Gassner

Impressum
My-mindguide – The publishing trademarke of trendguide Capital GmbH, Klenzestr. 42a, 80469 Munich, Germany.

Reg. Nr. HRB Munich 206639, VAT 152 123 159, CEO: Kurt Friedrich Gassner
Web: www.my-mindguide.com, mail: gassner@my-mindguide.com

Paperback ISBN: 978-3-949978-80-7
Hardback ISBN: 978-3-949978-81-4

Inhalt

EINLEITUNG

Warum ich dieses Buch geschrieben habe

Jede Branche hat ihre „ungeschriebenen Regeln". Bevor Sie also selbst beginnen, in der Medienbranche Geld verdienen zu wollen, sollten Sie zunächst herausfinden, ob „Publishing" wirklich Ihr Ding ist.

Lernen Sie aus meinen Erfahrungen mit Trendguide
Ich bin im Bereich Medien tätig seit ich achtzehn Jahre alt bin – ich habe in der Werbebranche gearbeitet, ein Kinderbuch mit über 1 Mio Auflage und aktuell mehr als 20 Bücher auf Deutsch und Englisch geschrieben und TRENDGUIDE MEDIA , einen Netzwerk-Verlag gegründet.

In dieser Zeit habe ich viel gelernt und möchte nun dieses Wissen weitergeben, damit auch Sie gut vorbereitet in der für mich faszinierendsten Branche der Welt – der Medienbranche - durchstarten können.

Ja, es lohnt sich auch finanziell, wenn Sie den für Sie richtigen Weg wählen. Am besten beginnen Sie jetzt gleich damit, Ihre ersten Schritte zu unternehmen. Sie müssen nicht auf den „richtigen Zeitpunkt" warten, um anzufangen; er ist bereits da.

Wovon wir bei Trendguide allerdings dringend abraten ist, ein bestimmtes Datum als Geburtstag ihrer ersten Veröffentlichung oder gar Ihres Medienunternehmens festzulegen. Lassen Sie das geplante Ereignis einfach auf sich zukommen. Sie sollten Ihre Ideen nicht übereilt preisgeben, um eine bestimmte Frist einzuhalten oder bestimmte saisonale Trends zu bedienen. Das ist weder für Sie noch für Ihre Inhalte von Vorteil.

Allerdings ist es für andere Bereiche des Veröffentlichens von entscheidender Bedeutung, die Zeit im Auge zu behalten. Dies trifft insbesondere auf die für Weihnachtszeit – den saisonalen Höhepunkt aller Buchverkäufe – zu.

Ich weiß nicht, wie es Ihnen geht, aber ich habe über die Feiertage kaum Zeit, meine Einkäufe zu erledigen. Man muss zum Beispiel Feste besuchen und Geschenke verpacken. Da bleibt wenig Zeit, um sich auf die Suche nach einem neuen Krimiautor zu machen. Auch die Leser Ihres Verlages brauchen Zeit, um einen neuen Autor zu entdecken, und sie sind möglicherweise weniger daran interessiert, dies zu tun, wenn sie mitten im Weihnachtsstress stehen.

Ich habe Trendguide als Netzwerkverlag nach meiner aktiven Zeit gegründet, um einen Beitrag gerade für „die Locals" zu leisten. Als alter Hase in der Werbe- und Marketingbranche mit über vierzig Jahren Erfahrung in der Leitung meines eigenen Netzwerks von Werbe- und Marketingagenturen in den USA/Deutschland und Österreich beschloss ich, etwas Neues zu wagen.

Amazon etablierte sich als die große Alternative zum lokalen Shoppping und ich war mir sicher, dass örtliche Unternehmen am meisten darunter leiden würden. Also entwickelte ich eine Multi-Channel-Medienplattform, die das beste Angebot für eine Stadt, ein Dorf oder eine Region von seinen schönsten Seiten präsentiert. In jeder Stadt sollte der jeweilige Partner der Experte vor Ort sein und das Premium Angebot der örtlichen Anbieter und Dienstleister in Print und Online präsentieren. Die erste lokale vernetzte Multi-Media Plattform mit App, interaktivem Web und einem aufwändigen Printmagazin.

Ich gründete mein erstes multimediales Magazin in Kitzbühel. Es war anders – irgendwie hip – und bald wurde ich mit Angeboten von Agenturen und Medienprofis überschwemmt, die einen Trendguide für ihre Region haben wollten. Gesagt, getan. Wir hatten sehr schnell mehr als dreißig Partner und Trendguides wurde in ganz Europa veröffentlicht. Von Cannes bis Wien, von Kitzbühel bis Sylt.

Der bayrische Wirtschaftsminister, die besten Experten aus der Medienbranche, Unternehmer und Wissenschaftler begrüßten das Projekt. Begeisterte Leser entpuppten sich als Sammler, die jedem neu erschienenen Trendguide nachjagten.

Aber die Vision war größer: Ich strebte ein Netzwerk unabhängiger Verleger an – weltweit.

Vielleicht kann dieses Buch auch in Ihrer Seele einen Funken entfachen und Sie für die Medienbranche begeistern. Es muß nicht trendguide sein – ich freue mich auch sehr wenn Sie dieses Buch anregt Ihr Schreibtalent zum Beruf machen und als Autor durchstarten .. oder einen Verlag gründen, Blogger oder Influencer werden.

Kommen Sie jetzt mit mir auf die Reise durch einen Teil der Medienwelt, den ich aus eigener Erfahrung ganz gut kenne.

Nehmen wir an, Sie wollen als Autor im Selbstverlag Ihr erstes Medienprojekt, sei es ein Blog, ein Roman oder ein Magazin, starten und den optimalen Zeitpunkt wählen. Zuerst denken Sie an die Weihnachtszeit, weil dort der Konsum steigt.

Die Erwartungen an die Weihnachtszeit sind allerdings oft überzogen. Sie wissen, dass sich Medien in dieser Zeit verkaufen, warum sollten es ihre also nicht auch? Dies verleitet dazu, überstürzt vorzugehen, am Cover zu sparen, Überarbeitungen zu überspringen und fehlerhafte Manuskripte, schlechte Bilder oder ähnliches zu verschicken, nur um dann enttäuscht zu sein, wenn das eigene Werk im Trubel untergeht.

Es ist unsinnig, mit offenen Augen auf eine Enttäuschung zuzusteuern. Wenn Sie also nicht gerade Medien für Kinder oder für die Küche verfassen, die einzigen beiden Arten, die sich während der Feiertage üblicherweise gut verkaufen, wäre es besser, zu einer anderen Zeit des Jahres zu veröffentlichen.

Als Unternehmer in der Medienbranche, beispielsweise als Verleger oder als self-publishing Autor, ist es Ihre Aufgabe, dafür zu sorgen, dass alles, was während des Veröffentlichungsprozesses geschieht, reibungslos abläuft. Sie sind für alles verantwortlich, von der Auswahl der Manuskripte bis zu den Finanzen. Gefordert sind die Qualitäten einer guten Führungskraft als auch die eines Projektleiters und Creativ-Directors. Hilfreich ist sicher ein ausgeprägter Geschäftssinn und Kenntnisse in der Welt des Literatur und Verlagswesen. Sie repräsentieren – auch als ONE MAN/WOMAN Show Ihr Unternehmen, vor allem, wenn Journalisten Fragen zu Ihrem Projekt stellen.

In diesem Buch geht es darum, was es braucht, um Medien zu veröffentlichen.

Es soll inspirierend sein, indem es die Schritte aufzeigt, die Sie unternehmen müssen, und darlegt, wie viel Geld Sie verdienen können und wie die Zukunft in diesem Tätigkeitsfeld aussieht.

Im einundzwanzigsten Jahrhundert ist die Medienbranche ein sehr schnelllebiges Geschäft, aber dieses Buch wurde so gestaltet, dass es trotz seines umfangreichen Inhalts leicht zu lesen ist: redaktionelle Akquise und Prozesse, die Bedeutung von Influencern, Betriebsabläufe, finanzielle Benchmarks und Methoden sowie Personalmanagement – und natürlich Produktentwicklung, Vertrieb und Marketing werden thematisiert. Dieses Buch wurde für Menschen geschrieben, die bereits in diesem Bereich tätig sind und Neues lernen möchten, und für Menschen, die mehr über die Verlagsbranche erfahren möchten. Es enthält auch ganz aktuelle dynamisch wachsende Geschäftsfelder in der Medienbranche wie zum Beispiel Influencer-Marketing und weitere Online-Marketing- und Vertriebsmethoden, sowie neue Informationen darüber, wie Sie Finanzinstrumente nutzen können, um zu wachsen.

Was Sie in diesem Buch erfahren werden
Von Verlegern über Autoren bis hin zu Influencern und deren Beziehungen zueinander deckt dieses Buch vieles ab, was ich durch meine beruflichen Erfahrungen, besonders mit Trendguide, gelernt habe.

Verleger fungieren als unternehmerisches Interface zwischen den Kreativen, wie Autoren, Fotografen, Mediengestaltern aller Art und dem Markt der Mediennutzer (Leser,Medienkonsumenten) Sie verschaffen den Talenten einen Marktzutritt und nehmen gleichzeitig Markttrends und

Publikumsnachfrage auf um die geeigneten Talente zu finden und ein marktfähiges Medienangebot zu erstellen. Dies ist die Kernaufgabe eines Verlegers und umfasst natürlich neben der Auswahl, Produktion, Finanzierung, Marketing auch noch die Wahrung der Rechte aller Beteiligten.

Für Wissenschaftler gleich welcher Fachrichtung ist Publizieren von essentieller Bedeutung.

In der Tat ist die Berufung an einen Lehrstuhl einer Universtität häufig von der Zahl der Veröffentlichungen am besten in Buchform abhängig.

So wurde die Redewendung „Veröffentlichen oder untergehen" („publish or perish") zu einem gängigen Motto, das die Bedeutung fortlaufender Veröffentlichungen für das Vorankommen in der akademischen Karriere betonte.

Die Veröffentlichung von Büchern, Magazinen oder ähnlichem führt auch zu Kompetenzgewinnen in vielen Branchen. Beispiele sind hier Motivationstrainer, Consulting-Unternehmer, technische Berater ect. Wir sprechen hier von einer Umwegrentabilität, da das Buch, oder die Veröffentlichung Werttreiber für das eigene Geschäft ist.

Eine neue Kategorie als Medienschaffende sind Influencer, Blogger, V-logger.

Sie gewinnen einen immer größeren Anteil am Medien-Output.

Einerseits erstellen sie eigenständig Inhalte, andererseits bieten sie auch Unternehmen wie Verlagen, aber auch Autoren im Self-Publishen eine geeignete Plattform für zielgerichtete Werbung.

Die Bedeutung des Buches, das sie jetzt lesen, ist also vielschichtig und umfasst viele Aspekte der Medienbranche:

1. **Es kann dazu beitragen, Sie als Autorität in Ihrer Branche zu positionieren.** Je mehr Sie veröffentlichen, desto mehr Glaubwürdigkeit gewinnen Sie. Andere werden Sie als sachkundige Quelle ansehen und mit der Zeit Ihre Beiträge zitieren und referenzieren. Tatsächlich werden Veröffentlichungen in angesehenen Medien weithin als Anerkennung oder Gütesiegel angesehen.

2. **Es kann Ihnen einen Wettbewerbsvorteil verschaffen.** Je häufiger Sie in Magazinen, Zeitschriften, Zeitungen und anderen Medien veröffentlicht werden, desto geringer ist die Wahrscheinlichkeit, dass Sie diesen Platz mit anderen teilen. Die Häufigkeit Ihrer Veröffentlichungen kann also eine wichtige Unternehmensstrategie sein und ein Mittel, um sich zu differenzieren.

3. **Es kann das Interesse an Ihrem Unternehmen fördern und intern zu einer starken Identifikation führen.** Wenn Sie Ihre veröffentlichten Artikel innerhalb des Unternehmens weitergeben, weckt dies bei anderen den Stolz, dass Sie Teil eines angesehenen und bekannten Unternehmens sind. Außerdem können Ihre Mitarbeiter durch den Austausch veröffentlichter Artikel die Hürden und Chancen des Marktes besser verstehen. Sie können dann als Botschafter für Ihr Unternehmen fungieren, indem sie Ihre Ideen und Vordenkerrolle mit anderen Interessengruppen teilen.

4. **Es kann der Turbo für das Marketing sein.** Marketing findet heute nicht mehr ausschließlich linear statt.

Intelligente Marketingstrategien verknüpfen Content aus unterschiedlichen Quellen zu einem Gesamtbild:

- Wenn Führungskräfte Artikel veröffentlichen, wie werden diese dann verwendet?
- Sind die Artikel oder Medien auf der Website des Unternehmens verfügbar?
- Werden sie im gesamten Unternehmen verbreitet?
- Werden sie vom Vertriebsteam an Interessenten und Kunden verteilt?
- Werden die Inhalte in Blogs, Whitepapers, Fallstudien und E-Mail-Aussendungen wiederverwendet?
- Nehmen Sie mit den Texten an Messen oder anderen Veranstaltungen des Unternehmens teil?
- Nutzen Sie moderne Marketingstrategien, wie Influencer-Marketing?

Dies sind nur einige der Möglichkeiten, von einer Veröffentlichung zu profitieren.

5. Es kann zu Leads führen und die Arbeit des Vertriebes vereinfachen.

Bekanntheit schafft Vertrauen und Vertrauen ist unbestreitbar die Basis jedes Geschäftes

Je häufiger Ihr Name in Print- oder Online-Medien erscheint, desto größer ist Ihre Sichtbarkeit, Glaubwürdigkeit und Ihr Bekanntheitsgrad.

Um Ihre Glaubwürdigkeit und Ihren Bekanntheitsgrad für Ihr Unternehmen zu steigern, sollten Sie sich als anerkannte

Autorität etablieren. Eine der besten Möglichkeiten, dies zu tun, besteht darin, regelmäßig Beiträge in Medien zu veröffentlichen. Blogs ermöglichen es fast jedem Unternehmer, selbst etwas zu veröffentlichen.

Es ist jedoch von entscheidender Bedeutung, in den Medien zu veröffentlichen, in denen Ihre Kollegen, Kunden und zukünftigen Kunden fachkundigen Rat und praktische Antworten suchen, um Ihr Geschäft und Ihre Karriere maßgeblich voranzutreiben.

Hier gilt der Grundsatz: THE MEDIUM IS THE MESSAGE. Wählen Sie sorgfältig das Medium aus, dem sie Ihre Veröffentlichung anvertrauen. Das Medium – und leider oft nicht der Inhalt Ihrer Veröffentlichung entscheidet über die Resonanz.

6. Es kann Ihnen alternative Erfolgswege aufzeigen

Viele Verlage, Unternehmen und Autoren nutzen nach wie vor die klassischen Marketing- und Veröffentlichkeitstechniken,

Dabei gibt es, besonders durch die Digitalisierung viele neue Wege, seine Inhalte zu monetarisieren und Veröffentlichungen zu vermarkten. Vorteile dieser neuen Techniken sind, dass Streuverluste vermieden werden und sie punktgenau, ohne Umwege mit Ihrer Wunsch-Zielgruppe in Beziehung treten. Welche Alternativen das genau sind, erfahren Sie in diesem Buch.

Publishing

WORK ENVIRONMENT FREE OF FEAR

COMMUNICATION SKILLS

DEMONSTRATE RESPECT

CREATING A CLIMATE FOR CHANGE

RELATIONSHIP SKILLS

PRINCIPLES FOR CREATING CLIMATE FOR CHANGE

WAS BEDEUTET VERÖFFENTLICHEN?

Unter dem Begriff Veröffentlichen versteht man den Vorgang der kostenpflichtigen oder kostenlosen Verbreitung von Informationen, Literatur, Musik, Software und anderen Formen von Inhalten an die breite Öffentlichkeit. In der Vergangenheit bezog sich der Begriff auf die Herstellung und Verbreitung von Druckerzeugnissen wie Büchern, Zeitungen und Zeitschriften. Mit der Einführung digitaler Informationssysteme hat sich die Bandbreite des elektronischen Veröffentlichens jedoch erweitert und umfasst nun auch eBooks, wissenschaftliche Fachzeitschriften, Micro-Publishing, Websites, Blogs und die Veröffentlichung von Videospielen.

Veröffentlichungen können zu Einzelprodukten, gemeinschaftlichen oder öffentlichen Produkten führen und können kommerziell, öffentlich, gesellschaftlich oder gemeinschaftlich betrieben werden. Der kommerzielle Verlagssektor umfasst Tausende von unabhängigen Veröffentlichungs-Formaten, die von kleineren Betrieben bis hin zu multinationalen Konzernen reichen. Das Verlagswesen läßt sich grob nach Medienformen: Ton (Musik), Bild (Foto, Grafik, ect) und Wort unterscheiden. Die Wort-Verlage gliedern sich wiederum in Untergruppen wie Belletristik und Sachbücher,

Bildungsverlage (Kinder und Jugendliche) sowie akademische und wissenschaftliche Verlage um nur ein paar Beispiele aufzuzählen. Regierungen, zivilgesellschaftliche Organisationen und kommerzielle Unternehmen veröffentlichen ebenfalls, um ihren administrativen oder gesetzlichen Verpflichtungen nachzukommen und um ihre geschäftlichen Ziele, ihre Forschungsarbeit, ihre Interessenvertretung und das öffentliche Interesse zu wahren. Beispiele hierfür sind Jahresberichte, Forschungsstudien, Marktforschung, politische Briefings und technische Berichte. Neben den Verlagen gewinnt auch das Self-Publishing zunehmend Beliebtheit und Marktanteile an der Veröffentlichung des gedruckten Wortes.

Die Bezeichnung *Verleger* kann sich sowohl auf ein Verlagshaus oder eine Organisation als auch auf eine Einzelperson beziehen, die einen Verlag, ein Printmedium, eine Zeitschrift oder eine Zeitung leitet.

Geschichte

Mit der Erfindung der Schrift wurde auch das Veröffentlichen möglich und mit dem Aufkommen des Drucks auch wirtschaftlich praktikabel. *Vor* der Erfindung des Drucks wurden Werke händisch von Schreibern abgeschrieben und dann weiterverbreitet. Mit der Erfindung des Buchdrucks entwickelte sich das Verlagswesen im Gleichschritt mit der Buchherstellung.

Um 1045 erfand der chinesische Erfinder Bi Sheng bewegliche Lettern, also Druckbuchstaben, aus Steingut; es gibt jedoch keine erhaltenen Nachweise für seine Arbeit. Während der Goryeo-Dynastie entwickelte Choe Yun-ui, ein koreanischer Beamter, zwischen 1234 und 1250 n. Chr. die ersten beweglichen Lettern aus Metall.

Um 1450 schuf Johannes Gutenberg in Europa die beweglichen Lettern, verbunden mit Fortschritten im Schriftguss auf der Grundlage einer Matrize und einer handbetriebenen Form. Infolge dieser Neuerung wurden Bücher erschwinglicher und weithin verfügbar.

Die frühesten gedruckten Bücher, Einblattdrucke und Bilder, die in Europa vor 1501 veröffentlicht wurden, werden als *Inkunabeln* bezeichnet.

Für eine Person, die im Jahr 1453, dem Jahr des Untergangs von Konstantinopel, geboren wurde, wurden im Laufe seines Lebens fast acht Millionen Bücher gedruckt. Das ist mehr als alle europäischen Schreiber zusammengenommen produziert hatten, seit Konstantin seine Stadt 330 n. Chr. errichtete.

Mit der Zeit ermöglichte der Buchdruck neben Büchern auch andere Formen der Veröffentlichung. Die Geschichte des modernen Zeitungsdrucks begann 1609 in Deutschland, gefolgt von Zeitschriften im Jahr 1663.

Mitte des achtzehnten Jahrhunderts führten Missionare Druckerpressen in Afrika südlich der Sahara ein.

Traditionell übernahmen Verlage die Veröffentlichung von Büchern, obwohl einige Autoren auch im Eigenverlag publizieren. Mit der Einführung des World Wide Web im Jahr 1989 wurde die Website jedoch schnell zu einem dominierenden Publikationsmedium. Wikis und Blogs kamen kurz später hinzu, ebenso wie Online-Bücher, Zeitungen und Zeitschriften.

Seit seinen Anfängen hat das World Wide Web die technologische Zusammenführung von kommerziellen und selbstveröffentlichten Inhalten und die Annäherung von Verlagswesen und Produktion über die Entwicklung multimedialer Inhalte in die Online-Produktion ermöglicht.

Laut einer 2016 in den Vereinigten Staaten durchgeführten Studie wird die Verlagsbranche größtenteils von heterosexuellen, körperlich unversehrten, weißen Frauen dominiert. *Salon* beschrieb dies als „Mangel an Vielfalt im Hintergrund der Buchbranche". Laut einer von derselben Organisation durchgeführten Umfrage aus dem Jahr 2020 gab es in den vier Jahren nach der Umfrage von 2016 keine statistisch signifikante Veränderung in Bezug auf den Mangel an Vielfalt. Seit Jahren kämpft die amerikanische Verlagsbranche damit. Die geringste Vielfalt (ethnisch, sozio-kulturell) innerhalb der Branche findet sich bei den redaktionellen Jobs auf den höchsten Ebenen.

Arten von Verlagen
In der Verlagsbranche gibt es vier verschiedene Kategorien von Verlagsunternehmen:

• Kommerzielle Verlage sind sehr selektiv und wählerisch bei der Auswahl ihrer Titel und Autoren. Es ist eine Tatsache, dass 80% des Umsatzes im Buchhandel mit nur wenigen, bekannten Autoren gemacht wird. Ein Neu-Autor muß deshalb schon eine Art „Verkaufs-Garantie" mit im Gepäck haben: Bekanntheit (berühmter Sportler, Ex-Präsident), Blogger mit x Millionen Followern ect.

Wenn ihr Werk angenommen wird, wird Autoren im Gegenzug für den Verkauf der Rechte an ihrem Werk keine Gebühr für die Veröffentlichung berechnet. Stattdessen erhalten sie redaktionelle, gestalterische, drucktechnische, marketingtechnische und vertriebliche Dienstleistungen im eigenen Haus und werden durch Tantiemen aus dem Verkauf entschädigt.

- Eigenverlag: Autoren nutzen Self-Publishing-Unternehmen, um ihre Printmedien im Eigenverlag zu veröffentlichen und die vollständige Kontrolle über ihre Werke zu behalten. Self-Publishing-Unternehmen sind neuen und erfahrenen Autoren gegenüber aufgeschlossener als traditionelle Verlage und ermöglichen beiden, ihre Werke zu veröffentlichen. Zahlreiche moderne Self-Publishing-Unternehmen bieten zusätzliche Dienstleistungen an (z.B. Lektorat, Design) und Autoren können sich für einen dieser Dienste entscheiden. Sie zahlen Gebühren für die Vorveröffentlichung und behalten im Gegenzug alle Rechte an ihren Werken, behalten die vollständige Kontrolle und erhalten Tantiemen aus den Verkäufen.

- Vanity Press-Unternehmen geben sich als traditionelle Verlage aus, sind aber Self-Publishing-Unternehmen. Im Gegensatz zu echten Self-Publishing-Diensten ist der Autor häufig verpflichtet, einige oder alle Zusatzleistungen des Verlags in Anspruch zu nehmen, und der Verlag erwirbt häufig die Rechte an seinem Werk als Teil des Vertrags.

- Hybride Verlage arbeiten nach einem anderen Geschäftsmodell als traditionelle Verlage, behalten aber die gleichen Verlagspraktiken bei. Es wurden Versuche unternommen, diese Kluft durch hybride Modelle zu überwinden. Bislang hat sich jedoch noch kein Modell vollständig durchgesetzt.

Das Verlagswesen, das in der *Encyclopaedia Britannica* von 1911 als „rein kommerzielles Unternehmen" verspottet wurde, bei dem es mehr um den Profit als um den literarischen Wert geht, ähnelt jedem anderen Geschäft, bei dem die Ausgaben die Einnahmen nicht übersteigen dürfen. Dennoch hat sich das Verlagswesen zu einem milliardenschweren Wirtschaftszweig entwickelt, in dem die beiden größten Unternehmen, Reed Elsevier und Pearson PLC, weltweit tätig sind.

Manche Unternehmen nutzen die vertikale Integration, um ihre Gewinnspannen zu erhöhen; das Buchverlagswesen gehört nicht dazu. Während zum Beispiel Zeitungs- und Zeitschriftenverlage häufig eigene Druckmaschinen und Buchbindereien besitzen, ist dies bei Buchverlagen nur selten der Fall. Ebenso verkauft der Handel fertige Produkte in der Regel über einen Vertriebshändler, der die Waren des Verlags gegen eine prozentuale Gebühr oder auf der Basis von Verkauf oder Rückgabe lagert und vertreibt.

Mit der Einführung des Internets wurde eine elektronische Methode des Buchvertriebs möglich, die den physischen Druck, die Lieferung und die Lagerung von Büchern überflüssig macht. Auch andere Medien wie Magazine oder wissenschaftliche Arbeiten lassen sich jetzt viel leichter per Internet verbreiten. Daraus ergibt sich eine interessante Problematik für Verleger, Vertriebspartner und Einzelhändler. Es geht um die Funktion und Bedeutung der Verlage im gesamten Publikationsprozess. Es ist üblich, dass der Autor, der ursprüngliche Schöpfer des Werkes, einen Vertrag unterschreibt, der ihm nur etwa 10 Prozent der Einnahmen des Buches garantiert. Mit diesem Vertrag werden 90 Prozent der Einnahmen des Buches an Verleger, Vertriebsfirmen, Vermarkter und Einzelhändler verteilt. Im Folgenden finden Sie ein (umgearbeitetes) Beispiel für die Verteilung der Einnahmen aus dem Verkauf eines Buches:

- 45 Prozent an den Einzelhändler
- 10 Prozent an den Großhändler
- 10,5 Prozent an den Verleger für den Druck (dieser wird normalerweise an Subunternehmer vergeben)
- 7,15 Prozent für Marketingzwecke an den Verlag
- 12,7 Prozent an den Verlag für die Vorproduktionskosten
- 15 Prozent an den Autor (Tantiemen)

Die Position des Verlags ist in der Welt des elektronischen Buches fast vergleichbar. Die Vorbereitung eines Buches für die elektronische Veröffentlichung unterscheidet sich jedoch in einigen kleinen Punkten von der für die gedruckte Veröffentlichung. Während einige Kosten gesenkt werden, wie z.B. der den Einzelhändlern gewährte Rabatt (in der Regel etwa 45 Prozent), fallen bei eBooks zusätzliche Kosten an (vor allem bei der Konvertierung), sodass die Herstellungskosten auf einem vergleichbaren Niveau liegen.

Das Print-on-Demand-Publishing etabliert sich schnell als echte Alternative zum traditionellen Verlagswesen.

Angesichts der im Vergleich zu den großen Buchhändlern geringen Größe von Buchclubs und Nischenverlagen beeinträchtigen die entgangenen Einnahmen nicht die traditionellen symbiotischen Beziehungen zwischen den vier Bereichen Druck, Verlag, Vertrieb und Einzelhandel.

Teilbereiche der Branche:

Zeitungsverlag

Zeitungen sind periodisch erscheinende Publikationen, die über aktuelle Ereignisse berichten, oft auf einem kostengünstigen Papier, dem Zeitungspapier. Die meisten Zeitungen werden hauptsächlich an Abonnenten, an Kiosken oder als werbefinanzierte Gratiszeitungen vertrieben.

Zeitschriftenverlag (Periodika)

Der Begriff *Periodika* bezeichnet im Allgemeinen Veröffentlichungen, von denen in regelmäßigen Abständen neue Ausgaben erscheinen. Obwohl sowohl Zeitungen als auch Zeitschriften als Periodika gelten, wird das periodische Verlagswesen innerhalb der Branche im Allgemeinen als eine eigene Abteilung betrachtet, die Zeitschriften und sogar akademische Fachzeitschriften, nicht aber Zeitungen umfasst.

Buchverlag

Der weltweite Sektor der Buchverlage erwirtschaftet mehr als 100 Milliarden Euro, was etwa 15 Prozent der gesamten Medienindustrie entspricht.

Fachverlage werden häufig als gewinnorientierte Verleger von Veröffentlichungen angesehen, die sich an ein spezielles Fachpublikum richten. Obwohl einige wenige äußerst große Buchverlage die meisten Bücher veröffentlichen, gibt es Tausende von kleineren Verlagen. Darüber hinaus haben sich zahlreiche unabhängige sowie kleine und mittlere Buchverlage auf ein bestimmtes Gebiet spezialisiert.

Außerdem haben viele Autoren einen Verlag gegründet und veröffentlichen ihre Bücher im Eigenverlag. In der Verlagsbranche ist der Verleger derjenige, dessen Name auf der ISBN des Buches erscheint. Der tatsächliche Verleger kann, muss aber nicht der Verleger des Buches sein.

Im Jahr 2013 schlossen sich Penguin (im Besitz von Pearson) und Random House (im Besitz von Bertelsmann) zusammen um durch Kosteneinsparungen und Skalierungseffekte den Wandel in der digitalen Zeit meistern zu können. Durch den Zusammenschluss entstand der größte Buchverlag der Welt mit einem weltweiten Marktanteil von mehr als 25 Prozent. Die „Big Five", die Verlagsgiganten Penguin Random House, Hachette, HarperCollins, Simon & Schuster und Macmillan, sind für fast 60 Prozent aller in englischer Sprache veröffentlichten Bücher verantwortlich. ViacomCBS hat beschlossen, Simon & Schuster, den drittgrößten Buchverlag in den Vereinigten Staaten, im November 2020 an Penguin Random House zu verkaufen und damit den ersten Megaverlag der Welt zu gründen.

Zu den wichtigsten Verlagen in Indien gehören Leadstart, Shristi Publishers, Rupa Publications und Jaico Publishing House.

Verzeichnisverlag

Das Verlegen von Telefonbüchern und anderen Verzeichnissen ist ebenfalls ein Teilbereich des Verlagswesens. Diese Unternehmen veröffentlichen Mailinglisten, Telefonverzeichnisse und eine Vielzahl anderer Formen von Verzeichnissen. Durch die Einführung des Internets sind viele dieser Verzeichnisse inzwischen auch online verfügbar.

Tie-In Publishing

Radio, Fernsehen, Filme, Videokassetten und DVDs, Musikanlagen, Spiele, Computerhardware und Mobiltelefonie können alle Verbrauchern Informationen übermitteln. So umfasst die Marketingstrategie eines großen Films häufig eine Romanverfilmung, eine Graphic Novel oder eine Comicbuch-Adaption, einen Soundtrack, ein Spiel, ein Modell und unzählige Werbepublikationen.

Ballantine Del Rey Lucasbooks zum Beispiel besitzt die Exklusivrechte an Star Wars in den Vereinigten Staaten. Im Gegensatz dazu besitzt Random House UK (Bertelsmann)/ Century LucasBooks im Vereinigten Königreich die gleichen Rechte an der Star Wars-Franchise. Die Videospielindustrie veröffentlicht im Eigenverlag über BL Publishing/Black Library (Warhammer) und Wizards of the Coast (Dragonlance, Forgotten Realms usw.). Die BBC verfügt über einen Verlagszweig, der sich vor allem für Dauerbrenner wie *Doctor Who* eignet. Diese multimedialen Werke werden ausgiebig vermarktet und ihre Verkaufszahlen übertreffen regelmäßig die der normalen Einzelveröffentlichungen, was Aufmerksamkeit auf das Unternehmen lenkt.

Neueste Entwicklungen

Das barrierefreie Publizieren nutzt die Digitalisierung von Büchern, um sie in XML zu formatieren und sie dann in zahlreichen Formaten besonders an Kunden mit Schwierigkeiten beim Lesen zu verkaufen. Es gibt größere Schriftgrößen, spezielle Druckformate für Legasthenie, Varianten für Probleme mit der Blickführung und Fehlsichtigkeit sowie Braille, das DAISY-Format, Hörbücher und eBooks.

Green Publishing bedeutet, den Publikationsprozess möglichst umweltfreundlich zu gestalten. Ein solches Konzept ist der On-Demand-Druck, bei dem die digitale oder Print-on-Demand-Technologie eingesetzt wird. Dadurch entfällt die Notwendigkeit, Bücher zu versenden, da sie in der Nähe des Kunden in Echtzeit hergestellt werden.

Ein weiterer Trend ist das Aufkommen des Online-Publishing, bei dem überhaupt keine physischen Bücher mehr hergestellt werden. Stattdessen erstellt der Autor das eBook und lädt es auf eine Website hoch, von der es von jedem heruntergeladen und gelesen werden kann.

Immer mehr Autoren nutzen das Online-Nischenmarketing, um die Buchverkäufe durch Online-Interaktion mit ihren Lesern zu steigern.

Privishing

Privishing (nicht zu verwechseln mit Self-Publishing) ist ein moderner Ausdruck für die Veröffentlichung eines Buches in so geringer Auflage oder mit unzureichender Unterstützung durch Marketing, Werbung oder Vertrieb, dass das Buch praktisch nie die Öffentlichkeit erreicht. Das Buch ist zwar auf dem Papier veröffentlicht, aber über die üblichen Wege, wie z.B. den Buchhandel, kaum zu bekommen. Es ist häufig nicht als Sonderbestellung erhältlich und der Verlag unterstützt es nur wenig und zögert sogar, den Titel neu aufzulegen. Ein Buch, das aus dem Verkehr gezogen wurde, kann als „getötet" bezeichnet werden. Je nach Motivation kann der Grund dafür ein Vertragsbruch, Zensur oder unangemessenes Geschäftsgebaren sein (z.B. nicht mehr Bücher zu drucken, als der Verlag glaubt, in einem angemessenen Zeitraum verkaufen zu können).

Publishing

MÖGLICHE ZUGÄNGE ZUM VERÖFFENTLICHEN

"Veröffentlicht zu werden" bedeutet für jeden etwas anderes und welche Vorgehensweise die beste ist, hängt von einer Vielzahl von Umständen ab, darunter Ihre Ziele, Ihr Zeitplan, Ihre Ressourcen, Ihre Kontakte und Ihre Plattform.

Zu den zahlreichen Möglichkeiten des Veröffentlichens gehören das traditionelle Publizieren, das Self-Publishing und das hybride Publizieren (auch bekannt als autorensubventioniertes Publizieren), die alle in diesem Kapitel behandelt werden.

Denken Sie daran, dass jeder Ansatz seine eigenen Vorteile hat. Keiner ist zwangsläufig besser oder „richtig", und unabhängig davon, für welchen Weg Sie sich entscheiden, sind Sie am besten beraten, wenn Sie sich vor der Veröffentlichung gründlich informieren. Die Arbeit als Autor ist vergleichbar mit der Gründung eines eigenen Unternehmens – Sie werden immer Wissen und Erfahrung benötigen, um erfolgreich zu sein.

Traditionelles Verlagswesen

Sie sind wahrscheinlich am ehesten mit dem traditionellen Verlagsmodell vertraut. Durch die Zahlung einer einmaligen

Gebühr anstelle zukünftiger Tantiemen erwerben Verlage die Rechte an den von Autoren geschriebenen Büchern. Der Verlag unterstützt den Autor bei Lektorat, Design, Vertrieb, Marketing und Verkauf. Der Autor erhält eine prozentuale Vergütung – oft 10 Prozent – für jedes verkaufte Buch.

New York City gilt zwar als der Brennpunkt des traditionellen Verlagswesens, da dort die Big Five ansässig sind, aber auch anderswo gibt es angesehene traditionelle Verlage, insbesondere abhängig von dem Genre, für das Sie schreiben.

Der Abschluss eines klassischen Buchvertrags stellt für viele Menschen ein gewisses Gütesiegel dar. Es ist schwierig, in der Verlagsbranche Fuß zu fassen, wenn Sie gerade erst anfangen. Bei einem typischen Publikationsvertrag übernimmt der Verleger das Risiko – er muss seine Investition in Ihr Werk zurückverdienen. Das heißt, er muss davon überzeugt sein, dass sich das Buch verkaufen wird. Infolgedessen werden Sie viel über „Bekanntheit" hören: Sind Sie ein Redner? Wie viele Menschen besuchen Ihre Vorträge? Haben Sie in den sozialen Medien Tausende oder sogar Zehntausende von Followern? Verfügen Sie über herausragende Lobeshymnen und Empfehlungsschreiben von bekannten Persönlichkeiten? Haben Sie in den Medien gearbeitet? Kurz gesagt, wissen andere, wer Sie sind, und interessieren sich für Sie?

Traditionelle Verlage ziehen es daher vor, mit Autoren über Agenturen zusammenzuarbeiten, weil sie der Auffassung sind, dass diese Agenten die Branche verstehen, ein Händchen für Talent haben und Manuskripte in hervorragendem Zustand liefern.

Außerdem erhalten sie die Manuskripte häufig zwölf bis vierundzwanzig Monate im Voraus. Dies gibt Redakteuren,

Designern und Herstellern Zeit, an dem Projekt zu arbeiten, und die Händler haben ein sechsmonatiges Vorverkaufsfenster, in dem sie bereits Umsatz erzielen können.

Die Vertretung durch einen traditionellen Verlag keine Garantie für den Erfolg. Allerdings verfügen große Verlagshäuser über Ressourcen, die kleinen Unternehmen und unabhängigen Verlagen möglicherweise fehlen.

Ist ein herkömmlicher Verlag für Sie die richtige Wahl?
- Verfügen Sie über eine ausreichend solide Bekanntheit, um Aufmerksamkeit zu erregen?
- Haben Sie eine Agentur und/oder die Zeit, sich eine solche zu suchen?
- Sind Sie mit der langen Zeitspanne zwischen Beschaffung und Veröffentlichung einverstanden?
- Ist die herkömmliche Buchveröffentlichung ein Ziel von Ihnen?

Self-Publishing
Das Self-Publishing hat in den letzten zehn Jahren einen enormen Aufschwung genommen. Sie sind nicht mehr auf einen Verleger angewiesen, um Medien zu veröffentlichen! Buchstäblich jeder kann ein kostenloses Online-Konto eröffnen, Dateien hochladen und dann ein Buch, Magazin oder sonstiges veröffentlichen und verkaufen.

Es ist ganz einfach ... und doch nicht so einfach.

Wenn Sie Medien im Eigenverlag veröffentlichen, machen Sie sich im Grunde selbst zum Unternehmer. Sie verfassen Ihr Buch, kümmern sich um die Herstellung, das Marketing, den Verkauf und die Vermarktung - und das alles ohne Hilfe.

Einigen fällt dies leicht, für andere ist es weit mehr Arbeit, als sie sich zutrauen.

Amazons KDP, also Kindle Direct Publishing, und *IngramSpark* sind die beiden führenden Lösungen für Self-Publishing für sowohl E-Books als auch Printmedien. Auch die Plattform *BoD*, also Books on Demand, ist sehr populär für das Self-Publishsing. In jedem Fall ist die Einrichtung eines Kontos völlig kostenlos. Ihre Bücher werden nach Bedarf produziert, sodass jedes Exemplar verkauft wird und das Investitionsrisiko minimiert wird. Bei diesem Verfahren werden die Produktionskosten und die Lizenzgebühren von *Amazon*, *Ingram* oder *BoD* von Ihren Verkäufen abgezogen. Im Internet finden Sie hilfreiche Tabellen, die Ihnen zeigen, wie Sie Ihre Tantiemen pro Exemplar berechnen können, um den Prozess zu verdeutlichen und Ihnen bei der Planung zu helfen.

Sie können Ihre Dateien online stellen, wann immer Sie wollen, und schon sind Sie ein publizierter Autor! Dies kann eine ausgezeichnete Methode sein, wenn Sie über ein aktuelles Thema schreiben oder wenn Ihr Buch für eine bestimmte Veranstaltung oder einen bestimmten Zweck verwendet wird.

Nun eine Einschränkung: Um es richtig zu machen, müssen Sie Zeit und Geld in den Veröffentlichungsprozess investieren. Sie müssen einen kompetenten Lektor, Korrektor und Coverdesigner engagieren. Bücher werden nach ihrem Einband beurteilt und der Hauptgrund, warum ein Buch in Misskredit gerät, ist ein amateurhaftes Cover. Investieren Sie also in Ihren Erfolg.

Bei der Fülle an Freiberuflern und Dienstleistungen, die heutzutage zur Verfügung stehen, gibt es keine Ausrede mehr, sich nicht von seiner besten Seite zu zeigen.

Und wenn Sie das getan haben und Ihr Buch online ist, denken Sie daran, dass Sie nun für die Werbung und den Verkauf verantwortlich sind. Zahlreiche Autoren bezeichnen ihr Buch als ihr „Baby" – eine treffende Metapher. Bedenken Sie also Folgendes: Sobald das Kind geboren ist, sind Sie für seine Pflege und Versorgung verantwortlich, so auch bei Ihrem Buch.

Marketing, Vertrieb und PR kennen keine Grenzen. Als Autor im Eigenverlag haben Sie entweder die Zeit und die Mittel, dies selbst zu tun oder um Berater, Agenturen, Spezialisten und andere zu beauftragen, die Ihnen helfen, Ihr Buch zum Erfolg zu führen.

Ist Self-Publishing das Richtige für Sie?
- Haben Sie ein Thema, das innerhalb eines bestimmten Zeitraums veröffentlicht werden muss?
- Sind Sie bereit, Profis zu engagieren, die Ihnen helfen, Ihr Buch zum Erfolg zu führen?
- Können Sie Ihrem neuen Buch (auch bekannt als kleines Unternehmen) die Zeit, Aufmerksamkeit und Ressourcen widmen, die es braucht?
- Ist es Ihr vorrangiges Ziel, das Buch einfach nur „zu veröffentlichen"?

Hybrides Publizieren
Hybrid-Publishing ist der neue Trend im Bereich des Verlagswesens. Der Autor tätigt eine Anfangsinvestition, um die Ausgaben des Verlags zu decken, und hat dann die Möglichkeit, diese Investition durch ein höheres Einkommen im Nachhinein wieder hereinzuholen.

KiCam Projects ist kürzlich zu einem hybriden Ansatz übergegangen, um zusätzliche Projekte zu übernehmen. Als Kleinstverlag muss KiCam Projects das Risiko unter Kontrolle halten, während es sein Ziel verfolgt.

Die Autoren von KiCam erhalten das gleiche hochwertige Lektorat, Design, Marketing und den landesweiten Vertrieb wie bei einem traditionellen Verlag. Darüber hinaus investieren sie 5.000 Dollar in das Unternehmen und erhalten eine 60-prozentige Tantieme für Printmedien und eine 80-prozentige Tantieme für E-Books. Im Vergleich zu den üblichen Tarifen einer Partnerschaft ist dies ein unglaubliches Schnäppchen, bei dem man auf Grund der hohen Gewinnbeteiligung auch mehr verdienen kann.

Sie zahlen also für Dienstleistungen, für die Sie ohnehin zahlen müssten, wenn Sie im Eigenverlag publizieren. Außerdem tun Sie dies mit einem Partner und nicht allein mit wenig oder gar keiner Betreuung. Der landesweite Vertrieb stellt sicher, dass Ihr Buch Händlern und Bibliotheken zur Verfügung steht, wenn diese es brauchen.

Sie sollten auch bedenken, dass unabhängige Hybridverlage möglicherweise spezielle Ziele oder Fachgebiete anstreben, die für Ihr Thema von Bedeutung sind, und Sie mit gleichgesinnten Autoren umgeben. Es kann von Vorteil sein, Teil einer solchen Gemeinschaft zu sein, da es Händler dabei unterstützen kann, Interesse an einem Katalog und nicht an einem einzelnen Buch zu entwickeln.

Wenn Sie Hybrid-Publishing in Erwägung ziehen, ist es wichtig, den Verlag gründlich zu prüfen und sicherzustellen, dass Sie das bekommen, wofür Sie bezahlen. Die Independent

Book Publishers Association hat eine Liste von Standards entwickelt, um sicherzustellen, dass Sie mit einem Verlag zusammenarbeiten, der im besten Interesse der Autoren handelt.

Ist Hybrid Publishing für Sie die richtige Wahl?

- Können Sie sich die anfänglichen Investitionen in den Verlag leisten?
- Welche Bereiche des Verlagswesens sind für Sie am wenigsten interessant/schrecken Sie am meisten ab? Würde eine hybride Partnerschaft diese Bedenken zerstreuen?
- Möchten Sie, dass ein Verleger bestimmte Dienstleistungen erbringt, oder möchten Sie alles selbst in die Hand nehmen?
- Wie wichtig ist es für Sie, Teil eines größeren, themenbezogenen oder philosophischen Katalogs zu sein?

Unabhängig davon, ob Sie sich für das traditionelle Verlagswesen, den Eigenverlag oder eine Mischform entscheiden, sollte Ihre Entscheidung von Ihren Zielen und den verfügbaren Ressourcen abhängen – es gibt keine Patentlösung für alle Autoren.

Bevor Sie beginnen, sollten Sie Ihr langfristiges Ziel festlegen, damit Sie Ihren Zeitplan und Ihre finanziellen Investitionen entsprechend ausrichten können.

Recherchieren Sie und bereiten Sie sich darauf vor, Ihr eigenes Unternehmen zu gründen. Welchen Weg Sie auch immer einschlagen, Sie sind dabei, eine Karriere als Autor, Herausgeber, Marketer und/oder Verkäufer zu verfolgen.

Der Weg mag langwierig sein – und manchmal auch schwierig und verwirrend – aber wenn Sie Ihr Buch in den

Händen halten und Ihre erste Signierstunde abhalten, wird sich die Mühe lohnen!

Vier Möglichkeiten der Veröffentlichung: Do-It-Yourself, Assisted, Pro-Team und Subsidy

Es gibt mehrere neue Anbieter in diesem Bereich, jeder mit einem eigenen Geschäftsmodell, und es kann schwierig sein, sie voneinander zu unterscheiden.

Wenn Sie Hilfe bei der Veröffentlichung Ihres Buches suchen, stehen Ihnen vier verschiedene Wege zur Verfügung. Auch wenn nicht alle diese Wege als „Self-Publishing" bezeichnet werden können, so werden sie doch alle von einer großen Anzahl von Autoren genutzt. Hier sind sie, zusammen mit meinen wichtigsten Anmerkungen zu jedem.

DIY-Eigenverlag

Der Autor veröffentlicht seine Bücher im Eigenverlag und wickelt alle damit verbundenen Schritte selbst ab. Zahlreiche Autoren mit kleinem Budget gehen diesen Weg mit mehr oder weniger großem Erfolg. Auch wenn es mühsam und zeitaufwändig ist, werden Sie dabei mit Sicherheit eine Menge lernen. Zum Einstieg:

- Sie haben die vollständige Kontrolle, müssen aber alle Aufgaben selbst erledigen. Dies ist nur für „Bastler" oder jene geeignet, die wirklich nur über ein geringes Budget verfügen.
- Sie müssen in Kauf nehmen, dass Ihr Buch nicht redigiert (oder selbst redigiert) und amateurhaft gestaltet wird.
- Sie könnten Effizienzen oder Einsparungen übersehen, die Profis beim Lektorat, Design oder der Herstellung nutzen.

Pro-Team Publishing

Ich habe diesen Begriff vor einigen Jahren geprägt, um die Vorgehensweise von Self-Publishing-Autoren zu beschreiben, die Experten mit einem Großteil der Aufgaben die normalerweise von Verlagsmitarbeitern erledigt werden, beauftragen. Auch wenn diese Autoren einige Bereiche des Verlagswesens selbst übernehmen, verfügen sie doch über ein Budget, das ihnen professionelle Unterstützung ermöglicht, und die Fähigkeit, mit Freiberuflern zu verhandeln und sie zu engagieren:

- Sie beauftragen Profis, die Ihnen bei Lektorat, Design und Marketing helfen.
- Es handelt sich um eine Gemeinschaftsleistung – Sie müssen die Ausgaben genau im Auge behalten, um unter dem Budget zu bleiben.
- Nur so erhalten Sie ein Buch in professioneller Qualität, das von Profis hergestellt wird.
- Ihr Team kann aus Redakteuren, Lektoren, Buch- und Umschlagdesignern, Illustratoren, Korrektoren, Indexspezialisten sowie Experten für Öffentlichkeitsarbeit, soziale Medien und Marketing bestehen.

Subsidy Publishing

Hier übergeben Sie Ihr Manuskript – zusammen mit einer beträchtlichen Geldsumme – an einen „Pay-to-Play"-Verlag, der sich um alles kümmert. Die meisten Autoren, die neu im Self-Publishing sind, wissen nicht, dass es solche Unternehmen gibt, die Produkte und Dienstleistungen für Autoren verkaufen. Dies gilt allerdings auch nicht als Self-Publishing, da das subventionierte Unternehmen als Verleger fungiert.

Gehen Sie vorsichtig mit dieser Variante um, wenn Sie Ihre Bücher verkaufen oder weiter veröffentlichen möchten. Der einzige Grund, einen Subventionsverlag zu beauftragen, ist, wenn Sie in keiner Weise an der Produktion oder Veröffentlichung des Buches beteiligt sein wollen und nur Exemplare für den Eigenbedarf erwerben möchten. Andernfalls sollten Sie die Finger davon lassen.

Die Probleme beim Subsidy Publishing

- Sie haben keine Kontrolle über die Preisgestaltung Ihres Buches und viele subventionierte Romane haben einen unangemessen hohen Verkaufspreis, der jede Aussicht auf einen Verkauf zunichte macht.

- Auftragnehmer, die im Rahmen von „Paketangeboten" eingestellt werden, haben möglicherweise keinen Bezug zum restlichen Projekt oder ihre Fähigkeiten sind unklar.

- Als Autor arbeiten Sie mit einem Unternehmen zusammen, dessen einzige Einnahmequelle der Verkauf von Dienstleistungen an andere Autoren ist, nicht der Verkauf von Büchern an Leser.

- Selbst wenn Sie für alle Dienstleistungen bezahlen, werden Sie mit ziemlicher Sicherheit keine Reproduktionsdateien erhalten können oder diese werden unerschwinglich teuer sein.

- Die Qualität der erworbenen Dienstleistungen kann im Vergleich zu dem von Ihnen gezahlten Preis recht niedrig sein.

- Zum Beispiel kann es sein, dass man für einen 180-seitigen Softcover-Titel am Ende 22,95 $ bezahlt. Der Autor erhält dafür 11,50 $ und der Subventionsverlag behält bei jedem Verkauf einen Gewinn von 6 $ (!) ein.

- Seien Sie vorsichtig mit übermäßig gefühlsbetonten Lockangeboten; diese Firmen sind Meister darin, Ihre Gefühle zu Ihrem Vorteil zu manipulieren.

Assisted Self-Publishing
Derzeit gibt es zahlreiche Versuche, neue Modelle für den Publikationsprozess zu entwickeln, und viele von ihnen fallen in diese Kategorie. Im Allgemeinen verstehe ich unter Assisted Self-Publishing, dass ein Autor ein „Paket" von Dienstleistungen von einem Anbieter erwirbt, der ihn bei der Gründung seines Verlages und der Vermarktung seiner Bücher unterstützt.

Ich würde auch Book Shepherds zu dieser Gruppe zählen, da sie Autoren während des gesamten Veröffentlichungsprozesses helfen:

- Ein Book Shepherd kann Ihr Buchprojekt begleiten, die notwendigen Fachleute einschalten, Ihr Marketing in den Mittelpunkt stellen und Sie über den Prozess aufklären.

- Nach Ansicht mancher Autoren ist es für ein echtes Self-Publishing erforderlich, dass Sie Ihre ISBNs „besitzen" und als „Herausgeber" für Ihre Veröffentlichungen eingetragen sind.

- Dieser Weg ist teurer als das Do-it-yourself-Verfahren, aber preiswerter als das Subsidiary Publishing.

- Anders als bei Pro-Team haben Sie möglicherweise keinen direkten Kontakt zu den Personen, die an Ihrem Buch arbeiten.

Da diese Dienstleistungen häufig in „Paketen" mit unterschiedlichem Ausmaß an Unterstützung angeboten werden, sollten Sie nicht mehr kaufen, als Sie benötigen.

Zeitplan
Wenn Sie Ihr Buch innerhalb des nächsten Jahres veröffentlichen möchten, sollten Sie entweder das Hybridverfahren wählen oder sich für einen kleinen oder unabhängigen traditionellen Verlag entscheiden. Selbst die Suche nach einer Agentur kann Monate dauern (wenn Sie Glück haben) und die Vorbereitung auf die Präsentation bei den Verlegern kann weitere Monate in Anspruch nehmen.

Einige kleine Hybridverlage können ein Manuskript in nur zwei bis drei Monaten veröffentlichen. Dies setzt natürlich voraus, dass das Manuskript vollständig und zur Veröffentlichung bereit ist.

Wenn Sie innerhalb eines kurzen Zeitrahmens (weniger als zehn Monate) einen traditionellen Verlag benötigen, müssen Sie mit ziemlicher Sicherheit einen Buyback vornehmen, um das Risiko für den Verlag zu begrenzen. Ein kleinerer, weniger gefragter Verlag kann jedoch möglicherweise mit einer Zahlung von nur 10.000 $ auskommen.

Author Platform
Ohne eine starke Präsenz wird es für die meisten Autoren nahezu unmöglich sein, einen Vertrag mit einem traditionellen Verlag zu bekommen.

Der Begriff „Author Platform" bezieht sich auf die nachgewiesene Fähigkeit eines Autors, unabhängig von einem Verlag Bücher zu verkaufen. Es handelt sich dabei um eine Mischung aus ihrem allgemeinen öffentlichen Profil, ihrem Zugang zu Vortragsveranstaltungen, ihrer Medienpräsenz (Fernsehen, Podcasts, Radio, Printmedien und Online-Medien) und ihrer Fanbasis dort, ihren E-Mail-Listen, ihrem persönlichen Netzwerk von Einflussnehmern und ihrem bestehenden Marketing oder ihrer PR.

Der Literaturagent Jim Levine erinnert uns häufig daran: „Fragen Sie nicht danach, was Ihr Verleger für Sie tun kann, sondern danach, was Sie für ihn tun können." Ob Sie nun derselben Meinung sind oder nicht, Verlage suchen nach Autoren, die „schlüsselfertig" sind und in der Lage sind, Bücher über ihre bestehenden Netzwerke zu verkaufen, oder die bereit sind, sich auf Marketing und andere Maßnahmen einzulassen, um sicherzustellen, dass sich das Buch verkauft.

Nehmen wir an, Sie haben bereits eine feste Präsenz als Autor oder sind bereit, die finanziellen Mittel oder möglicherweise auch die Zeit aufzubringen, um eine solche aufzubauen. In diesem Fall haben Sie viel bessere Chancen, einen herkömmlichen Verlagsvertrag abzuschließen. Wenn nicht, sollten Sie sorgfältig abwägen, ob sich die Zeit und der Aufwand lohnen.

In der Regel haben 99,9 Prozent der Menschen, die sich entschließen, ein Buch zu schreiben, ein „großartiges Konzept", aber tatsächlich sind ihre Geschichten, ihre Erzählungen und/oder ihre Plattformen für die Verlage uninteressant.

Wie groß muss mein Netzwerk sein, damit ich mich für eine herkömmliche Veröffentlichung qualifiziere?

Das ist eine schwierige Frage, aber wir geben Ihnen gerne allgemeine Empfehlungen.

Wenn Sie Autor eines Sachbuchs sind und es nicht schaffen, mit Ihrem Netzwerk innerhalb eines Jahres mindestens 40.000 in Frage kommende Leser zu erreichen, sollten Sie wahrscheinlich eine Hybridveröffentlichung in Betracht ziehen.

Wenn Sie Belletristik schreiben, haben Ihre Geschichte und Ihre schriftstellerischen Fähigkeiten vielleicht eine Chance, auf traditionellem Wege veröffentlicht zu werden. Aber selbst dann ist es ziemlich schwierig, einen traditionellen Verlag zu finden. Selbst Harry Potter, die meistverkaufte Serie der Welt, konnte trotz zahlreicher Versuche keinen Verlag finden, bis ein Lektor die Gelegenheit beim Schopf packte. Infolgedessen werden zahlreiche hervorragende Bücher nie veröffentlicht.

Alles ändert sich, wenn Sie über eine fundierte Plattform verfügen oder bereit sind, in eine solche zu investieren.

Buyback

Beim Buyback kaufen Sie Ihre Bücher direkt von einem traditionellen Verlag. Solche Rückkäufe werden oft bevorzugt, da die Verlage so für ihre Auflage entschädigt werden, was ihr finanzielles Risiko deutlich verringert.

Wir bieten Kunden, die auf der Suche nach einem traditionellen Verlag sind (auch wenn diese über ein großes Netzwerk verfügen), häufig einen Buyback an, da dies weitere und vielleicht bessere Verlage dazu veranlasst, auf das Buch zu bieten.

Verleger können sich mit geringerem finanziellen Risiko auf den Inhalt konzentrieren und eine fundierte Entscheidung auf der Grundlage ihrer Verbindung zu dem Buch treffen.

Buybacks sind in den letzten Jahren immer beliebter geworden.

Unabhängig davon, ob Sie das gut finden oder nicht, ist ein großer Buyback – 20.000 Exemplare oder mehr (was mindestens 250.000 $ kosten wird) – fast eine Garantie für einen Vertrag mit einem traditionellen Verlag. Sie müssen zwar immer noch ein anständiges Buch schreiben, aber wenn Sie über die Mittel für den Rückkauf von zwanzigtausend Exemplaren verfügen, sollten Sie auch die Mittel haben, einen Ghostwriter oder Lektor zu bezahlen, der Ihnen hilft, ein wunderbares Buch zu schreiben.

Ein Buyback kann auf verschiedene Weise strukturiert werden und es gibt zahlreiche Möglichkeiten, ihn bestmöglich zu gestalten. Bedenken Sie jedoch, dass Sie bei den meisten Buybacks die Bücher erhalten und sie selbständig verkaufen können, häufig mit einem Gewinn von 50 Prozent.

Viele Autoren, vor allem professionelle, betrachten den Buyback als eine strategische Investition in die Optimierung ihres Verlagsplans.

Finanzielle Möglichkeiten des Autors

Bei genug finanziellen Mitteln und Willen ist eine Veröffentlichung über einen traditionellen Verlag immer möglich. Hybride Verlage sind jedoch etwas preiswerter und können für bestimmte Autoren möglicherweise die bessere Wahl sein (vor allem wegen der schnellen Produktionszeiten).

Sie müssen immer noch ein hervorragendes Buch mit einem innovativen Konzept schreiben – nur wenige, wenn überhaupt, traditionelle Verlage werden ihren Namen durch die Veröffentlichung eines schlechten Buches aufs Spiel setzen. Nehmen wir jedoch an, Sie sind bereit, einen guten Lektor zu bezahlen, der Ihren Text oder Ihr Buchkonzept aufpoliert, und können in Marketing, Werbung und/oder einen großzügigen Buyback investieren - in diesem Fall können Sie sicherlich einen traditionellen Verlag finden.

Was kostet ein Buchverleger oder -vermarkter?
Ein anständiger Buchvermarkter oder -verleger kostet zwischen $3.000 und $15.000 pro Monat, wobei die meisten seriösen Angebote etwa $7.000-8.000, manchmal allerdings auch weniger, kosten. Webentwicklung, Printmarketing und eine Reihe anderer Dienstleistungen können in dieser Kategorie enthalten sein. Die Vielfalt ist zwar beträchtlich, aber im Allgemeinen gilt: Je mehr Sie ausgeben, desto mehr bekommen Sie. Bei der Wahl eines Vermarkters oder Verlegers kommt es darauf an, die richtige Wahl zu treffen, denn viele sind auf einen bestimmten Autorentypus spezialisiert, also überlegen Sie genau, bevor Sie loslegen!

Die wichtigsten Ansätze für Buchveröffentlichungen
Autoren werden häufig gefragt, ob sie sich für einen traditionellen Verlag oder für das Self-Publishing entscheiden sollen oder nicht.

Die Antwort auf diese Frage wird immer schwieriger, denn es gibt kein einheitliches Verständnis davon, was es bedeutet, auf traditionelle Weise oder unabhängig zu veröffentlichen.

Es handelt sich hierbei jedoch nicht um eine binäre Entscheidung; Sie können beides tun.

Zahlreiche erfolgreiche Autoren, darunter auch ich, bestimmen den idealen Weg für sich selbst auf der Grundlage ihrer Karriereziele und ihres Entwicklungsstandes.

Es gibt also nicht den einen Karriereweg oder die eine Dienstleistung, die immer perfekt für alle ist. Sie sollten sich die Zeit nehmen, sich einen Überblick über das Angebot zu verschaffen und eine Auswahl zu treffen, die auf Ihren langfristigen Karrierezielen und den besonderen Merkmalen Ihres Berufs beruht. Darüber hinaus sollte Ihre Wahl von Ihrer Persönlichkeit (Sind Sie ein Unternehmer?) und Ihrer Erfahrung als Autor (Haben Sie überhaupt eine Ahnung davon, was Sie da tun?) geprägt sein.

Meine Übersicht unterteilt das Verlagswesen in vier Kategorien: traditionelles (auf Vorschuss basierendes) Verlagswesen, Kleinverlage, Assisted Publishing, Indie oder Self-Publishing und Social Publishing.

1. Traditionelles Verlagswesen: Als traditionelles Verlagswesen bezeichne ich die Bezahlung in Form eines Vorschusses durch einen Verlag. Unabhängig davon, ob es sich bei einem traditionellen Verlag um einen der Big Five oder ein kleineres Unternehmen handelt, übernimmt dieser Verlag das gesamte finanzielle Risiko und investiert häufig in eine Auflage. Der Autor kann außer dem Vorschuss keine weiteren Einnahmen aus dem Buch erzielen. In der heutigen Branche ist weithin bekannt, dass die meisten Buchvorschüsse ihre Investition nicht wieder einbringen. Die Autoren sind

jedoch nicht verpflichtet, den Vorschuss zurückzuzahlen; dieses Risiko übernimmt der Verlag.

2. Kleinverlage: Dies ist die wohl individuellste Kategorie für Autoren. Für diese Übersicht bezeichne ich als Kleinverlage Verlage, die ein geringeres finanzielles Risiko eingehen, indem sie keine Vorschüsse zahlen und auf hohe Auflagen verzichten. Autoren sollten vorsichtig sein, wenn sie einen Vertrag mit einem Kleinverlag abschließen. Einige Kleinverlage bieten nur wenige Vorteile gegenüber dem Self-Publishing, vor allem in Bezug auf Vertrieb und Verkaufsstärke. Seien Sie außerdem vorsichtig, wenn Sie einen Vertrag ohne Vorschuss oder für eine reine Veröffentlichung in digitaler Form unterschreiben, die gelegentlich sogar von großen traditionellen Verlagshäusern angeboten werden. Möglicherweise erhalten Sie vom Verlag nicht dasselbe Level an Unterstützung und Engagement bei Marketing und Vertrieb. Je größer das finanzielle Risiko ist, das der Verlag übernimmt, desto flexibler sollte Ihr Vertrag sein – und im Idealfall sollte er auch höhere Tantiemen bieten.

3. Assisted und Hybrid Publisher: In diesem Fall bezahlen Sie einen Dienstleister oder einen Hybridverlag für die Veröffentlichung Ihres Werks und gehen eine Vereinbarung oder einen Vertrag mit ihm ein. In der Vergangenheit wurde dies als „Vanity"-Verlag bezeichnet, aber mir gefällt dieser Ausdruck nicht. Die Kosten variieren beträchtlich (von einem niedrigen vierstelligen bis hin zu einem hohen fünfstelligen Betrag). Es besteht die Gefahr, dass Sie für grundlegende Dienstleistungen, die Sie nicht benötigen, zu viel bezahlen. Es gibt Leute, die sich nach dem Unterschied zwischen einem

Hybridverlag und anderen Verlagsdienstleistungen erkundigen. Im Allgemeinen gibt es keinen Unterschied, aber hier finden Sie eine ausführlichere Antwort. Außerdem stellt die Independent Book Publishers Association eine Reihe von Bewertungskriterien für Hybridverlage zur Verfügung.

4. Indie (oder Do-It-Yourself) Publishing: Hierunter verstehe ich das Self-Publishing, bei dem Sie im Wesentlichen Ihren eigenen Verlag gründen und alle notwendigen Mitarbeiter einstellen und leiten.

5. Veröffentlichung in sozialen Medien: Soziale Medien werden für Autoren immer eine wichtige und bedeutende Möglichkeit sein, ihre Leserschaft zu vergrößern und Aufmerksamkeit zu erregen. Es ist nicht notwendig, ein Buch zu produzieren und zu vertreiben, um zu zeigen, dass Sie ein aktiver und bekannter Autor sind. Hinzu kommt, dass diese sozialen Formen der Veröffentlichung, wie Patreon, zunehmend mit Geld verbunden sind.

Die fünf großen Verlagshäuser (herkömmliche Verlage)
Penguin Random House, HarperCollins, Hachette, Simon & Schuster und Macmillan sind die wichtigsten Verlage (jeder hat Dutzende von Marken). Penguin Random House könnte bald zu den Big Four gehören, wenn es Simon & Schuster übernimmt (der Deal muss noch von den Behörden genehmigt werden).

Wie das Geschäft funktioniert
* Die Big Five-Verlage übernehmen das gesamte finanzielle Risiko und zahlen dem Autor einen Vorschuss; Tantiemen werden nur gezahlt, wenn dieser Vorschuss wieder erwirtschaftet

wurde. Die Autoren müssen zwar keine Gebühren für die Veröffentlichung zahlen, können aber verpflichtet werden, in Marketing und Werbung zu investieren.

- Die Big Five setzen ein internes Vertriebsteam ein, das sich mit großen Einzelhändlern und Vertriebspartnern trifft. Die meisten Bücher werden Monate im Voraus vorbestellt und vor dem geplanten Erscheinungstermin an die Buchhandlungen verteilt. Fast jedes Buch hat eine Auflage; Print-on-Demand kann eingesetzt werden, wenn der Bestand erschöpft ist oder die Verkaufszahlen zurückgehen.

Mit wem sie zusammenarbeiten
- Autoren, die Werke verfassen, die für die breite Öffentlichkeit zugänglich sind und es verdienen, landesweit in Buchläden und anderen Kanälen vertrieben zu werden
- Prominente Autoren oder bekannte Markennamen
- Autoren von Genre-Büchern, Frauenbüchern, Büchern für junge Erwachsene und anderen kommerziellen Büchern
- Autoren von Sachbüchern mit einem großen Bekanntheitsgrad (d.h. Sichtbarkeit für eine Leserschaft)

Nutzen für den Autor
- Der Verlag (oder Agent) bemüht sich um alle Nebenrechte und Lizenzvereinbarungen.
- Es besteht die größte Wahrscheinlichkeit, dass das Buch in den Medien veröffentlicht wird und Rezensionen erhält.

Wie man vorgeht
Fast immer ist die Unterstützung eines Agenten erforderlich. Romanautoren sollten über ein fertiges Manuskript verfügen. Autoren von Sachbüchern sollten einen Buchvorschlag haben.

Vorbehalte

- Die große Mehrheit der Vorschüsse wird nicht zurückgezahlt.
- Mindestens fünf Jahre lang behält der Verlag alle Veröffentlichungsrechte für alle wichtigen Formate.
- Sie haben keinen Einfluss auf den Titel oder das Coverdesign.
- Autoren können mit der Unterstützung bei der Vermarktung unzufrieden sein oder durch fehlende Unterstützung abgeschreckt werden.

Andere traditionelle Verlage

- Sie gehören nicht zu den Big Five, arbeiten aber mit ähnlichen Geschäftsmodellen
- Houghton Mifflin Harcourt, Scholastic, Workman, Sourcebooks, John Wiley & Sons, W.W. Norton, Kensington, Chronicle, Tyndale und zahlreiche Universitätsverlage sind größere Häuser (z.B. Cambridge, Univ of Chicago Press)

Wie das Geschäft funktioniert

- Der Autor erhält einen Tantiemenvorschuss anstelle von Tantiemen.
- Die großen Häuser arbeiten ähnlich wie die Big Five, obwohl kleinere Häuser häufig über einen Vertrieb an den Handel verkaufen. Wenn Sie sich unsicher sind, fragen Sie Ihre Agentur oder Ihren Lektor. Fast jedes Buch wird in begrenzter Stückzahl gedruckt.

Mit wem sie zusammenarbeiten

- Autoren, die sowohl Mainstream-, als auch Nischen- oder Special-Interest-Werke schreiben
- Prominente Autoren oder bekannte Markennamen
- Autoren von kommerziellen Büchern/ Genrebüchern
- Autoren verschiedener Genres von Sachbüchern

Nutzen für den Autor
- Fast identisch mit den Big Five
- Gelegentlich sind Ankäufe durch Werte oder Leitbilder motiviert

Wie man vorgeht
Sie benötigen nicht unbedingt eine Agentur; lesen Sie die Einreichungskriterien des jeweiligen Verlags. Romanautoren sollten ein fertiges Manuskript haben. Autoren von Sachbüchern sollten einen Buchvorschlag vorlegen.

Vorbehalte
Kleinere Häuser bieten weniger Vorschüsse (und möglicherweise einen flexibleren Vertrag).

Kleine Verlage

Was sie sind
Wie Sie sich vielleicht schon denken können, ist es am schwierigsten, über diese Kategorie eine Aussage zu treffen, da der Begriff „Kleinverlag" für viele Menschen so viele verschiedene Bedeutungen hat. In dieser Übersicht wird der Begriff als Bezeichnung für Verlage verwendet, die keine Vorschüsse oder Druckauflagen anbieten. Dadurch gehen sie ein geringeres finanzielles Risiko ein als ein traditioneller Verlag.

Wie das Geschäft funktioniert
Honorare können mit denen eines traditionellen Verlags vergleichbar sein oder aufgrund des geringeren finanziellen Risikos des Verlags attraktiver sein.

Wie verkauft wird

Kleinverlage stützen sich auf den Verkauf und die Entdeckung durch *Amazon* sowie auf ihre Aktivitäten im Bereich des Direktvertriebs oder der Nischenvermarktung und auf die Marketingbemühungen des Autors.

Mit wem sie zusammenarbeiten

Häufig sind diese Verlage weitaus empfänglicher für weniger kommerzielle Arbeiten.

Nutzen für den Autor

- Bei etablierten Kleinverlagen erfahren Autoren eine persönlichere und engere Zusammenarbeit mit dem Verlag.

Wie man vorgeht

Selten wird ein Agent benötigt; informieren Sie sich über die Einreichungsregeln des jeweiligen Verlags.

Vorbehalte

- Verträge sind aufgrund der Vielfalt der Akteure und der sich verändernden Landschaft sehr unterschiedlich.
- Rechnen Sie nicht mit dem Vertrieb über den stationären Buchhandel, wenn der Verlag auf Print-on-Demand-Druck und -Lieferung setzt.

- Ohne eine Druckauflage sinkt die Wahrscheinlichkeit, dass Medien oder Rezensionen über das Buch berichten.

- Prüfen Sie die Möglichkeiten eines Kleinverlags gründlich, bevor Sie einen Vertrag mit ihm abschließen. Schützen Sie Ihre Interessen, falls Sie den größten Teil der Gefahr und des Aufwands tragen.

Assisted und Hybrid Publishing (Self-Publishing)

Was das ist

- Unternehmen, bei denen Sie für die Veröffentlichung zahlen oder Spenden sammeln müssen (in der Regel Tausende von Dollar); hybride Verlage arbeiten ähnlich wie Anbieter von Unterstützungsleistungen, bei denen der Autor für die Veröffentlichung zahlt.

- Beispiele für hybride Verlage sind SheWrites, Inkshares, Gatekeeper Press und Matador

Wie das Geschäft funktioniert

- Autoren veröffentlichen Bücher im Selbstverlag und erhalten dafür Unterstützung; die Kosten variieren.

- Hybride Verlage zahlen Tantiemen; andere Dienste zahlen Tantiemen oder bis zu 100 Prozent des Nettoumsatzes. Autoren erhalten höhere Tantiemen als bei einem traditionellen Verlagsvertrag, aber in der Regel weniger als bei einem Self-Publishing-Vertrag.

- Unabhängig von den gemachten Versprechungen werden die Bücher nur selten im physischen Einzelhandel angeboten.

Wie sie verkaufen

In Wahrheit verkaufen sich die meisten Bücher überhaupt nicht. Für den Verkauf ist der Autor selbst verantwortlich. Einige Unternehmen bieten bezahlte Marketingpakete an, helfen bei der Markteinführung von Büchern und bieten bezahlte Werbemöglichkeiten. Sie können beim Vertrieb der Bücher helfen, aber es ist ungewöhnlich, dass Bücher an Einzelhändler verkauft werden.

Nutzen für den Autor

- Einige Unternehmen werden von ehemaligen Führungskräften des traditionellen Verlagswesens geleitet und bieten qualitativ hochwertige Ergebnisse (mit der Möglichkeit der Platzierung im Buchhandel, was aber eher selten ist).

- Ein Autor kann ein veröffentlichtes Buch erhalten, ohne sich in der Landschaft der Dienstleistungen zurechtfinden oder die Hilfe von Profis in Anspruch nehmen zu müssen. Dies ist ein idealer Ansatz für einen Autor, der seinen Lebensunterhalt mit seiner Arbeit bestreiten möchte. Wenn dies jedoch nicht der Fall ist, ist dies kein guter Plan für Ihren langfristigen Erfolg als professioneller Autor.

Vorbehalte

- Sie nennen sich „Hybrid", weil das cool und clever klingt.
- Arbeiten Sie nicht mit Unternehmen zusammen, die die mangelnde Erfahrung eines neuen Autors ausnutzen und Verkaufstaktiken mit hohem Druck anwenden, wie z.B. AuthorSolutions Imprints (AuthorHouse, iUniverse, WestBow, Archway und andere).

Indie- oder Do-It-Yourself (DIY) Self-Publishing

Was das ist

Der Autor kümmert sich um den Veröffentlichungsprozess und beauftragt die entsprechenden Personen und Unternehmen mit der Lektorierung, Gestaltung, Veröffentlichung und dem Vertrieb des Buches. Der Autor behält die vollständige gestalterische und wirtschaftliche Kontrolle.

Die wichtigsten Händler und Dienste, die Sie nutzen können

- Autoren haben direkten Zugang zu den wichtigsten eBook-Händlern (*Amazon* KDP, Nook Press, Apple Books und Kobo) oder nutzen eBook-Vertriebsfirmen (Smashwords, Draft2Digital, StreetLib).

- Print-on-Demand (POD) macht den Verkauf und Vertrieb von gedruckten Büchern über den Online-Handel billiger. *Amazon* KDP und IngramSpark sind die am häufigsten genutzten. Es kostet wenig oder gar nichts, mit druckfertigen PDF-Dateien zu beginnen.

- Wenn sich Autoren des Verkaufs sicher sind, können sie eine Druckerei beauftragen, in eine Druckauflage investieren und sich unter anderem um den Lagerbestand, die Auftragsabwicklung und den Versand kümmern.

Wie das Geschäft funktioniert

- Der Autor legt den Preis seines Werks fest; Einzelhändler/Vertriebspartner entschädigen ihn auf der Grundlage des Preises des Werks. Autoren können ihr Werk in den großen Shops frei zum Verkauf anbieten.

- Die meisten eBook-Händler zahlen etwa 70 Prozent des Verkaufspreises, wenn Sie innerhalb der angegebenen Preisspanne liegen (bei Amazon liegt diese Spanne bei $2,99-$9,99).

- Amazon KDP zahlt 60 Prozent des Listenpreises für Print-Verkäufe nach Abzug der Stückkosten des Buches.

Vorbehalte

- Autoren fehlen möglicherweise die finanziellen Mittel oder die Zeit, um ein hochwertiges Buch zu veröffentlichen und zu vermarkten.

- Autoren fehlt möglicherweise die Erfahrung, um zu verstehen, was hochwertige Dienstleistungen sind oder was nötig ist, um ein hochwertiges Buch zu erstellen.

- Es ist schwierig, auf dem normalen Weg (Buchhandel, Bibliotheken) Rezensionen, Beachtung in den Medien oder Verkäufe zu erhalten.

Wann Sie sich für den Eigenverlag entscheiden sollten

- Sie möchten zahlreiche Bücher veröffentlichen und über einen längeren Zeitraum Geld mit dem Verkauf verdienen.

- Sie wollen über einen längeren Zeitraum hinweg Marketing, Werbung und die Entwicklung eines Netzwerks betreiben und eine Leserschaft für Ihre Bücher kultivieren.

Social Publishing

Was es ist

- Sie schreiben, veröffentlichen und verbreiten Inhalte direkt an Leser in einem öffentlichen oder halböffentlichen Rahmen.

- Die Veröffentlichung erfolgt in Eigenregie und ist praktisch immer nicht exklusiv.

- Der Schwerpunkt liegt auf Feedback und Weiterentwicklung; Einnahmen oder Verkäufe können eher unregelmäßig erfolgen.

Nutzen für den Autor

*   Dieser Ansatz ermöglicht es Autoren, sich schon früh eine Leserschaft für ihre Arbeit zu schaffen, selbst wenn sie noch lernen, wie man schreibt.

*   Beliebte Autoren auf Community-Websites können schließlich traditionelle Buchverträge abschließen.

Die wichtigsten Einteilungen

*   Serialization: Leser konsumieren Inhalte in Häppchen oder Abschnitten und tragen mit ihren Beiträgen zur Verbesserung des Werks bei. So entsteht eine Anhängerschaft oder eine direkte Beziehung zu den Lesern. Serien können genutzt werden, um abgeschlossene Werke zu bewerben. Wattpad, Tapas und LeanPub sind Beispiele dafür.

*   Fanfiction: Diese Form ähnelt der Serialization, nur dass sie auf den Werken anderer Autoren und deren Figuren basiert. Daher kann die Monetarisierung von Fanfiction eine Herausforderung sein, da sie eine Verletzung des Urheberrechts darstellen kann. Die Websites *Fanfiction.net, Archive of Our Own* und *Wattpad* sind allesamt Beispiele für Fanfiction-Plattformen.

*   Blogs und soziale Medien: Mit Hilfe von Blogs und Accounts bei sozialen Medien können sowohl neue als auch bekannte Autoren ihre Arbeit bekannt machen und ein Publikum aufbauen. *Instagram* (Instapoets), *Tumblr, Facebook* (vor allem Gruppen) und *YouTube* sind Beispiele dafür.

*   *Patreon*/Mäzenatentum: Dieser Ansatz ähnelt dem Serializing, mit dem Unterschied, dass die Unterstützer

eine wiederkehrende Gebühr für den Zugriff auf den Inhalt zahlen. *Patreon* und *Substack* sind zwei beliebte Dienste.

Leitfaden für Autoren zur finanziellen Unabhängigkeit im Self-Publishing

Wie schön wäre es, wenn Sie Ihren Job aufgeben und allein von den Geschichten leben könnten, die Sie schreiben? Wäre es nicht verlockender, Ihr eigener Chef zu sein und Ihre gesamte Zeit der Erstellung und Verbreitung von eigenen Inhalten zu widmen? Auch wenn dies wie ein Hirngespinst erscheinen mag, ist es für viele schreibende Unternehmer Realität.

Aber wie? Wie kann man in einem Markt, in dem die meisten eBooks für weniger als einen Dollar pro Stück verkauft werden, vom Verkauf von Büchern leben?

Sie haben zu Recht Angst, denn der Weg ist nicht einfach. Um Geld zu verdienen (oft eine ganze Menge Geld), brauchen Sie mehr als nur Ihre schriftstellerischen Fähigkeiten. Außerdem müssen Sie bereit sein, Zeit und Mühe zu investieren, um die Besonderheiten der Verlagsbranche (sowohl im Inland als auch international), die Algorithmusfallen, in die Self-Publishing-Autoren häufig tappen, und die Besonderheiten des intelligenten Marketings kennenzulernen.

Sicherlich eine Menge, aber es ist nicht unmöglich, wenn Sie Ihre Einstellung zum Schreiben, Veröffentlichen und zur Kreativität im Allgemeinen ändern. Lassen Sie uns beginnen.

Bevor Sie veröffentlichen

Self-Publishing erfordert ebenso viel kühles wirtschaftliches Verständnis wie eine künstlerische Auseinandersetzung, und so beginnt Ihre Arbeit lange bevor Sie Ihr erstes Buch veröffentlichen (oder auch nur fertigstellen). Aber zuerst müssen Sie eine Strategie haben.

Der erste Schritt, um als Self-Publishing-Autor Geld zu verdienen, besteht darin, alle romantischen Vorstellungen von sich selbst als Autor abzulegen. Wenn Sie Ihre Jonathan-Franzen-Brille aufsetzen und davon reden, dass Selbstvermarktung, soziale Medien und Marketing keine „Autorenarbeit" sind, werden Sie garantiert keine Bücher verkaufen. Wenn Sie sich für Marcel Proust halten, dann gehört es zu Ihrem „kreativen Prozess", um 4.00 Uhr morgens aufzustehen, Kuchen zu essen und Opium zu rauchen, mein Herr. Nehmen wir an, Sie wollen Ihr Buch im Selbstverlag veröffentlichen, anstatt sich an einen traditionellen Verlag zu wenden. In diesem Fall müssen Sie sich als gut geölte (und glaubhaft menschliche) Schreibmaschine betrachten und nicht als kreativen Visionär, der sich über die Kunst auslässt.

Mit diesen nüchternen Tatsachen im Hinterkopf wollen wir nun die vielen Komponenten Ihres Plans für die Zeit vor der Veröffentlichung untersuchen:

Eine persönliche Webseite

Ich weiß, was Sie jetzt denken, aber das Ganze muss nicht aufwendig sein. Jedes Ihrer Bücher braucht eine eigene Seite oder einen eigenen Abschnitt auf Ihrer Website sowie Links zu den dazugehörigen Newslettern und Konten in den sozialen Medien (vorzugsweise direkt von Ihnen, aber Amazon-Links reichen auch aus), dazu vielleicht noch eine Seite über Sie - das reicht schon. Eine Website ist eine digitale Visitenkarte, mit der Sie sich potenziellen Kunden präsentieren können, und die Ihnen eine stabile, professionelle Internetpräsenz bietet. Sie können sie mit Hilfe einem kostenpflichtigen Website-Programm selbst erstellen oder einen (zuverlässigen) Webdesigner dafür bezahlen.

Ein E-Mail-Newsletter

Ein Newsletter, der per E-Mail verschickt wird? Noch bevor Sie ein einziges Werk veröffentlicht haben? Das hilft wirklich! Als Self-Publishing-Autor ist es nicht Ihr Ziel, Käufer für Ihr Drei-Dollar-Ebook zu finden; Ihr Ziel ist es, Fans zu gewinnen – Menschen, die sich für Sie, Ihre Geschichten und Ihre Vision interessieren und die wiederkommen, um Ihre Drei-Dollar-Ebooks zu kaufen. Das bedeutet, dass es wichtig ist, die Aufmerksamkeit der Menschen von Anfang an mit kostenlosen E-Mail-Inhalten zu gewinnen.

Sie können Proben Ihrer Romane, Blog-Inhalte über das Verfassen/Vertreiben von Büchern oder etwas Einzigartiges verschicken, oder Sie können einfach nur sicherstellen, dass Sie diesen grundlegenden Teil des Rahmens für den Vertrieb vorbereitet haben (Es ist wichtig, etwas zu haben, an das sich die Leser nach dem Kauf und der Lektüre Ihres Buches wenden können.). Es gibt verschiedene Arten von Newsletter-Software, von kostenlos und einfach (z.B. Substack) bis hin zu teuer und komplex (z.B. ActiveCampaign), also treffen Sie eine fundierte Wahl.

Ein sorgfältig durchdachter Funnel (Trichter)

Dies ist entscheidend! Ein Funnel ist eine Art Marketinginstrument, das es Ihnen ermöglicht, Leser vom „ersten Kontakt" mit Ihrer Arbeit (oft Ihr erstes Buch, aber es kann auch Ihr Newsletter, Ihre Website oder Inhalte in sozialen Medien sein) bis zum Ende Ihres Werks zu führen. Funnels verwandeln Gelegenheitskonsumenten in treue Anhänger und sind das wichtigste Mittel für Self-Publishing-Autoren, sich einen Namen zu machen. Aber wie bauen Sie einen Funnel auf? Nun, schreiben Sie weiter Bücher.

Ich kann verstehen, dass Sie lange gebraucht haben, um das erste Buch zu schreiben, und dass Sie jetzt darauf brennen, es zu veröffentlichen, aber so ist es nun einmal. Die Self-Publishing-Märkte sind bereits überfüllt und da so viele Bücher zu so niedrigen Preisen erhältlich sind, hat sich eine bedauerliche Wegwerfmentalität breit gemacht. Wenn Sie Ihr Buch in der Öffentlichkeit auslegen, werden die Leser es wahrscheinlich entdecken, lesen und dann vergessen. Es ist toll, dass Sie ein Buch verkauft haben – das ist ein schneller Gewinn – aber das war's auch schon. Es gibt keine wiederkehrenden Abnehmer, keine begeisterten Anhänger, nichts.

Wenn Sie hingegen Ihrem Leser weitere Bücher empfehlen können, haben Sie ihn lediglich weiter in den Trichter geschoben. Nehmen wir zum Beispiel an, Sie schreiben drei Bücher, bevor Sie sich entscheiden, eines zu veröffentlichen. Jetzt können Sie das erste Buch kostenlos anbieten, um möglichst viele Leser anzulocken.

Wenn das Buch gut ist, werden die Leser es zu schätzen wissen, denn Sie haben im Vorwort, in den Danksagungen oder auf andere Weise ausdrücklich einen Weg vorwärts aufgezeigt (weitere Bücher und Informationen habe ich HIER! Abonnieren Sie meinen großartigen Newsletter HIER! Sie sind augenblicklich „in den Trichter" geraten.

Vielleicht verlangen Sie für Ihr zweites Buch Geld, oder Sie stellen es im Rahmen einer Werbeaktion vorübergehend kostenlos zur Verfügung (Geben Sie den regulären Preis an, damit der Leser weiß, wie viel er spart.). Wenn Sie den Leser dann an sich gebunden haben, verlangen Sie für das dritte Buch Geld. Vorausgesetzt, Ihre Arbeit ist gut, sind Ihre einmaligen Käufer inzwischen zu Fans geworden. (Wenn Ihre Arbeit *nicht gut ist*, müssen Sie sich geschlagen geben.) Sollte erst ein Buch veröffentlicht haben, können Sie den Funnel zunächst über beispielsweise Ihren E-Mail-Newsletter am Laufen halten, bei dem Sie zum Beispiel Angebote oder eine frühere Veröffentlichung des neuen Buches versprechen können.

Die Bücher selbst

Es ist erstaunlich, dass dieses Buch so weit gekommen ist, ohne auf die Romane selbst einzugehen, aber nun ist es soweit. Es überrascht nicht, dass Ihre Bücher maßgeblich darüber entscheiden, ob Sie Geld verdienen werden oder nicht. Es spielt keine Rolle, wie viele Leser Ihr erstes Buch gelesen haben, wenn dieses erste Buch schrecklich ist. Dann wird nämlich niemand Ihr zweiter Buch kaufen.

Wie können Sie also sicherstellen, dass Ihre Bücher so gut wie möglich sind? Nun ...

Schreiben Sie für den Markt

Schreiben für den Markt bedeutet, dass Sie Ihr Werk mit einem ausgeprägten Bewusstsein für den modernen Markt entwickeln. In seiner extremsten Ausprägung kann dies dazu führen, dass sich Autoren zu Sklaven der Nachfrage machen. Wenn Sie diesen Ansatz jedoch mit Bedacht einsetzen, vermeiden Sie Gefahren, wie z.B. ein Veröffentlichungsquartal mit einem Kassenschlager zu teilen, der die Aufmerksamkeit all Ihrer potenziellen Leser auf sich zieht.

Zahlreiche bekannte, traditionell veröffentlichte Autoren behaupten das Gegenteil. Doch diese Personen haben in der Regel große Marketingabteilungen hinter sich und haben sich nie um die Vermarktung, den Vertrieb und den Verkauf ihrer Bücher gekümmert.

Außerdem verlangt das Schreiben für den Markt nicht, dass Sie Ihre schriftstellerischen Qualitäten und Ihre Selbstachtung vollständig aufgeben und sich verkaufen – Sie müssen nicht populäre Titel nachahmen oder verzweifelt dem Zeitgeist hinterherlaufen. Um für den Markt zu schreiben, müssen Sie vielmehr ein Fan der Art von Arbeit sein, die Sie verfassen; Sie müssen sich für das Genre, über das Sie schreiben, begeistern und sich darin auskennen.

Wenn Sie Fantasy schreiben, müssen Sie wissen, was in diesem Genre bereits veröffentlicht wurde. Das bedeutet, dass Sie über neue Autoren Bescheid wissen, sich mit den Klassikern vertraut machen, sich auf die Popkultur und Memes beziehen und wissen, was *noch nicht geschrieben* wurde. Vielleicht gibt es diese Marktlücke also aus einem bestimmten Grund oder vielleicht – nur vielleicht – können Sie sie füllen.

Bewerben Sie ein seriöses Produkt

Nichts behindert Ihr Buch und Ihre Geschäfte/Fans so sehr wie ein Cover, das von einem Neunjährigen entworfen wurde, oder ein Snippet, das von jemandem verfasst wurde, der keine Erfahrung mit der Gestaltung einflussreicher Texte und mit Suchmaschinenoptimierung hat. Wie wir bereits festgestellt haben, ist ein „professionelles" Lektorat (oder ein Coverdesign oder ein Klappentext) nicht einfach besser als ein „anständiges" Lektorat; es ist etwas völlig anderes.

Wenn Sie Ihren Inhalt nicht von einem zuverlässigen Lektor überprüfen lassen haben, wimmelt es höchstwahrscheinlich von Tippfehlern und fragwürdigen stilistischen/strukturellen Entscheidungen, die Ihnen vielleicht sinnvoll erschienen, anderen aber nicht. Wenn Sie professionell wirken wollen (und das ist wichtig), sollten Sie sich außerdem vergewissern, dass Ihr Buch den branchenüblichen Gestaltungsrichtlinien entspricht (in den USA ist dies das *Chicago Manual of Style*).

Wenn Sie einen hoffnungslosen Studenten auf Fiverr anheuern, können Sie zwar kurzfristig Geld sparen, aber auf lange Sicht kann es ein sehr teurer Fehler sein, an der Qualität zu sparen.

Sparen Sie nicht am Schnickschnack

Wenn es um den Verkauf geht, betrachten Sie Ihr Buch als Produkt, denn die Verbraucher wollen sicher sein, dass sie ein gutes Angebot erhalten. Überlegen Sie also, nachdem Sie Ihr Buch fertig geschrieben haben, wie Sie das „Paket", das Sie verkaufen, verbessern können.

Können Sie ein Autoreninterview, eine Liste mit Fragen für eine Leserunde oder eine Leseprobe Ihres nächsten Werks hinzufügen? Wenn ja, stellen Sie sicher, dass Sie diese Eigenschaften überall dort hervorheben, wo Sie Ihr Buch verkaufen. Die Leser kommen zwar wegen des Buches selbst, aber Extras verlocken sie zum Kauf und geben ihnen ein gutes Gefühl dabei. Das ist eine wirksame Methode, um Fans zu gewinnen, und kostet Sie nur ein wenig Zeit und Arbeit.

Wenn Sie Extras anbieten – ein Vorwort, eine Leseliste oder einen Anhang – stellen Sie sicher, dass diese auch als solche gezeigt werden. Die Verkaufsseite Ihres Buches ist nicht der richtige Ort, um bescheiden darüber zu sein, was der Leser erhalten wird.

Weitermachen und nochmal von vorne

Ihre Bücher sind publikationsreif, Sie haben sie über *Amazon* und eine Reihe anderer Websites und Handelszentren vertrieben und Ihr System funktioniert. Von Buch zu Buch trudeln neue Leser ein und Ihre E-Mail-Liste und die Listen der Follower in den sozialen Medien werden immer größer.

Also was passiert jetzt? Sie beginnen erneut von vorne. Schreiben Sie weiter. Steigern Sie die Zahl Ihrer Veröffentlichungen. Ihre Leser werden von Buch zu Buch geführt. Entwickeln Sie Ihre Marke. Lernen Sie.

Springen Sie beim Schreiben nicht zwischen den Genres hin und her, denn dadurch verlieren Sie einen beträchtlichen Teil der Leserschaft, die Sie mit Ihren früheren Veröffentlichungen gewonnen haben. Um im Selfpublishing erfolgreich zu sein, müssen Sie in der Lage sein, mit einer festen Fangemeinde zu arbeiten.

Betrachten Sie das Schreiben als Job und gehen Sie davon aus, dass Sie jedes Jahr zwei Bücher und eine Kurzgeschichte herausbringen können. Berechnen Sie die Anzahl der Bücher, die Sie jeden Tag zu einem bestimmten Preis anbieten wollen, um sowohl einen Nutzen als auch einen Gewinn aus Ihren Überlegungen zu ziehen.

Sorgen Sie für einen beständigen Nachschub, schreiben, veröffentlichen und entwickeln Sie Inhalte, leiten Sie Leser in den „Trichter" und bearbeiten Sie den Markt nach Bedarf. Der Versuch, die Algorithmen von *Google* oder *Amazon* zum Nutzen Ihrer Arbeit zu hacken/auszunutzen, ist sinnlos, da sich diese Algorithmen ständig ändern und Ihnen nur kurzfristige Käufer, aber keine langfristigen Fans bescheren werden. Verlassen Sie sich stattdessen auf die Qualität Ihres Buches und bedenken Sie, dass spezialisierte Zielgruppen bei der Direktwerbung besser abschneiden als breite Zielgruppen. Es ist besser, die hundert Personen auf Ihrer E-Mail-Liste auf die *Amazon*-Seite Ihres Buches zu leiten als tausend Personen auf eine Seite zu schicken, die sie nie lesen werden.

Machen wir ein Geschäft

Es ist nicht einfach, aus dem Self-Publishing ein tragfähiges Geschäft zu machen. Sie müssen sowohl Geschäftsmann als auch Schriftsteller sein, was eine ungewöhnliche Kombination ist. Sie brauchen jedoch weder einen großen Mitarbeiterstab noch Tausende von Dollar, um einen Werbe- oder Marketingexperten zu engagieren. Wenn Sie clever, anpassungsfähig und offen für Neues sind, können Sie diese vereinzelten Tröpfchenverkäufe und Zufallskäufer in kontinuierliche Verkäufe und engagierte, begeisterte Fans umwandeln.

Mythen über Self-Publishing, die ausgeräumt werden müssen Joanna Penn sprach 2015 im Nottingham Writers' Studio darüber, wie Sie von Ihrem Schreiben leben können. In ihrem Vortrag räumte sie mit zahlreichen Irrtümern über das Self-Publishing auf und brachte mich dazu, diese ebenfalls zu verfolgen.

Bedauerlicherweise halten sich viele dieser Mythen hartnäckig. Sie entstammen häufig – aber nicht immer – veraltetem Wissen und literarischen Snobs, die es verachten, wenn der Status quo in Frage gestellt wird.

Zu diesen Leuten sage ich: Pech gehabt.

Alles im Leben entwickelt sich weiter. Sie können entweder mit der Zeit Schritt halten oder zurückfallen; die Wahl liegt bei Ihnen.

Ich weiß sehr wohl, welchen Weg ich bevorzuge.

Hier sind einige der gängigsten Mythen über das Self-Publishing, die entlarvt werden sollten.

Self-Publishing ist einfacher

Nein. Nein, das ist es ganz sicher nicht. Ich habe an einem Sonntag ACHT STUNDEN damit verbracht, Bücher zu formatieren - und ich bin nicht einmal bis zum Ende gekommen.

Je mehr Bereiche des Self-Publishing-Prozesses Sie selbst in die Hand nehmen, desto länger dauert es und desto schwieriger wird es.

Das Problem liegt in all diesen Abläufen, die sich rund um das Schreiben abspielen. Deshalb dauert es auch so lange, bis ich meine Bücher veröffentliche. Ich kann ziemlich schnell schreiben, aber was ist mit dem Veröffentlichungsprozess? Schrecklich.

Self-Publishing ist ganz sicher kein einfacher Weg. Beim traditionellen Verlagswesen besteht der schwierige Teil darin, Ihr Werk einer Agentur und schließlich einem Verleger zu präsentieren. Self-Publisher kümmern sich dagegen um alles – das Design, das Schreiben von Texten und sogar etwas Marketing. Sobald die Überarbeitung abgeschlossen ist, können Sie in der Regel zu Ihrem nächsten Werk übergehen.

Wenn Sie mit dem Schreiben Ihres Buches fertig sind, müssen Sie beim Self-Publishing den Zeitrahmen verdoppeln – vielleicht sogar verdreifachen –, bevor Sie Ihr Werk mit Ihren Lesern teilen können. Außerdem müssen Sie möglicherweise zusätzliche Zeit für die Vermarktung Ihres Buches aufwenden.

Wenn man Hilfe beansprucht, um das Buch schneller zu veröffentlichen, kostet es jedoch eine Menge Geld, um unter anderem einen Grafikdesigner, einen Lektor, einen Korrektor und einen Layouter zu engagieren. Der Durchschnittsbürger hat einfach nicht so viel Geld zur Verfügung.

Im Eigenverlag veröffentlichte Werke sind in der Regel von geringerer Qualität

Wirklich? Glauben Sie, dass ein Buch, das über einen Gatekeeper läuft, auf seine Qualität schließen lässt?

Das stimmt so nicht. Es ist höchstens ein Hinweis darauf, dass es (wahrscheinlich) Einnahmen generieren wird.

Literarische Romane sind zwar oft von ausgezeichneter Qualität, aber sie verkaufen sich nicht gut. Außerdem ist es äußerst unwahrscheinlich, dass die Leser dieses Buches so treu sind wie die Leser von Krimis, Fantasy oder Liebesromanen.

Mit Schundromanen ist Geld zu verdienen, aber nur wenige sind dafür gut genug. Wie bei allem im Leben ist es eine Frage der persönlichen Vorliebe. Persönliche Vorlieben beeinflussen auch die Gatekeeper und diese Vorlieben lassen sich selten auf die ganze Lesegesellschaft übertragen.

Zudem gibt es Romane, die von Prominenten wie Katie Price (oder von einem Ghostwriter unter derem Namen) verfasst wurden. Und obwohl sich ihre guten Verkaufsstrategien nicht abstreiten lassen, ist sie weit entfernt von J.K. Rowling (Sie lässt zwar ihre Bücher von Ghostwritern schreiben, aber sie hat einmal in einem Interview erklärt, dass sie alle Plots selbst geschrieben hat.). Ich habe ehrlich gesagt keine Ahnung, wie das genau aussieht. Und wo wir gerade beim Thema sind, was ist aus Katie Price geworden? Sie scheint in der Versenkung verschwunden zu sein.

Autoren, die im Eigenverlag veröffentlichen, müssen ihre Marketingbemühungen erhöhen.

Traditionelle Verlage kümmern sich für Sie um alles

Der Glaube, dass herkömmliche Verlage Ihr gesamtes Marketing übernehmen würden, ist eine der am weitesten verbreiteten Illusionen über das herkömmliche Verlagswesen.

Je mehr Geld ein Verlag für ein Buch ausgibt, desto mehr Geld gibt der Verlag für das Marketing aus.

Bedauerlicherweise ist es sehr unwahrscheinlich, dass Sie einen üppigen Scheck oder ein großes Marketingbudget erhalten - Es sei denn, Sie haben bereits ein beachtliches Renommee.

Verlage zahlen einen Aufschlag für prominente Bücher und vermarkten sie ausgiebig, weil sie bereits eine Fangemeinde haben. Sie wissen, dass sich die Bücher verkaufen werden, wenn sie an die richtige Zielgruppe vertrieben werden. Je geringer das Risiko ist, desto überzeugter sind die Investoren.

Im Marketing gibt es eine Regel: Sie müssen Ihre erfolgreichsten Inhalte bewerben. Wenn also etwas aus eigener Kraft erfolgreich ist, lohnt es sich, Geld zu investieren, um ihm zu noch mehr Wachstum zu verhelfen.

Sie sollten Ihr Geld lieber nicht für ein sinkendes Schiff verschwenden. Wenn die Verkaufszahlen Ihres Buches bereits erbärmlich sind, ist es ziemlich unwahrscheinlich, dass Verleger tief in die Tasche greifen, um das Buch für Sie zu promoten. Die Gewinnspannen im Verlagswesen sind hauchdünn. Daher werden Verlage die Romane unterstützen, die derzeit gut laufen.

Wenn Sie im Eigenverlag veröffentlichen, sind Sie für Ihre Erfolge und Misserfolge selbst verantwortlich. Das ist einer der Gründe, warum es mir Spaß macht.

Ich habe, bespielsweise mit Trendguide, wesentlich mehr Erkenntnisse gewonnen, als wenn ich mich für das traditionelle Verlagswesen entschieden hätte. Hätte ich diesen Weg gewählt, würde ich vielleicht immer noch auf die Veröffentlichung meines ersten Buches warten.

Wenn Ihr Buch einen herkömmlichen Verleger hat, bewegt es sich quälend langsam, doch die Trends sind rasant.

Wenn Sie Agenten und Verlegern gerade etwas Aktuelles vorschlagen, sind Sie bereits zwei Jahre im Rückstand.

Mit Self-Publishing lässt sich auf einfache Weise Geld verdienen
Bücher verkaufen sich nicht von selbst. Es gibt keine magische Fee, die Ihre Leser für Sie ausfindig macht.

Wenn Sie den Lesern keinen Grund bieten, Ihr Werk zu lesen, werden sie einfach das Buch eines anderen lesen. Jedes Jahr werden weltweit Millionen von Büchern veröffentlicht. Sie müssen sich also anstrengen, um sich von der Masse abzuheben.

All dies ist nicht gerade preiswert. Seit ich mit dem Self-Publishing begonnen habe, habe ich jedes Jahr Geld verloren. Ich fühle mich wegen des Self-Publishing ziemlich erschöpft. Wenn ich diesen Weg nicht eingeschlagen hätte, hätte ich in den letzten Jahren viel mehr Urlaub machen können.

Wenn Sie also über Self-Publishing nachdenken, aber a) Ihr Buch nicht vermarkten oder b) nicht auf Urlaub verzichten wollen, sollten Sie es sich noch einmal überlegen.

Ein einziges Buch hat das Potenzial, alles zu verändern
Die Veröffentlichung Ihres ersten Buches ist das wohl Enttäuschendste, das Sie je erleben werden.

Sie veröffentlichen Ihr Buch, sind begeistert und veranstalten sogar eine Buchvorstellung. Doch was erwarten Sie, wenn das Buch erst einmal veröffentlicht ist?

Sie erhalten erst nach mehreren Monaten eine Zahlung von Amazon und wenn Sie auf Kobo oder Draft2Digital veröffentlichen, müssen Sie bestimmte Kriterien erfüllen, bevor Sie eine Zahlung erhalten. Bei Kobo sind das 100 Dollar.

Die Zahlungen von verschiedenen Verlagshäusern können Monate oder sogar Jahre dauern – ja, ich sagte JAHRE. Je weniger Bücher Sie veröffentlichen, desto größer ist der Abstand zwischen diesen Zahlungen. Wenn Sie also das Self-Publishing aufgeben, bevor Sie überhaupt angefangen haben, erhalten Sie möglicherweise nie das Geld, das Ihnen von bestimmten Verlagsseiten geschuldet wird, nur weil Sie zu früh aufgegeben haben.

Negative Rezensionen haben keinen Einfluss auf den Buchverkauf
Alles, was weniger als eine Fünf-Sterne-Rezension ist, wird Ihren Verkäufen zum Verhängnis, wenn Sie eine kleine Plattform haben.

Stellen Sie sich vor, Sie haben ein paar hundert, vielleicht ein paar tausend Follower in den sozialen Medien. Jeden Tag besuchen ein paar hundert Menschen Ihren Blog, doch niemand weiß wirklich, wer Sie sind. Der bequemste Ort, an dem man Sie finden kann, ist also Amazon.

Sie können so viele Schlüsselwörter in Ihre Buchbeschreibung aufnehmen, wie Sie wollen, aber das bedeutet nichts, wenn ein Leser der Meinung ist, dass Ihr Buch nichts für ihn ist und eine negative Bewertung abgibt. Wenn es darum geht, den Nutzern Ergebnisse anzuzeigen, geht es _Amazon_ ausschließlich um die Popularität eines Buches. Für jene, die es sich nicht leisten können, Werbung zu schalten, sind Rezensionen eine großartige Möglichkeit, Ihren Namen bekannt zu machen.

Nehmen wir an, Sie haben ein Buch mit einer Fünf-Sterne-Rezension und einer Drei-Sterne-Rezension. Die durchschnittliche Bewertung für dieses Buch liegt bei vier Sternen.

Jemand anderes hat ein Buch im gleichen Genre veröffentlicht, das eine 5-Sterne-Bewertung erhalten hat.

Dieses Buch mit nur einer Bewertung wird in den Suchergebnissen höher ranken als Ihr Buch mit zwei Bewertungen.

Bewertungen sind viel wichtiger, wenn Sie in einem umkämpften Genre schreiben.

Selbst wenn Sie eine fantastische Fünf-Sterne-Rezension haben, wird Ihr Buch von *Amazon* mit 3 Sternen bewertet und verschwindet praktisch aus den Suchergebnissen, wenn die nächste eine Ein-Sterne-Rezension ist.

Wenn Sie also das nächste Mal ein Buch auf *Amazon* bewerten – insbesondere ein im Eigenverlag erschienenes – denken Sie einen Moment darüber nach, wie der Autor auf Ihre Bewertung reagiert. Denn auch wenn Sie eine Vier-Sterne-Rezension für positiv halten, sind Sie nur einen Klick davon entfernt, die Verkäufe des Buches und damit einen kleinen Teil seines Schöpfers zu sabotieren, wenn mehr Bewertungen fehlen.

Die Moral von der Geschicht?

Self-Publishing erfordert ANSTRENGUNG.
Wenn Sie nicht bereit sind, Zeit in die Vermarktung Ihres Buches zu investieren, sollten Sie vielleicht besser bei der traditionellen Veröffentlichung bleiben. Sie können sich jedoch nicht darauf verlassen, dass Sie kein Marketing betreiben müssen. Je etablierter Ihre Marke als Autor ist, desto größer ist Ihr Vorschuss und desto mehr Bücher werden Sie verkaufen.

Welchen Weg zur Veröffentlichung Sie auch immer einschlagen, Sie müssen ARBEITEN.

Sie müssen so fleißig wie möglich arbeiten - und dann noch mehr. Sie müssen den Eifer eines Geparden besitzen, der seine Beute verfolgt. Ihr einziger Unterschied gegenüber dem Geparden ist, dass Sie Ihre Beute nie fangen werden. Sie werden nie Ihr Ziel erreichen. Sie müssen ständig nachdenken und am Ball bleiben, denn die Kunstbranche entwickelt sich im Moment gefährlich schnell. Das wird sich nicht ändern, egal, wie viele Zeit Sie bereit sind, dafür zu investieren.

Und wenn Sie dazu nicht bereit sind, gibt es eine Menge Alternativen, bei denen Sie nicht unbedingt einer Berufung nachjagen.

Publishing

Print
Journalism

TV
Journalism

Photography

Social Media

Films

One
Degree,
10 Careers

Radio

Advertising

Events

Web
Journalism

PR

 My-mindguide.com

GRUNDLAGEN DES BÜCHERSCHREIBENS

Schreiben, egal in welchem Format, ist nie ein einfaches Unterfangen. Ganz gleich, ob Sie einen wissenschaftlichen Aufsatz, eine komplexe Forschungsarbeit oder ein simples Stück klassischer Literatur schreiben, Sie werden zweifellos viel Zeit damit verbringen, Ihre Schreibfähigkeiten zu verfeinern. Selbst ein erfahrener Autor wird ohne mehrere Entwürfe und Überarbeitungen nie einen großartigen Text verfassen. Von der Konzeption bis zum abschließenden Korrekturlesen ist der Schreibprozess langwierig und sollte nicht auf die leichte Schulter genommen werden.

Dies ist weder ein Leitfaden noch eine Sammlung von Tipps und Tricks. Das eigentliche Ziel dieses Kapitels ist die Vermittlung von Wissen. Ich gehe davon aus, dass Ihnen nach der Lektüre der folgenden Ratschläge einige Gesichtspunkte bewusst werden, die beim Verfassen eines Textes zu berücksichtigen sind. Auch wenn es so wirken mag, dieser Abschnitt befasst sich nicht mit einzelnen Konzepten, sondern mit den Grundlagen, dem eigentlichen Wesen und den Hauptbestandteilen des Schreibens. Denken Sie daran, dass Ihr Schreiben Ihre Persönlichkeit und Ihre Charakterzüge widerspiegelt, bevor Sie sich dem Hauptteil des Textes zuwenden.

1. Schaffen Sie einen Rahmen für Ihre Gedanken.

Nehmen Sie sich Zeit und überstürzen Sie nichts, bevor Sie Ihren Stift in die Hand nehmen und mit dem Schreiben beginnen. Betrachten Sie stattdessen die allgemeine Gliederung Ihres Textes als den wichtigsten Gesichtspunkt, den Sie nicht übersehen sollten. Wenn Sie den Rahmen Ihrer Gesamtidee durchdenken und festhalten, können Sie sich ein vollständiges Bild von dem machen, was Sie schreiben wollen. Entscheiden Sie sich zuerst für den Gesamtablauf der Geschichte, bevor Sie sich mit den einzelnen Gedanken beschäftigen.

2. Stellen Sie sicher, dass jeder Absatz einen Themensatz enthält.

Sie sollten mit dem Begriff „Themensatz" vertraut sein. Ein Themensatz ist eine vollständige Aussage, die einen einzigen Gedanken in Ihrem Werk zum Ausdruck bringt. Ein schlecht gegliederter Absatz, dem es an Orientierung fehlt, kann dazu führen, dass die Leser den Überblick verlieren und den Fluss Ihres Textes nicht mehr nachvollziehen können. Ein Themensatz kann am Anfang, in der Mitte oder am Ende eines Absatzes stehen. Es können auch zwei Themensätze am Anfang und am Ende eines Absatzes verwendet werden, um noch einmal an etwas zu erinnern oder eine Aussage zu unterstreichen. Der Themensatz am Anfang dient dazu, das Ziel des Absatzes festzulegen, während der wiederholte Satz am Ende dazu dient, den Absatz abzuschließen. Dieser Ansatz wird häufig in Texten verwendet, die Leser überzeugen sollen.

3. Verwenden Sie leicht zugängliche Fakten und Daten.

Um einen Themensatz zu erweitern und ihn in einen vollständigen Absatz zu verwandeln, müssen Sie die Annahme des Themensatzes näher erläutern. Mit Fakten (Zahlen) untermauerte Argumente sollten hier besonders berücksichtigt werden, da Daten Leser schnell überzeugen können. Menschen glauben Zahlen mehr als Worten und sie finden es oft einfacher, Zahlen zu verstehen als einen zusammenhängenden Text. Auch Beispiele aus dem realen Leben wirken oft überzeugend.

4. Alles basiert auf Entwürfen.
Schreiben bedeutet eine Menge Entwurfs- und Schreibarbeit. Natürlich können Sie in einem einzigen Versuch einen hervorragenden Text verfassen. Erwarten Sie jedoch kein außergewöhnliches Werk ohne Korrekturlesen. Korrekturlesen bedeutet nicht unbedingt, dass Sie die Hilfe anderer in Anspruch nehmen müssen. Sie können sich Ihren Text auch mehrmals laut vorlesen lassen. Die Prozedur des „Korrekturlesens und Redigierens" ist ein nie endender Kreislauf, der so lange wiederholt werden sollte, bis Sie mit Ihrer Arbeit zufrieden sind. Aber wann ist zufriedenstellend genug? Das hängt sehr stark von einer Vielzahl von Umständen ab. Sie sollten mit Sachverstand bestimmen, wann Ihre Arbeit ausreichend ist. Es ist nicht immer vorteilhaft, sich von zu vielen Menschen Feedback einzuholen. Selbst professionelle Autoren werden mit Rückmeldungen von Personen mit unterschiedlichen Auffassungen konfrontiert. Es liegt ganz an Ihnen, wann Sie den Kreislauf zu beenden.

5. Achten Sie auf die Wortwahl.
Die ideale Wortwahl hängt von der Zielgruppe ab. Betrachten Sie zunächst Ihr Ziel. Im Zweifelsfall ist ein einfacher Wortschatz vorzuziehen. Die Verwendung gängiger Redewendungen bedeutet nicht, dass Sie ein schlechter Autor sind. Vielmehr zeigt dies, dass Sie an Ihre Leser denken. Wenn

Studenten eine Bewerbung oder ein Motivationsschreiben verfassen, verwenden sie häufig schwierige Fachbegriffe, um ihr Schreiben möglichst professionell erscheinen zu lassen. Die Personen, die das Schreiben zum ersten Mal lesen, sind jedoch häufig nicht die Professoren, bei denen sich die Studenten beworben haben. In der Regel müssen Verwaltungsmitarbeiter die Briefe der Studenten prüfen, bevor sie deren Eignung für die Zulassung zum Studium feststellen und die Briefe zur nächsten Auswahlrunde weiterleiten.

6. Grammatik schafft Glaubwürdigkeit.

Es ist eine weit verbreitete Meinung, dass Sie beim Sprechen von Englisch nicht viel Wert auf die Grammatik legen müssen. Das Gleiche gilt für andere Fremdsprachen. Ein wenig Mut und ein gutes Vokabular sind notwendig, um im Gespräch mit ausländischen Gesprächspartnern einen guten Eindruck zu hinterlassen. Wenn es jedoch um das geschriebene Wort geht, sieht die Sache schon ganz anders aus. So kann beispielsweise eine trügerische Satzstellung zu schweren Missverständnissen führen. Natürlich ist es nicht einfach, grammatikalische Probleme zu beheben und die Grammatik zu überprüfen. Wenn Sie also auf die Grammatik in Ihren Texten achten, zeigt das, dass Sie ein verantwortungsbewusster Mensch, ein gründlicher Korrekturleser und ein vertrauenswürdiger Partner sind. Das gilt auch für die Rechtschreibprüfung. In jedem Fall erwerben Sie mit der Überprüfung der Grammatik auch neue Fähigkeiten. Das ist kein Nachteil. Heutzutage müssen Sie nicht einmal mehr jemanden aufsuchen, der die Grammatik prüft. *Google* ist ständig von Nutzen.

7. Konjunktionen sorgen für einen flüssigen Erzählstil.

Denken Sie daran, dass Schreiben *nicht* gleichbedeutend ist mit der Aneinanderreihung einzelner Sätze. Konjunktionen sind notwendig, um Ihren Sätzen Leben einzuhauchen und für Abwechslung in Ihrer Handlung zu sorgen. Die Verwendung von Konjunktionen gehört ebenfalls zur grammatikalischen Komplexität, ist aber etwas anders. Es ist keine Frage von richtig und falsch. Gelegentlich kann es vorkommen, dass mehr als zwei verschiedene Konjunktionen verwendet werden, weil sie zwar die gleiche Bedeutung haben, sich aber in ihrer Wirkung erheblich unterscheiden. Bei Konjunktionen geht es eher um die Wortwahl. Bei der Verwendung von Konjunktionen müssen Sie jedoch eine Sache beachten.

Auch hier gibt es keine spezielle Anleitung (z.B. zur Grammatik, zu Konjunktionen oder zur Auswahl der richtigen Wörter). Um diese Art von Leitfäden zu finden, können Sie jederzeit selbst im Internet suchen. Wenn Sie häufig googeln, lernen Sie, wie Sie selbst Informationen finden können. Dieser Abschnitt wurde als allgemeiner Leitfaden zusammengestellt, um Ihnen den Einstieg zu erleichtern. Er soll Ihnen eine Vorstellung davon vermitteln, was Sie lernen und wo Sie anfangen sollten, wenn Sie erfolgreich schreiben wollen. Beachten Sie, dass die Hauptaussage dieses Kapitels zweimal (am Anfang und am Ende) zum Ausdruck gebracht wird.

Publishing

WHAT DO
COMMUNICATIONS
PROFESSIONALS
DO?

My-mindguide.com

INFLUENCER -Chance für Unternehmen und Sie?

Es klingt, als ob es eine Menge Spaß macht, Influencer zu werden. Die Veröffentlichung in sozialen Medien ist eine ausgezeichnete Möglichkeit, Ihr Wissen zu teilen, Ihr Profil als Influencer zu erweitern und eine beträchtliche Summe Geld zu verdienen.

Wir wissen zwar alle, dass Influencer Marketing im Unternehmensbereich sehr beliebt ist, aber es ist noch erstrebenswerter, Influencer zu werden. Als Influencer ist es so, als würden Sie ein elegantes und teures Auto über eine anspruchsvolle Straße fahren; Sie können erst dann mit dem „Influencing" beginnen, wenn Sie die Hindernisse überwunden haben. Für Unternehmen bietet die Verpflichtung von Influencern eine Reihe von Vorteilen, z. B. die gezielte Ansprache bestimmter Bevölkerungsgruppen, eine starke Anhängerschaft und die Fähigkeit, über den Tellerrand hinauszuschauen.

Sagen Sie die Wahrheit. Die Aufrichtigkeit und Ehrlichkeit eines Influencers bestimmen, wie erfolgreich er insgesamt ist. Diese Gewohnheiten und Einstellungen können ihnen dabei helfen, ihre Leserschaft in Kunden zu verwandeln und gleichzeitig Kunden in Leser zu verwandeln. Influencer bauen eine Verbindung zu ihrem Publikum auf, die Unternehmen für ihr Marketing nutzen können.

Influencer Marketing hat bereits viele Formen des Marketings outperformed , wächst allerdings noch weiter. Die „Mund-zu-Mund-Propaganda", die Influencer nutzen, ist zu einer der erfolgreichsten Strategien geworden, weil Kunden den Ratschlägen und Empfehlungen derer, die sie kennen, vertrauen. Wenn Sie es mit Influencer Marketing ernst meinen, sollten Sie sich auf Themen konzentrieren, die Ihre Zielgruppe begeistert.

Es erfordert viel Zeit und Mühe, ein Influencer zu werden, aber der Nutzen übertrifft den Aufwand bei weitem! Wenn ich andere davon überzeugen könnte, Liebe, Wertschätzung, Großzügigkeit, Mitgefühl, Inklusion und Freundlichkeit über Gefühle der Entbehrung, Eifersucht und Gier zu stellen, würde die Art, wie wir leben und Entscheidungen treffen, der Menschheit zugute kommen. Ich habe eine höhere Fähigkeit zum Mitgefühl für andere entwickelt, weil ich mich mehr mit mir selbst verbunden fühle.

Mitgefühl und eine Haltung der Dankbarkeit haben mir dabei geholfen, ein besserer Mensch auf diesem Planeten zu werden. Wie werden Sie also ein mächtiger Influencer? Nun, dieses Buch ist meinen Partnern gewidmet und allen, die mich bei der Entwicklung eines Trendguides unterstützt haben. Einige von ihnen haben mich verlassen und ihre eigenen Unternehmen gegründet. Das ist für mich in Ordnung und ich bin froh, dass ich zu ihrer Entwicklung beigetragen habe. Einige sind bei mir geblieben und sind bis heute gut dabei. Die Vision war jedoch viel größer und ist immer noch lebendig und ich werde Ihnen im Folgenden davon erzählen. Lesen

Sie weiter, um mehr darüber zu erfahren, wie man ein großer Influencer wird.

Influencer werden

Journalisten überlegen, ob sie in den sozialen Medien aktiv werden sollen, da Influencer Marketing weiterhin breite Bevölkerungsschichten erreicht und anspricht. Während die Debatte über die Glaubwürdigkeit von Influencern im Medienzeitalter weitergeht, ist ihr Einfluss unübersehbar. Wir erörtern die Entwicklung von Influencern, die moralischen Dilemmata, mit denen Autoren in diesem Bereich konfrontiert sind, und die weit verbreiteten Missverständnisse über diesen Beruf.

Moderne Influencer sind zwar nicht in der Lage, in wenigen Stunden einen Beitrag mit 1.200 Wörtern zu verfassen, aber sie können ihr organisches Wachstum ausführlich schildern und in einer Branche, in der Daten alles sind, auf den Punkt kommen. Im Wesentlichen besteht die Stellenbeschreibung eines Influencers sowohl aus kreativen als auch aus datengesteuerten Aufgaben. Da Unternehmen Personen belohnen, die eine Vielzahl von Kunden und Branchen davon überzeugen können, ihnen zu vertrauen, ist der Aufbau einer großen, starken und engagierten Leserschaft das Hauptziel, was eine ständige Anpassung der Online-Profile erfordert. Es ist wichtig, die Menschen sorgfältig auszuwählen, denen man in den sozialen Medien folgt. „Die Menschen wollen nicht viel Unordnung in ihren Feeds. Deshalb folgen sie lieber Konten, die einen Mehrwert bieten und Dinge hervorbringen, die sie interessieren."

1. Setzen Sie sich von der Masse ab: Wie können Sie sich von den Zillionen anderer Influencer abheben? Oder warum

nutzen Sie nicht YouTube, um Ihre Stimme bekannt zu machen – und anerkannt zu werden? Oder, was noch wichtiger ist, wie können Sie Menschen davon überzeugen, Ihr besonderes Stück virtuelles Leben zu abonnieren, während Hunderttausende von anderen um die gleiche Aufmerksamkeit buhlen? Zunächst sollten Sie eine langfristige Strategie für die Erreichung Ihrer Ziele als Influencer entwickeln und dabei bedenken, dass die Zeit Ihnen in die Hände spielt.

2. Benennen Sie Ihre Marke und Ihren Zielmarkt: Die Community an Influencern ist riesig und breit gefächert und umfasst praktisch jedes Land, alle Branchen und alle Interessengebiete. Es ist für jeden etwas dabei, von Urlaubs-Influencern, die die Schönheit der Welt einfangen, über Food-Blogger, die alles probieren und über die Geschmacksrichtungen und Kombinationen berichten, bis hin zu Make-up-Vloggern, die zeigen, wie man professionell Konturen modelliert.

Allerdings gibt es da einen Haken. Sie müssen Ihre Marke von Anfang an richtig positionieren.

Sind Sie ein umherreisender Journalist, der auf der Suche nach echten regionalen Eindrücken ist, oder ein Luxusreisender? Wenn Sie über Elternschaft schreiben, was ist Ihre besondere Perspektive? Was hebt Sie von der Konkurrenz ab? Diese Fragen scheinen einfach zu sein, aber sie müssen sorgfältig beantwortet werden, sonst sind Sie als Influencer zum Scheitern verurteilt.

Vor dieser Verantwortung scheuen viele Neulinge zurück. „Bestimmen Sie zunächst, wen Sie ansprechen wollen,

und schaffen Sie dann eine Marke, die dies repräsentiert."
Vergewissern Sie sich, dass Sie eine eindeutige Stimme
und klare Markenstandards haben, die Sie einhalten, bevor
Sie Ihre Arbeit veröffentlichen. Durch die Festlegung von
Markenstandards legen Sie die Rahmenbedingungen für Ihre
Beiträge fest und sorgen für Einheitlichkeit.

Beginnen Sie mit der Untersuchung, Bestimmung und
Formulierung der folgenden Fragen: „Was möchten Sie, dass die
Leute über Sie wissen?" Was ist in Bezug auf Ihr Unternehmen
das Wichtigste, was Kunden über Sie wissen sollten? Die
Wahl eines Farbschemas ist ein wichtiger Bestandteil des
Designprozesses.

Darüber hinaus empfehle ich Ihnen, bei der Entwicklung Ihres
Blogs, Ihres *Instagram*-Accounts oder Ihres *YouTube*-Kanals
frühzeitig Spezialisten hinzuzuziehen, um sicherzustellen, dass
Ihre Inhalte auf eine ansprechende und professionelle Weise
präsentiert werden. Sie werden die ersten dreißig Tage gut
vorbereitet hinter sich bringen, unabhängig davon, ob Sie für den
Beginn einen Webentwickler für die Gestaltung Ihrer Website,
einen erfahrenen Fotografen für die Aufnahme von Fotos oder
einen erfahrenen Filmemacher für den Anfang engagieren.

3. Entwickeln Sie eine Content-Strategie: Sie haben es geschafft:
   Sie sind jetzt einsatzbereit! Die Zahl der Follower wächst
   weiter. Sie sind zufrieden mit dem, was Sie erreicht haben.
   Was ist also der nächste Schritt? Auch wenn es verlockend
   sein mag, direkt loszulegen und die schöne Welt des
   Influencer Marketings zu erobern, finde ich, dass eine
   gründliche Vorbereitung der Inhalte über den Erfolg eines
   Influencers entscheiden kann.

Sie sollten nicht nur wissen, worüber Sie schreiben werden, sondern auch, wie häufig Sie posten werden und welches Ziel Sie sich für jede einzelne Interaktion gesetzt haben. Influencer, die ein Geschäft auf ihrer Online- oder sozialen Präsenz aufgebaut haben, achten sehr genau auf diese Kennzahlen und passen sie sorgfältig an, wenn ihr Publikum ihnen zunehmend mehr Aufmerksamkeit schenkt. Wenn Sie mit dieser Einstellung beginnen, haben Sie bessere Chancen, den gleichen Grad an Ruhm und vermutlich auch an Reichtum zu erreichen.

Denken Sie langfristig und an die Marken, mit denen Sie zusammenarbeiten möchten. Besonders im zweiten Monat ist das wichtig, wenn Sie um die Aufmerksamkeit der Unternehmen für bezahlte Werbemöglichkeiten konkurrieren. Das mag Monate – oder sogar Jahre – später der Fall sein, aber wie ein Elefant vergisst das Internet nie.

In den ersten Jahren und nachdem Sie sich in der Branche etabliert haben, ist es wichtig, dass Sie sich Gehör verschaffen, um die von Ihnen gewünschten Arten von Sponsoring zu erhalten. Wenn Sie beispielsweise familienfreundliche Werbekunden anziehen möchten, dürfen Ihre älteren Beiträge keine unflätigen Worte oder anzüglichen Bilder enthalten. Überlegen Sie, welche Art von Person Sie ansprechen möchten, und stellen Sie sicher, dass Sie die gleichen Eigenschaften aufweisen. Unternehmen arbeiten gerne mit Influencern zusammen, die gut zu ihrer Marke passen. Denken Sie also daran, wenn Sie bestimmte Marken ansprechen wollen.

Außerdem müssen angehende Influencer besondere Eigenschaften aufweisen, so wie jedes Buch fein abgestimmt sein sollte, um Erfolg zu haben. Finden Sie Accounts, die den Ihren ähnlich sind, und beginnen Sie mit ihnen in Kontakt zu treten. Das dauert weniger als zwanzig Minuten pro Tag. Wenn Sie nicht gerade ein Rezept oder eine Gebrauchsanweisung anbieten, sollten Sie in jedem Kommentar Ihren Aufenthaltsort angeben, mindestens dreißig Hashtags verwenden und die Beschreibungen so kurz wie möglich halten.

4. Experimentieren Sie mit der Reihenfolge Ihrer Inhalte: Nachdem Sie den vorangegangenen Monat damit verbracht haben, Ihre Inhalte zu erstellen, zu bearbeiten und zu verfeinern, ist es nun an der Zeit, sie zu veröffentlichen. Im dritten Monat sollten Sie Inhalte für mindestens dreißig Tage geplant haben. Betrachten Sie dies als Notfallplan, falls eine unvorhergesehene Ablenkung Ihre Aufmerksamkeit von Ihren Influencer-Zielen ablenkt.

Auf diese Weise können Sie jederzeit neue Inhalte planen und erstellen, so dass Sie nie überrascht werden. Um Komplikationen zu minimieren und natürlich um Ihre Nerven zu bewahren, ist es eine gute Idee, alles in einem leicht zugänglichen Kalender zu organisieren. Außerdem kann dieses Dokument dazu verwendet werden, die Performance und das Interesse zu verfolgen. Sie haben Ihren Zielmarkt definiert, Ihre Marke aufgebaut und Ihre Strategie festgelegt.

Jetzt ist es an der Zeit, sich ernsthaft mit dem Sammeln und Veröffentlichen von Inhalten zu beschäftigen! Ein Content-Kalender erleichtert die Organisation Ihres Materials und die Planung dessen, was Sie veröffentlichen möchten. Außerdem sorgt er dafür, dass die Inhalte in Ihrer Pipeline einheitlich bleiben.

Ich empfehle, an einem dieser Tage ein Werbegeschenk zu veröffentlichen, um Interesse und Engagement zu wecken. Denn wer ist nicht daran interessiert, etwas umsonst zu bekommen? „Schließen Sie sich mit zwei bis drei vergleichbaren Konten für ein Loop-Geschenk zusammen. Dann folgen und kontaktieren Sie zwanzig bis dreißig Konten, die Ihnen ähnlich sind, sowie Konten in Ihrer Umgebung. Das kann Ihnen dabei helfen, Ihr Publikum zu erweitern."

5. Engagieren Sie sich und reagieren Sie auf Ihr Publikum: Für Follower zu bezahlen, ist nicht ratsam. Wenn ein Dienst Gebühren für Follower oder Likes verlangt, sollten Sie ihn nicht nutzen. Sind Sie sicher, dass Sie verstanden haben, was ich gesagt habe? Vergrößern Sie Ihr Publikum *organisch*, nicht mit falschen Followern. Der Versuch, viele Follower auf einmal zu bekommen, mag zwar verlockend klingen, aber das sind keine echten Follower. Auch bei Werbedeals für ein Produkt oder eine Dienstleistung bei einer nicht repräsentativen Gruppe von Menschen gibt es keine Entlohnung. Das für Influencer so wichtige Engagement kann nur von echten Followern kommen.

Bauen Sie sich also lieber eine echte Fangemeinde auf, indem Sie Ihre Follower – und die, denen Sie folgen – kontinuierlich beobachten und untersuchen. Das erfordert natürlich etwas mehr Aufwand, aber wenn Sie konsequent sind, wird sich Ihre Reichweite vergrößern und Ihr Publikum wird zunehmend auf das reagieren, wovon Sie schwärmen oder jubeln.

„Überlegen Sie, wem Sie folgen. Glauben Sie, dass sie Sie beobachten? Scheinen sie aktiv zu sein? Lohnt es sich, ihnen zu folgen? Folgen Sie weiterhin verwandten Konten und erweitern Sie Ihren Blick über den Bereich der traditionellen Medien hinaus. Nehmen Sie an Veranstaltungen teil und richten Sie diese aus, kreieren Sie einzigartige Hashtags und ermutigen Sie andere, dasselbe zu tun. Denken Sie außerdem daran, die entsprechenden Konten in Ihren Bildern zu markieren.

Wenn es Ihnen ernst damit ist, Ihre sozialen Gewohnheiten in eine Karriere umzuwandeln, empfehle ich Ihnen, etwa im dritten Monat, nachdem Sie etwas Erfahrung gesammelt haben, einen Kurs in sozialen Medien zu belegen. Da Sie die Lektionen sofort in die Praxis umsetzen können, wenn Sie mit einem bereits eingerichteten und aktiven Konto zum Kurs kommen, ist der Unterricht nützlicher und handlungsorientierter.

6. Versuchen Sie, sich hinauszuwagen: Influencer müssen einige Zeit für die Vorbereitung verwenden, ihr iPhone oder ihren Computer wegzulegen und sich von Angesicht zu Angesicht zu verkaufen, wenn sich ihr Content-Kalender füllt und sich ihre Reichweite vergrößert. Denn wenn Sie in dieser Branche Ihren Lebensunterhalt verdienen wollen, müssen Sie mit bezahlten Kampagnen Ihre Rechnungen bezahlen und Geld auf Ihr Sparkonto einzahlen. Ich empfehle Ihnen jedoch, mit einem einseitigen Media Kit zu beginnen, das alle relevanten Informationen für ein potenzielles Unternehmen enthält. „Alle Ihre Daten, vom Website-Traffic und der Interaktion bis zu den Followern und mehr, sollten zentral erfasst werden, damit Sie sie möglichen Kunden umgehend zur Verfügung stellen können. Um sich auf den Auftritt vorzubereiten, sollten Sie die Technik des Pitching studieren.

Da es zu Ihrer Aufgabe gehört, sich selbst und die von Ihnen angebotenen Dienstleistungen zu verkaufen, sollten Sie sich bereits bei der Zusammenstellung Ihrer Pressemappe

Gedanken über Ihre Präsentation machen. Sie müssen in der Lage sein, erfolgreich zu vermitteln, wer Sie sind und warum ein Unternehmen Sie dafür bezahlen sollte, über es zu schreiben. Auch wenn man davon ausgehen kann, dass für einen erfolgreichen Pitch mindestens 100.000 Follower nötig sind, sollten Sie jetzt mit dem Lernen beginnen. Dann sind Sie vorbereitet, wenn Sie ein Level an Popularität erreicht haben, bei dem Sie auf Unternehmen zugehen können. Außerdem empfehle ich Ihnen, jede Woche ein paar Stunden für eine gründliche Analyse Ihrer Leistung in diesem Zeitraum zu verwenden. Schließlich müssen Sie für Ihre Pressemappe wissen, wie Sie Ihre Daten finden, aufbereiten und illustrieren können.

Wann, glauben Sie, sind Ihre Follower am aktivsten? Um den Level der Aufmerksamkeit zu bestimmen, den jeder Beitrag erhält, sollten Sie in Erwägung ziehen, ihn zu diesen Zeiten oder sogar zu den am wenigsten aktiven Zeiten zu veröffentlichen. Überlegen Sie auch, ob der Bildertyp gut auf Ihren Sozialen Medien ankommt. Sind Ihre Bewunderer jedes Mal begeistert, wenn Sie ein neues Outfit teilen? Gibt es ein Rezept? Gibt es ein Ziel?

7. Entscheiden Sie, was Sie als nächstes tun wollen: Wenn Sie sich dem Beginn des sechsten Monats nähern, sollten Sie sich folgendes vor Augen halten: Es gibt keine Gewissheit – nicht einmal eine ungefähre Zahl – über die Anzahl der Follower, die Sie in dieser Phase haben werden. Sie ist unabhängig davon, wie viel Mühe Sie in die Entwicklung Ihrer Seite investiert haben.

So etwas wie „Erfolg über Nacht" gibt es nicht.

Sie müssen bereit sein, auf lange Sicht zu spielen und im Laufe der Zeit in den Beziehungswert Ihres Publikums zu investieren. Mitte des Jahres werden Sie jedoch mit ziemlicher Sicherheit eine beachtliche Fangemeinde haben, darunter auch ein paar Superfans. Jetzt wissen Sie genauer, wer Ihre Inhalte liest, teilt und kommentiert.

Um die Größe Ihrer Marke zu verzehnfachen, brauchen Sie eine Strategie, die die richtigen Kanäle nutzt. Auch wenn nicht alle Kanäle digital sind, so dienen sie doch alle als Mittel, um zu zeigen, wer Sie sind und was Sie zu bieten haben. Alle diese Aktivitäten können Ihnen helfen zu wachsen, von Präsentationen auf Konferenzen über Gastauftritte in Podcasts bis hin zu Kooperationen auf einem höheren Level mit größerer Wirkung. Und wer weiß? Vielleicht sind Sie nach einem Jahr auf dieser verrückten Reise schon weiter, als Sie es sich je vorgestellt haben. Denn ist das nicht genau das, was einen Influencer ausmacht? Ehrgeiz? Wenn Sie sich selbst Ziele setzen, sind Sie auf dem besten Weg, ein Influencer zu werden.

Welche Influencertypen gibt es?
Beim Influencer Marketing geht es darum, eine Marke, Produkte oder Dienstleistungen über prominente Persönlichkeiten in Ihrer Branche zu bewerben. Influencer sind Personen, die Kunden beeinflussen und sie zum Kauf bestimmter Produkte bewegen können. Wenn Sie einen Influencer nennen sollen, wer fällt Ihnen da ein? Auch wenn Sie vielleicht denken, dass alle Influencer gleich sind, gibt es doch verschiedene Arten.

1. Berühmte Persönlichkeiten: Dies sind die bekanntesten Persönlichkeiten im Bereich des Influencings. Im Fernsehen und in den sozialen Medien machen sie ständig Werbung

für Produkte und empfehlen sie. Aber leider sind prominente Influencer nicht immer so erfolgreich, wie sie sein könnten, weil Verbraucher Schwierigkeiten haben, sich mit ihrem Lebensstil zu identifizieren.

2. Social Influencer (YouTuber/Instagrammers): Das sind Personen, die durch die von ihnen geteilten Videos oder Fotos eine beträchtliche Fangemeinde aufgebaut haben. Verbraucher vertrauen ihnen, auch wenn sie regelmäßig dafür bezahlt werden, dass sie bestimmte Produkte anpreisen. Sie wirken ehrlicher und zugänglicher als Prominente.

3. Einflussnehmer aus der Wirtschaft: Diese Personen haben erheblichen Einfluss in Ihrem Bereich. Blogger, Persönlichkeiten aus den sozialen Medien, Journalisten und Führungskräfte aus Unternehmen sind nur einige Beispiele. Diese Personen sind in Ihrem Bereich bekannt und haben eine große Fangemeinde.

Influencer können zwar dafür bezahlt werden, ein Produkt zu empfehlen, aber sie sind eher geneigt, etwas zu befürworten, das sie selbst benutzen und mögen. Das liegt daran, dass sie die Ware aus erster Hand kennen. Daher ist ihre Werbung auch authentischer. Das ist der Grund, warum 92 Prozent der Menschen sich zu Prominenten und traditionellen Werbeeinflussnehmern hingezogen fühlen.

Wie viele Menschen müssen Ihnen folgen, um sich als Influencer zu qualifizieren?
Influencer Marketing ist nicht nur auf dem Vormarsch, sondern hat auch eine beträchtliche Reichweite im Bereich

des Unternehmensmarketings, wie aus verschiedenen Daten hervorgeht. Es überrascht nicht, dass immer mehr Unternehmen Influencer Marketing auf verschiedenen Social Media-Plattformen betreiben, wobei *Instagram* besonders beliebt ist.

Auf Social-Media-Seiten wie *Instagram* überzeugt ein Influencer eine große Anzahl anderer Personen davon, ein Produkt auf seine Empfehlung hin zu kaufen. Ein Influencer ist heute jeder, der eine beeindruckende Anzahl von Followern auf *Instagram* angehäuft hat, um damit seinen Lebensunterhalt zu verdienen. Doch nicht jeder weiß, was dazu nötig ist oder wie man das anstellt. Wenn Sie also daran interessiert sind, ein *Instagram*-Influencer zu werden, müssen Sie verstehen, wie man *Instagram*-Follower anzieht.

Um nun auf unsere ursprüngliche Frage zurückzukommen: „Wie viele Follower braucht ein Influencer, um erfolgreich zu sein?" Wenn Sie als „einflussreicher" oder „starker" Influencer gelten wollen, brauchen Sie eine starke Followerbasis, auch wenn es keine magische Zahl gibt.

Um als Influencer zu gelten, muss man nach allgemeiner Auffassung mindestens 15.000 bis 30.000 Follower haben, was auch einigermaßen zutrifft. Wenn Unternehmen Influencer einstellen, achten sie als erstes auf die Anzahl der Follower, die sie haben.

Darüber hinaus ist es wichtig zu erkennen, dass das Anhäufen einer großen Fangemeinde nur ein Bestandteil des Einflussbereiches ist. Die Häufigkeit und Qualität der Interaktion mit der Zielgruppe ist ebenfalls entscheidend. Darüber hinaus haben Unternehmen berichtet, dass jemand, der nur dreitausend Influencer hat, als erfolgreicher bei der Beeinflussung seiner Zielgruppe wahrgenommen wird, einfach aufgrund des Grades der Interaktion.

Entgegen der Meinung vieler Experten wird die Anzahl der Follower eines Influencers jedoch dazu verwendet, ihn einzustufen. Nehmen Sie die folgenden Arten von Influencern:

1. Nano-Influencer: Diese Influencer haben zwischen 1.000 und 5.000 Follower. Sie haben in der Regel eine Fangemeinde, die aus ihren Freunden und Verwandten besteht. Ihr Engagement ist verblüffend. Sie stehen mit jedem ihrer Follower in Verbindung und reagieren auf jede Bemerkung. Durch ihre enge Interaktion mit ihrem Publikum entwickeln sie eine starke Bindung zu ihnen und sind als Influencer äußerst überzeugend und erfolgreich.

Die Menschen vertrauen Nano-Influencern, weil sie darauf vertrauen, dass sie sie nicht täuschen werden. Sie teilen ihre Erfahrungen und stellen sich als der „Typ von nebenan" dar. Die Menschen vertrauen ihnen, weil sie keine atemberaubenden Fotos und „perfekten" Postings haben. Am wichtigsten ist jedoch, dass Nano-Influencer oft nur einen Bruchteil dessen verlangen, was traditionelle Influencer für die Werbung von Marken oder Unternehmen verlangen. Daher sind sie wunderbare Werbeträger für kleine Unternehmen und Start-ups.

2. Micro-Influencer: Micro-Influencer haben zwischen 1.000 und 10.000 Follower. Wie Fachleute sind sie auf ein bestimmtes Gebiet spezialisiert, z. B. Fitness, Schönheit oder Kinderbetreuung. Außerdem wissen sie, wie man

hochwertige Inhalte für eine Marke oder ein Unternehmen erstellt. Sie sind am geschicktesten darin, ein Produkt oder eine Marke zu verkaufen und mit ihren Fans zu kommunizieren. Micro-Influencer sind weitaus preiswerter als Macro-Influencer.

3. Macro-Influencer: Es ist nicht einfach, die Zahl der Instagram-Fans zu erhöhen, und für durchschnittliche Nutzer wird es immer schwieriger. Macro-Influencer sind Personen wie Sie und ich, die in ihrem Bereich bekannt sind. Als Macro-Influencer werden Personen bezeichnet, die eine Fangemeinde von mehr als 100.000 haben.

Macro-Influencer sind nicht darauf aus, in Unternehmen zu investieren. Sie werden von Unternehmen genutzt, um ihre Marke oder Produkte zu bewerben. Unternehmen, die ihre Marke bekannter machen möchten, können einen Macro-Influencer engagieren, der ihnen dabei hilft, ein breites Publikum zu erreichen, z. B. junge Erwachsene oder Frauen. Diese Influencer kommunizieren häufig nicht mit ihren Fans.

4. Mega-Influencer: Prominente, Schauspielerinnen, bekannte Künstler und bekannte Sportler sind allesamt Beispiele für Mega-Influencer. Sie haben keine Ahnung von den Produkten, die sie empfehlen. Außerdem lässt sich ihr Publikum nicht kategorisieren. Folglich sind sie schlecht darin, Besucher zu überzeugen. Andererseits haben sie eine große Reichweite, weshalb sie angeworben wurden.

Mega-Influencer verlangen astronomische Summen für einen einzigen *Instagram*-Post. Daher werden sie nur von High-End-Firmen eingesetzt, um die Bekanntheit ihrer Produkte zu steigern. Heute ist Influencer Marketing eine blühende Branche, und die meisten Unternehmen haben ihr Potenzial erkannt. Rund 90 Prozent aller Influencer-Kampagnen beinhalten eine Instagram-Werbung.

Während die Anzahl der Follower eine wichtige Kennzahl für die Gewinnung von Influencern ist, ist die Qualität des Engagements ebenso wichtig. Ein Geschäftsinhaber könnte zum Beispiel mit der Werbung für seine Marke beginnen, indem er einen Influencer anwirbt. Influencer müssen mit Rücksicht auf das Produkt und die Zielgruppe ausgewählt werden. Während Nano- und Micro-Influencer am besten für ein spezialisiertes Publikum geeignet sind, sind Macro- und Mega-Influencer besser für ein breiteres Publikum geeignet. Außerdem muss das Marketingbudget einer Person bewertet werden.

Anfängerleitfaden für Influencer Marketing im Jahr 2022
Influencer in den sozialen Medien sind derzeit in aller Munde. Marken sind begierig darauf, mit ihnen zusammenzuarbeiten, um ihr Publikum zu vergrößern und die Conversions zu steigern. Auf der anderen Seite erwarten die Follower von Social Media Influencern, dass sie ihnen fachkundige Ratschläge und Anregungen geben.

Sind Sie daran interessiert, herauszufinden, was nötig ist, um in diesem Bereich erfolgreich zu sein? Angesichts der zunehmenden Popularität des Influencer Marketings ist es verständlich, dass man sich dafür interessiert, wie man selbst ein Influencer werden kann.

Der Aufbau und die Pflege einer Gemeinschaft von treuen Anhängern ist jedoch nicht so einfach, wie es scheint. Es erfordert hartnäckige Bemühungen von Seiten des Influencers.

Bevor Ich Ihnen einige hilfreiche Ratschläge gebe, wie Sie ein Influencer werden können, sollten wir zunächst einen Blick auf die Bedeutung von Social Media Influencern werfen.

Das Geheimnis von Influencern entschlüsseln

Einfach ausgedrückt, sind Influencer Persönlichkeiten in den sozialen Medien mit einer großen Anzahl interessierter und engagierter Anhänger. Außerdem haben die meisten Influencer eine gute Beziehung zu ihren Followern.

Folglich nehmen die Fans diese Influencer häufig als Vorbilder wahr und folgen ihren Ratschlägen. In der Tat werden Influencer häufig als maßgebliche Persönlichkeiten oder Experten auf ihrem jeweiligen Gebiet angesehen. Möchten Sie erfahren, warum sie so einflussreich sind?

Weil Social Media-Plattformen so zugänglich sind, können Influencer persönliche Beziehungen zu ihren Fans aufbauen. Im Gegensatz zu typischen Superstars ist ihr Leben nicht in Geheimnisse gehüllt. Auf diese Weise üben sie Einfluss auf ihr Publikum aus.

Influencer teilen häufig Details aus ihrem Privatleben mit ihren Anhängern. Auf diese Weise bauen sie freundschaftliche Beziehungen zu ihrer Fangemeinde auf.

Insgesamt kann man sagen, dass Influencer Social Media-Prominente sind, die einen gewissen Einfluss auf ihre Netzwerke von Fans ausüben.

Der Hauptunterschied zwischen Influencern und prominenten Persönlichkeiten besteht darin, dass erstere ihre einzigartige und authentische Stimme in ihre Arbeit einfließen lassen. Dadurch gewinnen sie das Vertrauen und die Treue ihrer Follower. In der Tat wird von 70 Prozent der Millennials behauptet, dass Blogger einen größeren Einfluss haben als Prominente.

Außerdem ist es wichtig, dass die Texte grammatikalisch korrekt sind und den richtigen Ton haben. Dies ist mit Hilfe des Stil-Editors und Grammatikprüfers von ProWritingAid möglich.

Was sind die Vorteile von Influencing?
Möchten Sie mehr über die Vorteile erfahren, die Sie als Influencer haben? Genau darum geht es in diesem Abschnitt.

Digitale Vermarkter und Marken haben den Wert von Influencer Marketing erkannt. Der Hauptvorteil des Influencer-Marketings besteht darin, dass es den Vermarktern direkten Zugang zu der engagierten Follower-Gruppe eines Influencers bietet.

Außerdem erspart es den Werbetreibenden die Zeit und den Aufwand, die geeigneten Zielgruppen zu identifizieren und anzusprechen. Der Influencer hat diese mühsame Aufgabe bereits erledigt. Aus diesem Grund setzten 2017 86 Prozent der Vermarkter Influencer Marketing ein.

Und wer möchte nicht das Leben und die Entscheidungen anderer beeinflussen? In der Tat sind Influencer in den sozialen Medien die erfolgreichste und vertrauenswürdigste Quelle für Konversionen. Dies beweist eindeutig, dass Influencer die Fähigkeit besitzen, ihre Anhänger zu überzeugen.

Vor welchen Herausforderungen stehen Influencer?
Heutzutage wollen viele Menschen Influencer werden. Für viele scheint es eine lohnende Arbeit und Lebensentscheidung

zu sein. Hinter dem Glanz und Glamour der Social Media-Persönlichkeit eines Influencers verbirgt sich jedoch eine Menge Arbeit und Geduld.

Es ist nicht einfach, eine treue Fangemeinde auf Social Media-Plattformen aufzubauen und zu pflegen. Dies wird immer schwieriger, da immer mehr Menschen versuchen, Influencer zu werden.

Es ein langwieriger Prozess, das Vertrauen Ihrer Follower zu gewinnen, bei dem Ihre Inhalte authentisch sein und die Aufmerksamkeit Ihres Publikums erregen müssen.

Außerdem müssen Influencer bei der Zusammenarbeit mit Marken äußerst vorsichtig sein. Ihre Fans entwickeln ein Gefühl der Loyalität aufgrund des persönlichen und ehrlichen Tons, der in ihre Arbeit einfließt. Wenn sie mit gesponserten Inhalten überschwemmt werden, kann das den Ruf eines Influencers in den sozialen Medien schädigen und die Anhänger vergraulen.

Wie genau werden Sie ein Influencer?

Viele Menschen träumen davon, das Leben eines Social Media Influencers zu führen. Dabei übersehen sie jedoch häufig die Anstrengungen, die erforderlich sind, um ein Leben in Luxus und Wohlstand zu führen.

Wie man ein Influencer wird, ist nicht so einfach, wie Sie vielleicht denken. Es gibt jedoch einige Schritte, die Sie unternehmen können, um sicherzustellen, dass Ihre Bemühungen auch wirklich von Erfolg gekrönt sind.

Entscheiden Sie sich für Ihre Nische

Um ein erfolgreicher Influencer zu sein, müssen Sie mehr als nur ein „Tausendsassa" sein. Es ist wichtig, dass Sie eine Fachrichtung wählen, die zu Ihrem Auftreten passt.

Eine einfache Methode zur Ermittlung Ihres Spezialgebiets besteht darin, Ihre Stärken und Schwächen abzuschätzen. Wählen Sie dann eine Nische, in der Sie Ihre Talente hervorheben und Ihre Fähigkeiten weiter ausbauen können.

Sie können Ihre Inhalte auf einen genaueren Personenkreis zuschneiden, indem Sie sich auf ein bestimmtes Fachgebiet spezialisieren.

Bei der Entscheidung, wie Sie Influencer werden, können Sie sich in eine der folgenden Kategorien einordnen:

- Reisen
- Lifestyle
- Mode
- Ernährung
- Beauty
- Sport
- Gaming
- Unterhaltung
- Technik
- Gesundheit und Fitness

Sie müssen sich nicht nur auf eine dieser Kategorien beschränken. Die Verknüpfung von zwei oder mehr dieser Nischen ist durchaus möglich. Achten Sie jedoch darauf, dass sich die einzelnen Nischen gegenseitig ergänzen. Eine Nische könnte z.B. Reisen und Lifestyle oder Schönheit und Mode umfassen.

Sie müssen sich nicht auf diese gut etablierten und bekannten Nischen beschränken. Das Geheimnis eines Social Media Influencers besteht darin, alles, was Sie tun, mit Ihrer Stimme zu erfüllen. Machen Sie das Beste aus Ihren Talenten und Eigenheiten, indem Sie neue Dinge ausprobieren und eine Nische finden, in der Sie beides zeigen können.

Die vierundzwanzigjährige Karina Garcia zum Beispiel wurde über Nacht zum *YouTube*-Star, indem sie bizarre Filme über Schleim teilte. Sie hat fast acht Millionen Abonnenten auf *YouTube*, wo sie liebevoll als „Queen of Slime" bezeichnet wird. Außerdem hat sie zwei Bestseller-Bücher geschrieben und ihre eigene Firma für Bastelarbeiten, Craft City, gegründet.

Entscheiden Sie sich für eine Plattform

Um ein Influencer zu werden, muss man eine starke Online-Präsenz haben. Allerdings sollten Sie nicht jede Social Media-Plattform und jede Verbreitungsmethode nutzen. Je nach Ihrer Nische eignen sich einige Plattformen besser für Ihre Inhalte als andere.

Für Modeblogger ist *Instagram* besser geeignet als *Twitter* oder *LinkedIn*, wenn es um Bildmaterial geht. In der Tat bevorzugen 93 Prozent der Social Media Influencer Instagram gegenüber anderen Plattformen, weil es bessere Ergebnisse liefert. Das soll nicht heißen, dass Sie alle Ihre Bemühungen auf *Instagram* beschränken sollten, wenn Ihre Nische nicht zu dieser Plattform passt.

Sie sollten die Plattform auswählen, auf der sich Ihr Publikum am ehesten engagiert. Wenn Ihr Zielpublikum zum Beispiel aus Millennials besteht, sollten Sie Ihre Bemühungen auf *Snapchat* und *Instagram* konzentrieren. Wenn Sie sich dafür entscheiden, mehrere Social Media-Kanäle zu nutzen, stellen Sie sicher, dass Ihr Material für jede Plattform optimiert ist.

Der Meister des digitalen Marketings, Neil Patel, wirbt beispielsweise intensiv für seine Blogbeiträge und andere Inhalte über *Twitter*. Nach Ansicht seiner Zielgruppe (zu der Unternehmer und Personen aus der digitalen Medienbranche gehören) ist dies angemessen, da die meisten seiner Besucher auf der Suche nach einschlägigen Informationen sind.

Auch wenn Sie die Plattform wählen sollten, die für Ihre Inhalte und Ihr Publikum am besten geeignet ist, sollten Sie alternative Vertriebskanäle nicht übersehen. Vielmehr sollten Sie versuchen, sich mit den anderen Kanälen vertraut zu machen, um sie bei Bedarf in Zukunft nutzen zu können.

Legen Sie Ihre Inhalte fest
Die vielleicht beste Antwort auf die Frage, wie Sie ein Influencer werden können, ist die Bereitstellung von hochwertigen Inhalten. Daher ist es von entscheidender Bedeutung, originelle und unverwechselbare Inhalte zu veröffentlichen, die bei Ihrem Publikum Anklang finden.

Denn nur so können Sie das Interesse des Publikums an Ihrer Arbeit aufrechterhalten. Daher sollte jede Form von Inhalt, den Sie veröffentlichen, sinnvoll und nützlich sein.

Je nach Ihrem Fachwissen und Ihren Vertriebskanälen können Sie aus verschiedenen Formaten wählen, darunter Blogeinträge, Fotos, Videos und Podcasts.

Darüber hinaus können Sie auf Ihren Social-Media-Kanälen gemeinsame Werbeaktionen oder Wettbewerbe mit den Unternehmen veranstalten, mit denen Sie zusammenarbeiten.

Nutzen Sie eine Plattform wie VYPER, um ansprechende Wettbewerbe und Werbegeschenke zu entwerfen, die viele Teilnehmer anziehen.

Es ist wichtig, dass Sie jedem Inhalt, den Sie veröffentlichen, Ihre eigene Handschrift verleihen. Damit heben Sie sich von anderen ab, die ebenfalls versuchen, sich als Influencer zu profilieren.

Sind Sie unsicher, wie Sie das erreichen können? Lassen Sie uns das anhand eines Beispiels erläutern.

Katie Stauffer, eine Fotografin und Lifestyle-Influencerin, erlangte große Aufmerksamkeit, nachdem sie Videos ihrer zweijährigen Tochter Mila auf *Instagram* geteilt hatte. Milas Ausdrucksweise und ihre ausgefeilten schauspielerischen Fähigkeiten heben ihre Inhalte von anderen vergleichbaren *Instagram*-Seiten ab. Infolgedessen folgen Stauffer inzwischen vier Millionen treue Instagram-Nutzer, die gespannt auf das nächste Mila-Video warten.

Sie müssen die Besonderheit oder das charakteristische Merkmal ermitteln, das Sie von anderen Influencern in Ihrer Branche abhebt. Wenn Sie dann Ihr Alleinstellungsmerkmal (USP) gefunden haben, sollten Sie es so weit wie möglich in Ihre Inhalte einbauen.

Dies erhöht nicht nur die Sichtbarkeit Ihrer Arbeit, sondern hilft auch dabei, Ihr Image als Influencer aufzubauen. Daher ist es eine gute Idee, dieses Alleinstellungsmerkmal in gesponserte Inhalte einfließen zu lassen.

Denken Sie an Ihr Publikum

Die Erstellung von Inhalten, die Ihr Publikum sich wünscht, ist eine hervorragende Strategie, um sicherzustellen, dass Ihre Inhalte an Dynamik gewinnen.

Wenn Sie keine Ideen haben, sollte eine kurze *Google*-Suche nach Ihrer Nische eine Fülle von Ergebnissen liefern. Ermitteln Sie zunächst die Suchbegriffe Ihrer Zielgruppe, indem Sie an das Ende der Suchergebnisse scrollen. Außerdem können Sie auf Plattformen wie *Quora* und *Reddit* suchen, um herauszufinden, worüber Ihre Zielgruppe gerade diskutiert.

Wenn Sie wollen, dass Ihre Beiträge bei Ihrem Publikum Anklang finden, müssen Sie sich zunächst ein genaues Bild von Ihrem Publikum machen.

Die Analysefunktion der meisten Social Media-Websites kann Ihnen verwertbare Einblicke in Ihre demografische Zielgruppe geben. Darüber hinaus erhalten Sie demografische Informationen über Ihr Publikum, wie z.B. Geschlecht, geografische Region, Beruf und Online-Verhalten.

Außerdem sollten Sie den Kommentarbereich Ihrer sozialen Medien und Blogartikel genau beobachten. Dieser Bereich kann eine wahre Fundgrube für neue Inhalte sein, die Ihr Publikum lesen/sehen möchte. Umfragen auf Ihren Social Media-Kanälen und Feedback von Ihren Fans zu Vorlieben und Problemen helfen ebenfalls.

Verbessern Sie Ihre Hashtags

Um ein guter Influencer zu sein, müssen Sie wissen, wie man Hashtags wirkungsvoll einsetzt. Ihre Inhalte werden erst dann wertvoll und relevant, wenn sie an die richtige Zielgruppe verteilt werden.

Das Hinzufügen einschlägiger Hashtags zu Ihren Beiträgen in den sozialen Medien ist eine wirkungsvolle Methode, um die Sichtbarkeit Ihrer Inhalte zu erhöhen. Menschen, die gerade erst als Influencer anfangen und versuchen, ihr Publikum zu vergrößern, können davon stark profitieren.

Ermitteln Sie, welche Hashtags in Ihrer Nische am relevantesten sind und im Trend liegen. Binden Sie diese dann in Ihre Beiträge ein, um die Wahrscheinlichkeit zu erhöhen, dass Ihre Inhalte von einem ganz neuen Publikum wahrgenommen werden, das Sie bislang noch gar nicht kannte.

Verwenden Sie HashtagsForLikes, um die beliebtesten Inhalte und Hashtags in Ihrer Nische zu ermitteln. Dieses Tool hilft Ihnen bei der Auswahl von Hashtags, die Sie verwenden können, um Ihre Reichweite in den sozialen Medien zu erhöhen. Darüber hinaus vereinfacht und beschleunigt es den Prozess des Hashtag Targeting.

Wenn Sie Hashtags verwenden, sollten Sie darauf achten, dass Sie Ihre Beiträge nicht mit irrelevanten Hashtags übersättigen. Verwenden Sie stattdessen Hashtags, die mit Ihrer Marke als Influencer übereinstimmen.

Sind Sie neugierig, was Sie sonst noch tun können? Neben beliebten Hashtags können Sie auch Ihre eigenen entwickeln, um Ihre Reichweite weiter zu erhöhen. Ermuntern Sie Ihre Fans, Ihre Marken-Hashtags zu verwenden, wenn sie Beiträge auf ihre Profile hochladen. Dies steigert die Popularität Ihres Hashtags und erhöht die Sichtbarkeit Ihres Profils in den sozialen Netzwerken Ihrer Follower.

Sorgen Sie für Beständigkeit

Die regelmäßige Bereitstellung hochwertiger Inhalte ist eine ausgezeichnete Vorgehensweise, um das Interesse Ihres Publikums an Ihrer Arbeit aufrechtzuerhalten. Wenn Sie regelmäßig hochwertiges Material produzieren, wecken Sie bei Ihrem Publikum ein Gefühl der Vorfreude.

Dies erhöht die Aufmerksamkeit des Publikums und damit Ihre Reichweite. Sie sollten einen Zeitplan für alle Inhalte aufstellen, die Sie in den nächsten Monaten produzieren wollen. Zusätzlich können Sie eine wöchentliche oder monatliche Serie einrichten, um das Interesse Ihres Publikums zu wecken.

Nusair Yassin, alias Nas Daily, hat sich zum Beispiel vorgenommen, 1.000 Tage lang jeden Tag ein einminütiges Video auf *Facebook* zu veröffentlichen, worauf Leute ihm folgten, um zu sehen, ob er sein Versprechen einhielt.

Nas hielt sein Versprechen und als Folge davon hat er zwölf Millionen Follower angehäuft und unzählige Leben weltweit beeinflusst.

Quantität sollte jedoch nie auf Kosten der Qualität Ihrer Arbeit gehen. Wenn ein unvorhergesehener Umstand Sie daran hindert, Inhalte zum geplanten Termin zu liefern, erstellen Sie einen Beitrag, um dies mitzuteilen. Versichern Sie Ihren Zuschauern, dass Sie derzeit an den Inhalten arbeiten und sie in Kürze veröffentlichen werden.

Wenn Sie keine hochwertigen Inhalte mehr haben, können Sie die „Stories"-Funktionen von *Instagram* und *Facebook* nutzen. Darüber hinaus können Sie einfache Bilder einreichen, um Ihren Zuschauern einen Einblick in Ihren Arbeitsplatz oder Ihr Klassenzimmer zu geben.

Auf diese Weise können Sie Ihr Publikum an sich binden, ohne dass Sie Stunden damit verbringen müssen, ein Video zu erstellen.

Stellen Sie ein Team von anderen Influencern zusammen

Wenn Sie am Anfang stehen und noch nicht genau wissen, wie Sie ein Influencer werden können, kann die Zusammenarbeit mit jemandem, der in Ihrer Gegend bekannt ist, von großem Nutzen sein. Auf diese Weise können Sie sich Zugang zu deren Social Media-Followern verschaffen und diese dazu bringen, Ihnen ebenfalls zu folgen.

Sie müssen dem anderen Social Media-Influencer etwas von Wert bieten, um ihn zur Zusammenarbeit mit Ihnen zu bewegen. Wenn Ihnen größere Influencer unerreichbar erscheinen, können Sie mit Micro-Influencern mit einer kleinen, aber sehr engagierten Fangemeinde zusammenarbeiten.

Entwickeln Sie ein Media Kit

Ein Media Kit ist das digitale Portfolio eines Influencers. Betrachten Sie es als Chance, Unternehmen zu zeigen, was Sie für sie tun können.

Ganz gleich, ob ein Unternehmen Sie wegen einer Zusammenarbeit kontaktiert oder ob Sie einer Marke, mit der Sie gerne zusammenarbeiten würden, einen Pitch unterbreiten möchten, ein Media Kit hilft Ihnen, sich als Influencer zu profilieren.

Nehmen Sie folgende Angaben in Ihr Media Kit auf:
- eigene Vorstellung und Ihr Fachwissen
- Anzahl der Follower in Social Media
- Demografische Daten des Publikums

- Grad der Beteiligung
- Frühere Partnerschaften mit Marken und Erfahrungsberichte
- Rahmenbedingungen für die Zusammenarbeit

Mit einem Tool wie MediaKits können Sie schnell und einfach ein hervorragendes Media-Kit online zusammenstellen, komplett mit Echtzeit-Analysen. Darüber hinaus können Sie Ihr Media Kit mit verschiedenen Möglichkeiten auf Ihren Stil zuschneiden.

Außerdem können Sie auch eine Website erstellen, um Ihr Image zu verbessern und das Vertrauen Ihrer Zielgruppe zu gewinnen. Mit Website-Buildern wie *WordPress* ist es ganz einfach, eine Website zu erstellen und zu betreiben.

Richten Sie Aktionen wie Gewinnspiele, Wettbewerbe und Verlosungen ein.
Der beste Weg, um ein Influencer mit einer großen Fangemeinde zu werden, ist, das Interesse Ihrer Follower zu wecken.

Ein AMA (Ask Me Anything) zu veranstalten, ist vielleicht eine der wirksamsten Möglichkeiten, Ihr Publikum einzubinden. Halten Sie das Interesse Ihres Publikums wach und zeigen Sie ihm, dass Sie eine Kapazität in dem von Ihnen behandelten Thema sind.

Wenn Sie das Engagement steigern möchten, können Sie einen Wettbewerb oder ein Gewinnspiel veranstalten. Die meisten Nutzer sozialer Medien werden Ihnen im Gegenzug für die Likes, Kommentare und Shares, die Sie für Ihre Beiträge erhalten, ein Geschenk machen. Außerdem können Sie sie bitten, die Ankündigung des Wettbewerbs mit ihren Kontakten in den sozialen Medien zu teilen.

Für Ihr Giveaway können Sie die anpassbaren Designs von VYPER verwenden. So sparen Sie viel Zeit und Mühe, anstatt von Grund auf neu zu beginnen.

Vergrößern Sie Ihre Fangemeinde und erreichen Sie mit dieser Methode neue Menschen. Kooperationen mit anderen Influencern oder Unternehmen in Ihrer Nische können Ihnen zu größerem Erfolg verhelfen. Stellen Sie sicher, dass die Regeln, der Einsendeschluss, die Preise und dergleichen ordnungsgemäß angegeben sind, und geben Sie den Gewinner wie versprochen pünktlich bekannt. Um ein Influencer zu werden, sollten Sie Werbegeschenke verteilen und Wettbewerbe veranstalten, um das Interesse Ihres Publikums zu erhalten.

Sie können sich auf VYPER verlassen, wenn es darum geht, Wettbewerbe und Werbegeschenke von Anfang bis Ende zu planen, zu gestalten und umzusetzen. Mit Hilfe dieser Software können Sie Ihre Wettbewerbe und Werbeaktionen in den sozialen Medien auf ein ganz neues Niveau heben.

Gehen Sie live!

Am einfachsten ist es, wenn Sie eine persönliche Beziehung zu Ihrem Publikum pflegen, um ein Influencer zu werden.

Live-Streaming ist eine gängige Funktion auf beliebten Social-Media-Seiten wie *Facebook, Instagram* und *YouTube*. Mit dieser Funktion können Sie Ihrem Publikum zum Beispiel zeigen, was hinter den Kulissen einer Veranstaltung oder Party passiert. So fühlen sich Ihre Fans stärker an Sie und Ihr Unternehmen gebunden.

Eine andere Möglichkeit, in Echtzeit mit Ihrem Publikum zu kommunizieren, ist ein Live-AMA (Ask Me Anything). Dies ist eine fantastische Methode, um mehr Menschen einzubeziehen und um einzuschätzen, was Ihre Zielgruppe sich wünscht und erwartet. Stellen Sie sicher, dass Sie Ihre Follower in den sozialen Medien im Voraus über das Ereignis informieren.

Gehen Sie auf die Bedürfnisse Ihrer Follower ein
Je größer Ihre Fangemeinde und je beliebter Ihre Arbeit wird, desto mehr Feedback erhalten Sie in Direktnachrichten und Kommentaren.

Es mag ein unmögliches Ziel sein, auf jeden einzelnen Kommentar zu antworten. Es ist jedoch empfehlenswert, auf so viele Nachrichten wie möglich zu antworten. Ihre Follower fühlen sich Ihnen stärker verbunden, wenn Sie ihnen antworten, was ihr Vertrauen in Sie bekräftigt.

Die *Instagram*-Posts von Savi und Vid, dem reisenden Paar hinter Bruised Passports, werden zum Beispiel häufig kommentiert. Dadurch haben sie sich eine treue Fangemeinde von 287.000 *Instagram*-Nutzern aufgebaut.

Ein „Shoutout" für positives Feedback, das Sie erhalten, ist ebenfalls denkbar. Es gibt dem Absender das Gefühl, etwas erreicht zu haben und stärkt sein Vertrauen in Sie. Wenn Sie ein Influencer werden wollen, müssen Sie Ihr Publikum wie eine Familie behandeln.

Was Micro-Influencer von Influencern lernen können
Sie haben wahrscheinlich schon davon gehört, dass Micro-Influencer, also Personen mit weniger als fünftausend Followern, in sozialen Medien eine beträchtliche Menge Geld verdienen können. Wenn Sie sich selbst eine große Fangemeinde aufgebaut haben, möchten Sie jetzt vielleicht erfahren, wie Sie Ihren Einfluss zu Geld machen können.

Möglicherweise möchten Sie Ihre Leserschaft in den sozialen Medien vergrößern und sich als Top-Influencer etablieren oder einfach nur mehr Marken erreichen und so mehr Geld gewinnen. Sie haben jedoch keine Ahnung, wo Sie anfangen sollen.

Die Lösung ist in allen genannten Fällen die gleiche. Nehmen Sie den Rat derer an, die das Gleiche schon vor Ihnen getan haben.

Von wem sollten Sie sich also beraten lassen?

Von niemand anderem als den größten Influencern der Branche.

Was können Micro-Influencer von Macro-Influencern lernen?

In diesem Abschnitt werden sieben der wirksamsten Methoden der großen Influencer besprochen, die Micro-Influencer sofort umsetzen sollten.

#1: Entscheiden Sie sich für ein bestimmtes Erscheinungsbild
Die Optik ist von entscheidender Bedeutung, erst recht, wenn Sie Instagram nutzen. Sie wollen den Eindruck vermitteln, dass Ihre Arbeit von außergewöhnlicher Qualität ist.

Da es visuelle Netzwerke wie *Instagram* gibt, müssen Sie sich für ein bestimmtes Erscheinungsbild entscheiden, das Sie beibehalten möchten. Auf diese Weise können Sie sicherstellen, dass die Qualität Ihrer Inhalte einheitlich bleibt.

Der Mensch ist von Natur aus ein visuelles Wesen. Wenn Sie sich für ein bestimmtes Erscheinungsbild entscheiden, gewährleisten Sie, dass jedes Ihrer Postings visuell ansprechend ist und dass sie im Zusammenspiel eine stimmige Aussage ergeben.

Darüber hinaus vermitteln sie ein visuelles Bild von der Art von Person und des Micro-Influencers, der Sie sind. Wenn also Marken oder mögliche Follower Ihr Profil besuchen und feststellen, dass Ihre Beiträge eine einheitliche Gestaltung aufweisen, hinterlassen sie einen positiven Eindruck.

Beispiel: Ushiro Sam
Sam Ushiro (@aww.sam), der 283.000 Instagram-Follower hat, ist dafür ein hervorragendes Beispiel. Die Influencerin verwendet auf ihren Fotos häufig helle und pastellfarbene Töne, die den Eindruck von „Spaß" und „Lebensfreude" vermitteln.

Daher werden Vermarkter, die eine positive Werbebotschaft auf unterhaltsame und ansprechende Weise vermitteln möchten, in ihr die ideale Influencerin für eine Zusammenarbeit erkennen.

Als Micro-Influencer, der seinen Einfluss gewinnbringend nutzen möchte, sollten Sie diesem Beispiel folgen.

#Nr. 2: Veröffentlichen Sie regelmäßig Beiträge
Sie können nicht erwarten, dass Sie Ihre Fans erreichen, wenn Sie nicht regelmäßig Beiträge veröffentlichen.

Was bedeutet es, regelmäßig zu posten?

Regelmäßigkeit bedeutet nicht unbedingt, täglich etwas zu veröffentlichen. Sie sollten jedoch vernünftige Erwartungen aufstellen und sich an einen konsequenten Zeitplan für Veröffentlichungen halten.

Wenn Sie sich dessen bewusst sind, dass Sie nicht jeden Tag einen Beitrag veröffentlichen können, sollten Sie Ihren Followern das auch nicht versprechen.

Für Micro- als auch für Macro-Influencer gilt gleichermaßen, dass Sie angemessene Erwartungen in Bezug auf die Zielgruppe formulieren und einen konsequenten Zeitplan für Veröffentlichungen einhalten sollten.

Dadurch können Sie die Bindung zu Ihrer Leserschaft aufrechterhalten und einen nachhaltigen Eindruck hinterlassen.

Zum Beispiel:
Julie Sarinana, eine bekannte Influencerin und Modebloggerin, veröffentlicht fast täglich einen neuen Blogbeitrag und teilt ihn mit ihren *Instagram*-Followern.

#Nr. 3: Haben Sie keine Angst vor der Verwendung von Trending Hashtags
Beziehen Sie aktuelle Hashtags in Ihre Beiträge ein?

Wenn nicht, dann sollten Sie sofort damit beginnen.

Hashtags helfen Nutzern sozialer Medien dabei, Beiträge zu entdecken, die für eine bestimmte Interessengruppe oder ein aktuelles Thema relevant sind. Indem Sie beliebte Hashtags in Ihre Beiträge einbauen, können Sie deren Sichtbarkeit für ein Zielpublikum erhöhen.

Durch eine ausreichende Anzahl von Followern können Sie Ihren Einfluss ausbauen. Daher verwenden auch prominente Influencer häufig beliebte Hashtags. Einige prominente Influencer haben jedoch den Status einer berühmten

Persönlichkeit erreicht und haben es nicht mehr notwendig, Hashtags in ihren Postings zu verwenden.

Wenn Sie jedoch noch dabei sind, eine Fangemeinde aufzubauen, sollten Sie damit beginnen, beliebte und einschlägige Hashtags in Ihren Social Media-Postings zu verwenden.

#Nr. 4: Wählen Sie sorgfältig aus, mit welchen Marken Sie zusammenarbeiten

Nur weil Sie ein Micro-Influencer sind, heißt das nicht, dass Sie nicht das Recht haben, mit bestimmten Marken zusammenzuarbeiten. Wie jeder andere Influencer können auch Micro-Influencer bei den Marken, mit denen sie zusammenarbeiten, durchaus wählerisch sein.

Warum sollten Sie umsichtig vorgehen?

Weil die Marken, mit denen Sie zusammenarbeiten, Ihr Ansehen als Micro-Influencer beeinflussen oder auch schädigen können. Wenn Sie für Produkte einer Marke werben, die für Tierversuche berüchtigt ist, riskieren Sie Ihre Glaubwürdigkeit. In diesem Fall könnten Sie viele Fans (und potenzielle Kunden) verlieren.

Aus diesem Grund sind Top-Influencer bei den Firmen, mit denen sie zusammenarbeiten, sehr vorsichtig. Wenn Sie um eine Zusammenarbeit mit einer Marke gebeten werden, überprüfen Sie dieses Angebot genau, bevor Sie zustimmen.

Wie weit sollten Sie Ihre Nachforschungen treiben?

Sie können eine Suche in sozialen Medien durchführen, um herauszufinden, was andere über die Marke sagen. Alternativ können Sie Werkzeuge wie Social Mention verwenden, um eingehende Recherchen über Erwähnungen der Marke auf anderen Websites durchzuführen.

Mit diesem Tool können Sie die Ergebnisse filtern und nur unvorteilhafte Erwähnungen der Marke anzeigen lassen. So können Sie leichter feststellen, ob andere Menschen der Marke gegenüber negativ eingestellt sind oder nicht.

#Nr. 5: Verteilen Sie Giveaways
Haben Sie schon einmal an einem Preisausschreiben teilgenommen oder etwas von sich aus verschenkt?

Wenn Sie bereits mit Marken im Rahmen von Marketingkampagnen zusammengearbeitet haben, wissen Sie sicher, dass Beiträge, in denen Sie Giveaways verteilen, häufig die höchsten Klickraten erzielen.

Warum sind Werbegeschenke so wirksam bei der Steigerung der Beteiligung?

Ganz einfach. Weil Gewinnspiele den Teilnehmern die Möglichkeit bieten, etwas kostenlos zu erhalten. Das regt Ihre derzeitigen Follower dazu an, sich mehr mit Ihren Inhalten zu beschäftigen. Darüber hinaus können Sie auf diese Weise neue Fans und Follower gewinnen.

Deshalb ist das Veranstalten von Gewinnspielen eine großartige Sache. Wenn Sie nicht bereits mit einer großen Anzahl von Unternehmen zusammengearbeitet haben, müssen Sie möglicherweise etwas von Ihrem eigenen Geld investieren. Im Endeffekt handelt es sich um eine lohnende Investition, denn sie hilft Ihnen, mit Ihrer Zielgruppe in Kontakt zu treten und ihre Anhängerschaft zu vergrößern.

Giveaways sind auch eine erstklassige Möglichkeit, die Aufmerksamkeit Ihrer Follower auf Sie als Influencer zu lenken.

Wenn Sie eine große Fangemeinde aufgebaut haben, schicken Ihnen manche Unternehmen sogar kostenlose Proben oder andere Geschenke. Sie können diese Gegenstände in Ihr Angebot aufnehmen.

Top-Influencer wie Denise (@makeupbydenise) veranstalten ihre eigenen Giveaway-Wettbewerbe mit überzähligen Produkten von Unternehmen.

Denise erklärt, dass sie diese Giveaways anbietet, weil sie weiß, wie schwierig es sein kann, als Neuling in diesem Bereich hochwertige Produkte zu erhalten.

Auf diese Weise kann sie die Aufmerksamkeit ihrer Zielgruppe, der angehenden Visagisten, gewinnen. Die Teilnehmer müssen ihr auf *Instagram* folgen und zwei Freunde in dem Posting markieren, um an dem Gewinnspiel teilzunehmen. Denise hat im Moment etwa eine Million *Instagram*-Follower.

#6. Bleiben Sie für Ihr Publikum interessant
Vergewissern Sie sich, dass alle Ihre Social Media-Inhalte sorgfältig auf die von Ihnen angestrebte Zielgruppe ausgerichtet sind. Wählen Sie zum Beispiel eine Branche und einige Themen und bleiben Sie dabei.

Warum ist es so wichtig, eine bestimmte Nische beizubehalten?

Wenn Sie anfangen, über alles Mögliche zu posten, verwirren Sie Ihre Fans.

Wenn Sie also wollen, dass Ihre Follower Ihnen treu bleiben, müssen Sie ihnen das bieten, was sie sich wünschen.

Nehmen Sie beispielsweise Zoe Sugg, eine Beauty-Influencerin, die über Reisen, Küche und Lifestyle schreibt. Sie läuft Gefahr, ihre treue Fangemeinde zu verprellen. Wählen Sie daher ein Interessengebiet und bleiben Sie dabei. Wenn Sie über andere Themen posten möchten, können Sie zwei getrennte Profile für geschäftliche und private Zwecke anlegen.

Zoe Sugg hat ebenfalls zwei *Instagram*-Konten. Auf ihrem geschäftlichen Profil, @zoella, beschäftigt sie sich mit Beauty und Lifestyle.

#7. Erweitern Sie Ihre Online-Präsenz

Pflegen Sie eine Präsenz in mehreren sozialen Netzwerken und bewerben Sie Ihre Marke und Ihre Inhalte auf mehreren Plattformen. Selbst wenn Sie nur auf einer Plattform hauptsächlich in Erscheinung treten, müssen Sie auf den anderen Plattformen ein Profil pflegen, damit man mit Ihnen auf verschiedenen Wegen in Kontakt treten kann.

Was ist sonst noch zu beachten?

Außerdem sollten Sie Ihr Profil durch Gastbeiträge, Interviews und die Teilnahme an Influencer-Events schärfen. Dies sind nur einige der Methoden, die von namenhaften Größen eingesetzt werden, um ihr Profil zu schärfen und ihre Fangemeinde zu vergrößern. Zahlreiche prominente Influencer wenden weiterhin ähnliche Strategien an, um ihre Bekanntheit in ihren jeweiligen Branchen zu erhalten.

Beispiel: Gary Vaynerchuk (*garyvaynerchuk.com*)

Schauen Sie sich Gary Vaynerchuk an – dieser Mann ist einfach allgegenwärtig und unternimmt alles, um seine Präsenz zu stärken. Er veranstaltet Podcasts, gibt Interviews, ist auf allen wichtigen Social-Media-Plattformen aktiv und pflegt seinen Blog und seine Website.

Fazit:

Dies sind sieben der wirksamsten Strategien, die sich Micro-Influencer von großen Influencern abschauen sollten. Wenn Sie diese Tipps beherzigen, können Sie Ihre Reichweite vergrößern und eine engagierte Fangemeinde aufbauen.

Anleitung zum Geldverdienen als Influencer auf Social Media im Jahr 2022

Haben Sie bereits ein paar tausend *Instagram*-Follower und arbeiten sich auf der Social Media Influencer-Leiter nach oben?

Möchten Sie Ihren Einfluss vergrößern und auf *Instagram* und anderen Social Media-Plattformen Geld verdienen?

Oder vielleicht sind Sie neu auf dem Gebiet des Influencer Marketings und möchten erst einmal anfangen.

In jedem dieser Fälle ist Ihr oberstes Ziel, in den sozialen Medien Geld zu verdienen, richtig?

Andererseits, wie genau wollen Sie das erreichen?

Das werde ich Ihnen in diesem vollständigen Leitfaden zum Geldverdienen als Social Media Influencer beibringen.

Legen wir los.

Welche Grundlagen gelten für das Geldverdienen als Influencer in den sozialen Medien?

Bevor wir uns mit den Besonderheiten des Geldverdienens als Social Media Influencer befassen, sollten wir die Rahmenbedingungen besprechen.

Wie können Sie Ihren Wert als Influencer ermitteln?
Wenn Sie diese grundlegenden Voraussetzungen erfüllen, können Sie Ihre Glaubwürdigkeit erhöhen und das Vertrauen Ihrer zukünftigen Partner gewinnen. Einige der Grundlagen können Ihnen auch helfen, auf dem Radar von Marken zu erscheinen, die nach Influencern suchen.

Also, wo sollten Sie beginnen?

#1. Erstellen Sie Inhalte von höchster Qualität
Die Qualität Ihrer Inhalte kann den Eindruck, den Sie bei möglichen Partnern hinterlassen, erheblich beeinflussen. Außerdem sind hochwertige Inhalte für einen guten ersten Eindruck unerlässlich.

Wenn Marken mögliche Social Media Influencer bewerten, berücksichtigen sie deren Relevanz, Reichweite und Interaktionsrate. Sie sehen sich aber auch die Arbeit des Influencers an, um seine Fähigkeiten als Autor von Inhalten zu beurteilen.

Was bedeutet das für das Geldverdienen im Internet?
Wenn Sie in den sozialen Medien Geld verdienen möchten, sollten die Inhalte, die Sie teilen, von hervorragender Qualität sein. Wenn möglich, sollten Sie in eine gute Kamera investieren, um Ihre Bildqualität zu verbessern.

Ich schlage vor, ProWritingAid zu verwenden, um Ihre Texte inhaltlich zu verbessern. Dieses Werkzeug für das Verfassen von Inhalten hilft Ihnen bei der Korrektur der Grammatik und empfiehlt stilistische Änderungen. Vielleicht hilft es Ihnen sogar, neue Wörter kennenzulernen.

Achten Sie zudem darauf, dass Ihre Bildunterschriften unterhaltsam und für Ihr Zielpublikum von Bedeutung sind.

#2. Informieren und beteiligen Sie Ihre Leserschaft

Marken achten auf die Interaktionsrate von Influencern, wenn sie entscheiden, mit wem sie zusammenarbeiten wollen. Wenn Sie in den sozialen Medien Geld verdienen wollen, müssen Sie ein engagiertes und loyales Publikum aufbauen.

Anstatt nur selbstbezogene Inhalte zu veröffentlichen, müssen Sie Ihr Publikum in eine wechselseitige Interaktion einbinden.

Zum Beispiel:
Selbst wenn Sie einen Schnappschuss von einem Produkt veröffentlichen, das Ihnen gefällt, können Sie Fragen stellen wie:

Haben Sie das Produkt jemals benutzt?
Was halten Sie davon?

Oder Sie können Ihre Leser dazu auffordern, eigene Beiträge zu entwickeln, die Ihre ergänzen, und sie bitten, Sie darin zu erwähnen.

#3. Werden Sie Mitglied in einem Netzwerk von Influencern

Ganz gleich, ob Sie gerade erst als Influencer anfangen oder Ihren eigenen Wert steigern möchten, die Mitgliedschaft in einem Netzwerk von Influencern kann eine ausgezeichnete Möglichkeit sein, mit Unternehmen in Kontakt zu kommen.

Besonders günstig ist dies für Micro-Influencer, die noch nicht so viele Angebote von Unternehmen und Vermarktern erhalten haben.

Diese Influencer-Netzwerke bringen Sie mit Marken zusammen, die nach Influencern suchen, die Ihrem Profil entsprechen. Daher ist dieser Weg einer der erfolgreichsten, um in den sozialen Medien Geld zu verdienen und sich gleichzeitig als Influencer zu etablieren.

Marken und Vermarkter können das Netzwerk auch nutzen, um Influencer in bestimmten Nischen zu finden. Einige Netzwerke erlauben es Ihnen sogar, für bestimmte Marken zu werben.

Von all diesen Möglichkeiten profitieren Influencer und Marken gleichermaßen. Darüber hinaus gibt es noch weitere Netzwerke und Plattformen.

Ich empfehle Ihnen dringend, Fourstarzz Media zu nutzen. Da diese Plattform speziell auf Micro- und Nano-Influencer zugeschnitten ist, ist die Wahrscheinlichkeit groß, dass Sie problemlos mit einer Marke in Kontakt treten können.

Welches sind die besten Möglichkeiten, um in den sozialen Medien Geld zu verdienen?
Nachdem Sie diese Grundlagen gemeistert haben, können Sie damit beginnen, verschiedene Strategien zum Geldverdienen in sozialen Netzwerken anzuwenden.

Welche Kooperationen sollten Sie anstreben?

#1. Gesponserte Beiträge in sozialen Medien
Gesponserte Social Media-Postings sind eine der häufigsten Einnahmequellen für Influencer in den sozialen Medien. Sie werden von Marken oder Vermarktern dafür entlohnt, dass Sie für eine bestimmte Marke oder ein Produkt in den sozialen Medien bewerben.

Worüber können Sie posten?

Der Beitrag kann sich ausschließlich auf ein einzelnes Produkt oder eine Reihe von Produkten konzentrieren. Sie können zum Beispiel Produktrezensionen schreiben, Beiträge mit Informationsgehalt verfassen oder einfach Produkte hervorheben und taggen.

#2. Werden Sie Markenbotschafter/Vertreter

Außerdem können Sie in den sozialen Medien Geld verdienen, indem Sie als Markenvertreter oder -botschafter arbeiten.

Was macht diese Form der Beziehung so vorteilhaft?

Es handelt sich in der Regel um einen langfristigen Vertrag, der sich über mehrere Monate erstreckt, und nicht um eine einmalige Zusammenarbeit. In manchen Fällen kann sich der Vertrag über mehrere Jahre erstrecken.

Als Markenvertreter oder Botschafter erhalten Sie kostenlose Produkte. Im Gegenzug müssen Sie für diese Produkte in den sozialen Medien werben.

Einige Marken bezahlen zusätzlich eine Gebühr für jeden von ihren Botschaftern erstellten Beitrag. Alternativ kann es eine Vergütungsklausel geben, bei der Sie einen Prozentsatz oder einen festen Betrag für jede von Ihnen generierte Conversion erhalten.

Sie können nach führenden Marken suchen, die ein Markenbotschafter-Programm anbieten, und feststellen, ob diese Marken gut zu Ihnen passen.

Informieren Sie sich über Markenbotschafter-Programme, um zu sehen, ob eines Ihrer Lieblingsunternehmen gerade etwas zu vergeben hat. Wenn Sie in der Welt des Internets Fuß fassen wollen, kann dies ein ausgezeichneter Ausgangspunkt sein!

Das Markenbotschafter-Programm von Lululemon zum Beispiel ist derzeit bei Influencern sehr beliebt.

Obwohl es auf der Website keine direkte Kontaktmöglichkeit oder entsprechende Anleitungen gibt, können Sie sich dort erkundigen, ob es Möglichkeiten für Sie gibt.

Alternativ können Sie, anstatt eine mühsame und erschöpfende Suche zu unternehmen, auch einem Netzwerk von Markenvertretern beitreten.

PrepReps und *Reppr* sind zwei geeignete Lösungen, um Ihre Präsenz in den sozialen Medien zu Geld zu machen.

Diese Netzwerke erleichtern Ihnen die Bewerbung als Markenvertreter für einige der bekanntesten Marken der Welt.

Zum Beispiel:
Markenvertreter-Programme sind besonders für Personen von Vorteil, die noch dabei sind, eine große Anhängerschaft aufzubauen.

Aber warum?
Weil viele Marken nicht nach Berühmtheiten mit Tausenden von Followern suchen, sondern nach Durchschnittsverbrauchern, die ihrer Zielgruppe nahe stehen.

Auf diese Weise können Sie über die sozialen Medien Geld verdienen und wenn Sie das noch nicht ausprobiert haben, sollten Sie es jetzt tun.

#3. Verdienen Sie Geld durch Affiliate Marketing auf *Instagram* und anderen Plattformen

Affiliate Marketing ist eine weitere fantastische Möglichkeit für Influencer, in den sozialen Medien Geld zu verdienen.

Worum geht es dabei?
Sie können sich an Unternehmen oder Shops wenden, die Affiliate-Programme anbieten. Nachdem Sie als Affiliate-Vermarkter für die Marke zugelassen sind, erhalten Sie einen einzigartigen Affiliate-Link oder Code, mit dem Sie Ihre Conversions verfolgen können.

Sie können Beiträge schreiben, in denen Sie die Artikel der Marke bewerten, hervorheben und/oder bewerben. Je nach Marke oder Einzelhändler, für den Sie arbeiten, müssen Sie das Produkt möglicherweise selbst kaufen.

Sie können aber auch aus einer Reihe von Produkten auswählen, die die Marke oder der Händler kostenlos zur Verfügung stellt.

Und was passiert dann?
Sie verweisen Ihre Follower auf den Affiliate-Link oder verwenden den Affiliate-Code. Für jede Conversion, die auf Ihren Link oder Code zurückzuführen ist, erhalten Sie eine Provision.

Wie hoch ist also die Provision?
Die Provisionen können von einem kleinen Prozentsatz bis zu einem festen Betrag reichen, je nachdem, an welchem Programm Sie teilnehmen.

Partnerprogramme werden von einer Vielzahl von Unternehmen und Marken angeboten. Informieren Sie sich über die Programme, die von Ihren Lieblingsmarken angeboten werden, oder führen Sie eine kurze Google-Suche nach den besten verfügbaren Programmen durch.

ASOS ist ein bekanntes Einzelhandelsunternehmen. Als Affiliate-Vermarkter können Sie eine Provision von 5 Prozent auf jede durch Ihren Traffic generierte Conversion verdienen.

Wenn Sie hingegen etwas über Affiliate Marketing verkaufen möchten, müssen Sie ein eigenes Partnerprogramm entwickeln.

Ich schlage vor, dafür InviteReferrals zu verwenden. Dieses Tool vereinfacht das Verfahren, unabhängig davon, ob Sie die Kampagne über soziale Medien, Ihre Website oder Ihre mobile App starten möchten. Darüber hinaus bietet es umfassende Informationen, die Ihnen bei der Standortbestimmung helfen.

#4. Teilen Sie Ihren *Patreon*-Account
Außerdem können Sie in den sozialen Medien Geld verdienen, indem Sie sich direkt an Ihre Fans wenden.

Wie das geht?

Erstellen Sie einen *Patreon*-Account und teilen Sie diesen dann mit Ihren Followern in den sozialen Medien. Sie können Ihren Fans, die bereit sind, eine geringe Gebühr über *Patreon* zu zahlen, besondere Angebote machen.

Dazu könnte etwa ein frühzeitiger Zugang zu Ihren Inhalten oder eine ausführlichere Version Ihrer Social Media-Inhalte gehören.

Der einflussreiche *YouTube*-Kanal Roomie hat zum Beispiel ein *Patreon*-Konto eingerichtet, das er häufig in seinen Sendungen bewirbt. Seine Fans können erweiterte Versionen seiner neuen Songs und Zugang zu exklusivem Streaming erhalten, wenn sie Unterstützer werden.

Die Preise für die Mitgliedschaft reichen von nur $1 pro Film bis zu $200 pro Film. Mitglieder der höheren Stufen können sogar über die Videos abstimmen, die Roomie für seinen Hauptkanal produzieren soll.

Im Grunde genommen werden Sie von Ihren Fans für einzigartige Angebote auf dieser Website entschädigt. Das ist gut für alle, die sich mit der Erstellung von Inhalten auskennen.

Unabhängig davon, ob Sie eine große Anzahl von Followern haben, können Sie damit auf jeden Fall Geld verdienen.

Was benötigen Sie, um mit dem Geldverdienen zu beginnen? Zunächst einmal sollten Sie ein paar treue Bewunderer für sich gewinnen können, die Ihre Inhalte schätzen.

#5. Produktreihen mitgestalten

Sie haben eine beträchtliche Fangemeinde und arbeiten mit mehreren Unternehmen zusammen, um einen stetigen Einkommensstrom zu erzielen.

Glauben Sie, dass Sie nichts mehr tun können, um Ihren Einfluss als Influencer zu Geld zu machen?

Das ist nicht der Fall.

Nachdem Sie ein erfolgreicher Influencer geworden sind, gibt es verschiedene andere Möglichkeiten, in sozialen Netzwerken Geld zu verdienen.

Die wahrscheinlich überzeugendste Methode besteht darin, Artikel, die in Zusammenarbeit mit Unternehmen hergestellt wurden, zu fördern oder zu verkaufen.

Wie das geht?
Bestimmte Marken werden mit Ihnen zusammenarbeiten wollen, um gemeinsam Produkte zu entwickeln. Im Gegenzug bieten sie Ihnen möglicherweise eine hohe Summe und einen Anteil an den Einnahmen.

Denken Sie jedoch daran, dass die Vergütungsstruktur je nach den Vertragsbedingungen und dem Umfang Ihrer Beteiligung am Entwicklungsprozess variieren kann.

Marken können von Ihrer Unterstützung profitieren, wenn Sie ein ausreichend großer Influencer sind. Sie werden durch diese Zusammenarbeit ein höheres Einkommen erzielen. Folglich ist diese Form der Zusammenarbeit für beide Seiten von Vorteil.

Bunny Meyer (@grav3yardgirl), eine der bekanntesten YouTuberinnen, hat zum Beispiel mit Tarte Cosmetics zusammengearbeitet, um eine Kosmetikkollektion zu entwickeln.

Sie teilte Bilder und Videos, in denen sie für die Kollektion warb und ihre Follower ermutigte, sie zu kaufen.

#6. Bewerben Sie Ihre eigenen Produkte
Vielleicht könnten Sie den Bereich, in dem Sie mit Unternehmen zusammenarbeiten, ausklammern und stattdessen Ihre eigene Produktpalette erstellen.

Sicher, Sie müssen möglicherweise ein paar Überlegungen anstellen. Wenn Sie jedoch den Wert Ihres Einflusses vergrößern wollen, kann sich diese Art von Investition langfristig als nützlich erweisen. Sie können dann die sozialen Medien nutzen, um Ihre Produkte zu bewerben und zu verkaufen.

Der YouTuber Jack Douglass hat zum Beispiel einen Online-Shop eingerichtet, in dem seine Abonnenten Artikel kaufen können, die mit seinem Kanal zu tun haben.

Der Shop verkauft T-Shirts mit Sprüchen und Auszügen aus seinen beliebten Beiträgen.

#7. Verkaufen Sie Ihre Fotos

Dies ist eine weniger bekannte, aber äußerst lukrative Methode, um in sozialen Netzwerken Geld zu verdienen. Wenn die Bilder, die Sie für Ihre Beiträge in sozialen Medien aufgenommen haben, aussagekräftig genug sind, können Sie sie auch verkaufen.

Klingt vielversprechend, nicht wahr?
Wenn Sie ein *Instagram*-Nutzer sind, der sich für Fotografie begeistert, ist dies eine großartige Methode, um in sozialen Medien Geld zu verdienen.

Da Ihr *Instagram*-Feed möglichen Käufern als digitales Portfolio dienen kann, müssen Sie dort eine aktive Präsenz pflegen. Stellen Sie außerdem sicher, dass Sie Ihre Bilder mit personalisierten Wasserzeichen versehen, um zu verhindern, dass andere sie unkontrolliert weiterverwenden.

Sie können entweder darauf warten, dass sich Käufer bei Ihnen melden, oder selbst auf die Suche nach ihnen gehen. Es gibt zahlreiche Plattformen, auf denen Sie Käufer finden, Ihre Fotos verkaufen und Geld verdienen können.

Snapwire, *Mobile Prints* und *Twenty20* sind zum Beispiel hervorragende Websites, um Käufer für Ihre Bilder zu finden.

Häufig gestellte Fragen

F1. Worauf bezieht sich der Begriff „Influencer Management"?
A. Die Vorgehensweise bei der Gestaltung Ihrer Beziehungen zu Influencern wird als Influencer Management bezeichnet. Dies umfasst alle Facetten des Beziehungsmanagements, von der Verhandlung über die Zusammenarbeit, die Erstellung von Inhalten, die Freigabe, das Management von Kampagnen, die Zahlungsabwicklung und die langfristige Pflege von Beziehungen.

F2. Warum ist es so wichtig, eine Beziehung zu Influencern zu pflegen?
A. Verbraucher legen mehr Wert auf das, was Influencer über Produkte und Dienstleistungen zu sagen haben, als auf das, was die Marke über sich selbst zu sagen hat. Diese Ersteller von Inhalten sind Spezialisten auf ihrem jeweiligen Gebiet und können dazu beitragen, das Vertrauen in Ihr Unternehmen zu stärken und Kunden zum Kauf bei Ihnen zu bewegen.

Es besteht kein Zweifel, dass Unternehmen und Vermarkter gute Beziehungen zu Influencern in ihrem jeweiligen Bereich pflegen müssen.

F3. Haben Influencer ein Management?
A. Bei Prominenten und Makro-Influencern ist es wahrscheinlicher, dass sie ein eigenes Management haben als bei Mikro- und Nano-Influencern.

Zahlreiche Firmen und Plattformen für Influencer unterstützen Social Media Influencer bei Vertragsverhandlungen, Strategie und Ausführung. Sie können sich an diese Agenturen wenden, um mit den geeigneten Influencern für Ihre Influencer-Marketing-Initiativen zusammenzuarbeiten.

F4. Was versteht man unter einer Plattform zur Verwaltung der Beziehungen zu Influencern?
A. Eine Plattform für das Beziehungsmanagement mit Influencern (IRM) hilft Ihnen, Ihre Marketingaktivitäten mit Influencern zu koordinieren. Sie unterstützt Sie dabei, die für Ihre Kampagnen geeigneten Influencer zu ermitteln, ihre bisherige Arbeit, den Stil ihrer Inhalte und ihre Interaktionsdaten zu bewerten und eine Partnerschaft mit ihnen einzugehen.

Alles wird von einem Ort aus gesteuert, von den Verhandlungen bis zur Erstellung von Inhalten, Genehmigungen, der Überwachung von Kampagnen und Berichten.

Gleichzeitig helfen Systeme für das Beziehungsmanagement mit Influencern den Influencern dabei, Marken und Agenturen zu finden und mit solchen zusammenzuarbeiten, die ihre Überzeugungen und ästhetischen Vorstellungen teilen.

F5. Welche Werkzeuge sind für die Zusammenarbeit mit Influencern am besten geeignet?
A. Zu den besten Instrumenten zur Zusammenarbeit mit Influencern gehören die folgenden:

- Heepsy
- Fourstarzz Media
- Traackr
- TapInfluence
- Onalytica

Zahlreiche weitere Werkzeuge können Ihnen bei der Recherche von Influencern, dem Aufbau von Listen, der Erstellung von Inhalten und der Verwaltung von Kampagnen helfen.

F6. Wie managed man beim Influencer Marketing die Influencer?
A. Sie können Influencer selbst beauftragen oder eine Agentur engagieren, die Sie bei der Zusammenarbeit mit Influencern unterstützt. Wenn Sie nur eine kleine Anzahl von Influencern haben, können Sie dies auch persönlich erledigen.

Unabhängig davon, wie Sie vorgehen, können die folgenden Hinweise Ihnen helfen, gute Beziehungen zu Influencern aufzubauen und zu pflegen:

- Machen Sie Ihre Erwartungen deutlich.
- Lassen Sie dem Influencer bei der Entwicklung von Inhalten kreativen Spielraum.
- Bieten Sie Zuwendungen wie kostenlose Artikel oder besondere Erlebnisse an, um die Zusammenarbeit aufzubessern.
- Danken Sie ihnen für ihre harte Arbeit.
- Ermuntern Sie sie, Ihnen bei der Steigerung des Umsatzes zu helfen, indem Sie Affiliate-Codes verwenden.

F7. Wie viel kostet es, mit einem Influencer zusammenzuarbeiten?
A. Die Kosten für die Zusammenarbeit mit einem Influencer können zwischen $25 und über einer Million liegen. Die Kosten sind abhängig von:

- Der Anzahl der Follower, die ein Influencer hat
- Den Anforderungen Ihrer Kampagne: Wie viele Social Media-Posts sollen in Ihrem Namen erstellt werden? Sollen

sie mit Grafiken, Bilderkarussells oder Videos illustriert werden?

- Frühere Kooperationen und die Preise der Influencer pro Beitrag
- Der Dauer Ihrer Kampagne

Nutzen Sie als Unternehmen Influencer Marketing, um bessere Beziehungen zu Ihren Kunden aufzubauen

Viele Menschen in der Marketingbranche haben widersprüchliche Ansichten darüber, wie man den Umsatz steigern kann.

Beziehungen – darauf kommt es an.

Beziehungen haben unsere Entwicklung als Spezies so lange geprägt, wie es uns schon gibt. Da sind zunächst die lebenswichtigen Bande, die Sippen zusammenhalten und ihnen das Überleben sichern. Die heutigen Freundschaften und familiären Bindungen haben sich im Laufe der Jahre weiterentwickelt.

Unsere engsten Freunde und Familienmitglieder sind diejenigen, mit denen wir die meisten bedeutsamen Begegnungen und Unterhaltungen hatten. Das sind diejenigen, zu denen wir das meiste Vertrauen haben und auf die wir uns verlassen können. Aus diesem Grund haben sie auch den größten Einfluss auf uns.

Laut einer Nielsen-Studie vertrauen die Menschen auch Empfehlungen von Freunden und Familienmitgliedern.

Die Leute wissen sehr wohl, dass Marken ein einziges Ziel haben: mehr zu verkaufen und das ist auch den Kunden klar. Daher schenken wir den Botschaften von Marken weniger Vertrauen als den Meinungen von Menschen, die wir schätzen.

Es herrscht der weit verbreitete Glaube, dass Marketing auf die gleiche Weise betrieben werden sollte wie seit Jahrzehnten. Man geht davon aus, dass die Wahrscheinlichkeit, dass Ihr Publikum Ihr Produkt kauft, umso größer ist, je mehr Werbung und Werbematerial Sie ihm vorsetzen.

Andererseits wird Werbung in der Öffentlichkeit zunehmend skeptisch betrachtet und das Marketing ist immer überfüllter geworden, was nichts Gutes für die Zukunft der Branche verheißt. Die Vermarkter von heute brauchen neue Ansätze, damit ihre Botschaft über das Getöse hinaus gehört wird.

Der Schlüssel dazu sind Kundenbeziehungen.

Die Verbesserung von Kundenbeziehungen steht im Mittelpunkt dieses Abschnitts und wie Sie das enorme Potenzial von Influencer Marketing nutzen können.

Warum Kundenbeziehungen alles sind
Die Psychologie von Beziehungen ist die gleiche, unabhängig davon, mit wem wir in einer Beziehung stehen. Menschen können sowohl zueinander als auch zu Unternehmen Beziehungen aufbauen. Wenn zum Beispiel ein neues iPhone auf den Markt kommt, bilden sich oft lange Schlangen vor den Apple Stores.

Unternehmen senden weiterhin Werbebotschaften aus und hoffen, dass mehr Menschen an sie glauben, obwohl Beziehungen unser wichtigster Impulsgeber sind. Es hängt nicht davon ab, wie oft wir eine Botschaft hören, ob wir sie glauben oder nicht, sondern davon, wer sie verkündet und wie nahe wir dem Sprecher stehen.

Mit diesen Informationen im Hinterkopf ist klar, dass die beste Methode für außergewöhnliche Marketingergebnisse nicht in der Anwendung der typischen Marketingstrategie besteht. Stattdessen liegt der Schwerpunkt hier auf der Verbesserung der Qualität der Begegnungen Ihres Unternehmens mit den Kunden - und das ist auch sinnvoll, denn laut dem White House Office of Consumer Affairs (WHOCA) kann der Lebenszeitwert eines Kunden zehnmal höher sein als sein erster Kauf.

Wie können Sie die Beziehungen zu Ihren Kunden verbessern?
Aufgrund des hohen Return on Investment wird Influencer Marketing immer beliebter. Folglich nutzen immer mehr Marken dieses Instrument, und dieser Trend wird sich voraussichtlich fortsetzen.

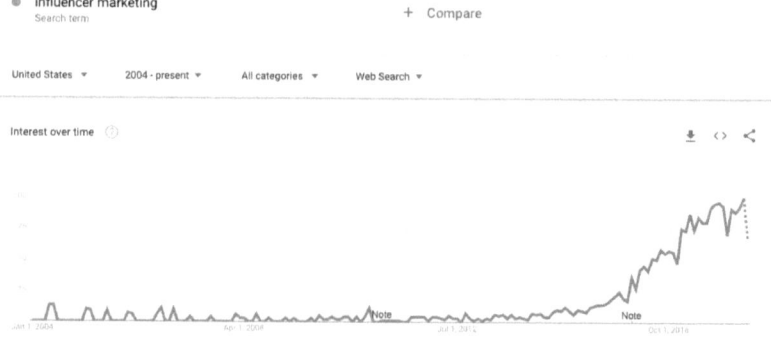

Hier kommt das kleine Geheimnis über Influencer Marketing, das ich schon lange mit Ihnen teilen wollte:

Die meisten Vermarkter erzielen zwar hervorragende Ergebnisse mit Influencer Marketing, aber sie schöpfen das Potenzial ihrer Programme nicht voll aus.

Woran liegt das?
Auch wenn Sie eine „zeitgemäße Marketingstrategie" wie das Influencer Marketing eingeführt haben, halten Sie sich möglicherweise immer noch an veraltete Standards. Mit anderen Worten, Sie halten an einem konventionellen Marketingansatz fest.

Dies bedeutet, dass Sie Influencer Marketing lediglich nutzen, um ein größeres Publikum zu erreichen - das herkömmliche Marketing wird lediglich outgesourced.

Kommt Ihnen das bekannt vor?
Die Lösung besteht darin, Ihren Ansatz für Influencer Marketing in Zukunft zu überdenken und es für verbesserte Kundenkontakte zu nutzen, anstatt Ihre Marke und Produkte zu bewerben. Nehmen Sie die Zusammenarbeit von Dunkin' Donuts mit Logan Paul. Das Ziel der Kampagne ist es nicht, Umsätze zu generieren, sondern das Publikum zu begeistern und zu belohnen.

Der unermessliche Wert von Influencern in Beziehungen
Für Marken ist es schwieriger, Beziehungen zu Menschen aufzubauen als für Einzelpersonen. Mit der Hilfe von Influencern kann dies jedoch vereinfacht werden, denn wie in der bereits erwähnte Nielsen-Studie herausgefunden, vertrauen wir Empfehlungen von Unbekannten.

Als Kunden fehlt uns das Vertrauen in Marken, doch zu Influencern schauen wir auf, wir vertrauen ihnen. All dies ist auf ihre anerkannte Position als Branchenführer zurückzuführen.

Influencern wird eher vertraut, weil sie als Einzelpersonen keine Absichten hegen würden, während man bei Unternehmen immer den Eindruck hat, dass sie irgendwelche Hintergedanken haben.

Wenn jemand auf der Straße 100 Dollar von Ihnen verlangt, sagen Sie in der Regel nein. Das würde die überwältigende Mehrheit der Menschen tun.

Wenn Ihr bester Kumpel Sie jedoch fragt, wird die Antwort sicherlich ganz anders ausfallen, und es gibt nur einen wesentlichen Unterschied zwischen diesen beiden Szenarien: Beziehungen.

Das zeigt, wie wichtig Beziehungen sind, wenn es darum geht, Menschen zum Handeln zu bewegen. Das Schöne daran ist, dass sich dieser Ansatz genauso gut auf das Marketing anwenden lässt.

Wie man Kundenbeziehungen durch Influencer Marketing stärkt

Antworten Sie Personen, die Kommentare zu den Beiträgen des Influencers hinterlassen.

Obwohl die meisten Marken dies nicht tun, ist es doch eine einfache Sache. Es erfordert zwar etwas Zeit und Mühe, aber die Vorteile überwiegen bei weitem den Zeitaufwand.

Um eine Beziehung zu jemandem aufzubauen, ist eine ständige Interaktion erforderlich. Es gibt keine Möglichkeit, nach nur einer Interaktion eine solide Bindung zu jemandem aufzubauen, allerdings fängt die Entwicklung einer Beziehung so an.

Vertrauen ist ein Nebenprodukt einer guten Beziehung. Kunden werden nur dann bei Ihnen kaufen, wenn sie Vertrauen in Sie, Ihr Unternehmen und Ihre Waren haben.

Überlegen Sie, wie oft Sie mit Ihrem besten Freund Kontakt aufgenommen haben. Überlegen Sie dann, wie viele Begegnungen nötig waren, um Ihre Beziehung auf dieses Niveau zu heben.

Influencer Marketing hat sich aufgrund der großen Fangemeinde, die Influencer unter Gleichgesinnten aufgebaut haben, als unglaublich wirkungsvoll erwiesen. Mit anderen Worten: Es handelt sich um Menschen, die wirklich an dem interessiert sind, was sie tun.

Das bedeutet, dass die Menschen, die Ihre Influencer-Beiträge kommentieren, wahrscheinlich auch für Ihre Marke von Bedeutung sind.

Es hat zahlreiche Vorteile, auf die Kommentare zu den Beiträgen eines Influencers zu reagieren. Zum einen können Sie so jede Gelegenheit nutzen, um mit Ihrem Publikum in Kontakt zu treten.

Je mehr Begegnungen und Interaktionen Sie mit jemandem haben, desto besser ist die Beziehung, die Sie aufbauen können.

Hinzu kommt, dass der Influencer Sie zwar vertritt, dass Sie in den Kommentaren Antworten auf die Fragen geben können, die der Influencer nicht beantworten kann.

Durch die Beantwortung von Kommentaren schaffen Sie ein enormes Potenzial. Dies ist eine Gelegenheit, Ihre Beziehungen zu stärken, einen positiven ersten Eindruck zu hinterlassen und zu zeigen, dass Ihnen Ihr Unternehmen am Herzen liegt.

Seien Sie unverwechselbar und treten Sie mit anderen in Kontakt

Um sich von der Masse abzuheben, müssen Sie etwas tun, was sonst niemand tut.

Influencer Marketing ermöglicht es Ihnen, mit einem breiten Publikum in Kontakt zu treten. Oft sind das weit mehr Menschen, als Sie selbst erreichen könnten.

Die meisten Menschen werden jedoch nicht gleich nach dem Lesen eines einzigen Artikels umschwenken. Sie haben noch kein Vertrauen zu Ihnen, aber der Aufbau von Beziehungen kann dabei helfen. Die Beantwortung von Kommentaren zu einem Beitrag des Influencers ist ein guter Anfang. Allerdings wird nur ein kleiner Bruchteil der Personen, die den Beitrag gelesen haben, das bemerken.

Zuerst sollten Sie alle Personen ermitteln, die ihr Interesse an dem Beitrag des Influencers bekundet haben. Überlegen Sie dann, wie vielen Personen der Beitrag gefallen hat, wie viele ihn geteilt und ihre Freunde markiert haben.

Die Methode, mit der Sie diese Personen kontaktieren, hängt von der Plattform ab, auf der Ihre Influencer-Marketingkampagne durchgeführt wird. Die wirksamste Methode ist jedoch die Nutzung integrierter Chat-Dienste wie Messenger und die Direktnachricht von *Instagram*.

Die Personalisierung Ihrer Nachricht ist die beste Methode, um Eindruck und Wirkung zu erzielen. Damit zeigen Sie, dass Sie aufmerksam zugehört haben. Es trägt aber auch dazu bei, dass die Nachricht für den Empfänger von Bedeutung ist.

In sozialen Medien teilen die Menschen mehr Informationen als je zuvor. Daher ist dies ein hervorragender Ort, um Informationen über Ihre Kunden zu sammeln und Ihre Kontaktaufnahme zu personalisieren.

Denken Sie daran, dass Ihre Nachricht nicht langatmig sein muss, sondern vielmehr als Ausgangspunkt für einen Dialog dienen sollte. Je besser Ihre Beziehung zum Kunden wird und je mehr Sie mit dem Kunden in Kontakt treten, desto mehr Vertrauen können Sie aufbauen.

Mehrwert zuerst
Früher bestand Marketing vor allem aus offensiver Werbung. Die Gleichung für den Erfolg im Social Media Marketing sieht heute jedoch ganz anders aus.

Anstatt gezwungen zu sein, sich eine zehnsekündige Fernsehwerbung anzusehen, haben die Menschen heute eine Wahl. Sie können weiter scrollen oder einem Konto nicht folgen, wenn es ihnen keinen Mehrwert bietet.

Ohne einen Mehrwer zu bieten, stehen Sie in den Augen Ihrer Zielgruppe mit leeren Händen da. Denken Sie daran, dass dieser Mehrwert nicht unbedingt monetärer Natur sein muss. Genauer gesagt, kann der Wert etwas sein, das Menschen als wertvoll erachten, so zum Beispiel auch lehrreiche oder unterhaltsame Informationen.

Wenn der einzige Zweck des Influencer-Marketings darin besteht, etwas zu verkaufen, laufen Sie Gefahr, die Influencer-Kampagne übermäßig werbetechnisch zu gestalten.

Infolgedessen droht die Werbung unauthentisch zu wirken. Wenn dies der Fall ist, wird auch der erste Eindruck Ihrer Marke negativ sein.

Denken Sie daher in jeder Phase Ihres Influencer Marketing-Plans nicht daran, wie Sie möglichst viel verkaufen können.

Überlegen Sie stattdessen, wie Sie Ihrem Publikum den größten Mehrwert bieten können. Das wird Menschen dazu ermutigen, sich mit Ihnen zu beschäftigen. Wenn mehr Menschen den ersten Schritt wegen des Influencers machen, steigt auch die Zahl der Personen, die nach ihnen kommen.

Nutzen Sie Influencer, um Ihrer Marke den menschlichen Touch zu verleihen

Unternehmen sind seit jeher berüchtigt für ihre Geheimniskrämerei und mangelnde Transparenz in Bezug auf ihre Geschäftstätigkeit. Sie schweigen über ihre Fabriken und Mitarbeiter und geben der Öffentlichkeit nur wenig über ihr Tagesgeschäft preis.

Dies hat sich im Laufe der Zeit deutlich geändert.
Viele Marken sehen heute Transparenz als integralen Bestandteil ihrer Geschäftsstrategie an, denn es hat sich gezeigt, dass dies enorme Vorteile mit sich bringt, insbesondere für die Kundenbeziehungen.

Heutzutage teilen Unternehmen alles mit, von ihren Gewinnmargen bis hin zu ihren Fabriken, jedem einzelnen Teammitglied und ihrem Tagesgeschäft.

Transparenz trägt zu einem menschlichen Touch bei und als Unternehmen menschlich zu sein, schafft eine solide Grundlage für die Entwicklung von Begegnungen mit den Verbrauchern und die Steigerung der Loyalität.

Es ist ziemlich schwierig, eine Beziehung zu einem Logo und einer Marke aufzubauen, nicht wahr?

Im Rahmen des Aufbaus von Kundenbeziehungen sollten Sie auch darüber nachdenken, wie Sie Ihr Unternehmen menschlicher gestalten können.

Glücklicherweise kann das Influencer Marketing Ihnen dabei helfen.

Die meisten Anstrengungen im Bereich Influencer Marketing sehen in etwa so aus: Der Influencer fotografiert Ihr Produkt, gibt eine kurze Beschreibung dazu ab und teilt es dann mit seinem Publikum. Bedenken Sie jedoch, dass Influencer sehr vertrauenswürdige Personen sind – und zwar weitaus mehr als Ihre Marke. Wenn Sie das tun, erkennen Sie, dass Influencer für viel mehr als das eingesetzt werden können.

Wenn Influencer Ihre Social Media-Konten übernehmen und Inhalte hinter den Kulissen bereitstellen, ist das eine großartige Möglichkeit, Ihr Unternehmen zu vermenschlichen.

Sobald der Influencer sein Publikum darüber informiert, dass er Ihre Social Media-Konten übernehmen wird, steigt die Zahl der Besucher deutlich an.

Wenn ein Influencer die Menschen auf eine Tour hinter die Kulissen mitnimmt, wirkt das Erlebnis zudem authentischer.

Hierfür ist Live-Streaming die wirkungsvollste Möglichkeit. Ein gutes Beispiel hierfür wäre, Ihren Standort, Ihre Mitarbeiter und Ihren Arbeitsplatz vorzustellen.

Durch diese verbesserte Transparenz wird Ihre Marke sympathischer. Außerdem nutzen Sie ein Medium, das Interaktion und Engagement mit Ihrem Publikum in Echtzeit ermöglicht.

Jaguar und die Formel E haben in einem solchen Fall mit dem Supercar-Vlogger und Influencer MJWW zusammengearbeitet. Die Marke beauftragte ihn, Interviews mit den Verantwortlichen für die Abläufe hinter den Kulissen der Großveranstaltung zu führen.

Schließlich ist Interaktion die Grundlage für den Aufbau starker Kundenbeziehungen. Nehmen Sie Facebook Live als Beispiel. Im Vergleich zu normalen *Facebook*-Postings erzeugen Live-Videos durchschnittlich 600 Prozent mehr Beteiligung.

Nutzen Sie Influencer Marketing, um Ihr Publikum an sich zu binden
Ihr Ziel sollte es sein, Ihr Publikum so weit wie möglich einzubeziehen.

Allerdings ist es immer eine Herausforderung, den ersten Schritt zu tun und herauszufinden, wen Sie ansprechen sollen.

Mit Influencern können Sie mit potenziellen Zielgruppen in Kontakt treten und diese Personen davon überzeugen, mit Ihnen Kontakt aufzunehmen oder sich mit Ihrer Marke zu beschäftigen.

Ihr Ziel ist es, die Menschen wirklich für Ihre Marke zu begeistern. Konzentrieren Sie sich daher darauf, Fragen zu stellen, die sie tief berühren und wirklich motivieren.

Das Beste daran ist, dass Sie all dies tun können, während Sie gleichzeitig Hilfe bei Ihrer Markenidentität erhalten.

Nehmen wir zum Beispiel an, Sie benötigen Unterstützung bei der Namensgebung für ein neues Produkt. In diesem Fall ist Influencer Marketing eine hervorragende Möglichkeit, Ihr

Publikum zu begeistern, indem sie bei der Namensgebung für Ihr neues Produkt mitwirken können.

In letzter Zeit hat es in der Werbeszene einen entscheidenden Wandel gegeben. Unglücklicherweise hat sich dies auf Ihre Möglichkeiten ausgewirkt, herausragende Marketingergebnisse zu erzielen.

Die übliche Vorgehensweise bei der Erstellung und Verbreitung von Werbeinhalten hat sich geändert. Inzwischen erkennen immer mehr Unternehmen den enormen Wert, der sich aus dem Aufbau von Beziehungen zu ihren Kunden ableiten lässt. Dies steht im Gegensatz dazu, dass sie diese als einmalige Angelegenheit betrachten.

Außerdem haben das Internet und die sozialen Medien die Art und Weise verändert, wie wir nach Inspiration, Rat und Wissen suchen.

Influencer Management und Beziehungen im Jahr 2022: Fünf Möglichkeiten, um erfolgreich zu sein
Der Begriff Influencer Relationship Management (IRM) bezieht sich auf die Verwaltung Ihrer Beziehungen zu Influencern. Die Strategie wird in erster Linie vom Customer Relationship Management (CRM) beeinflusst, das die Interaktionen mit Kunden verwaltet.

Unternehmen können ihre Beziehungen zu Influencern und ihre Marketingkampagnen erfolgreich gestalten, indem sie Influencer als strategische Partner und nicht als Mitarbeiter betrachten. In der Tat sollten Sie der Verwaltung der Beziehungen zu Influencern genauso viel Bedeutung beimessen wie der Pflege der Beziehungen zu Kunden.

Es geht darum, strategische Beziehungen zu Influencern aufzubauen. So können Sie die Kontrolle über das Influencer Marketing erlangen und behalten. Dies wird durch die Zusammenarbeit mit Influencern erreicht, die Ihren Zielmarkt beeinflussen, was widerum Kaufentscheidungen verändern kann.

Warum ist IRM notwendig?

Vergessen Sie nicht, dass ein erfolgreiches Influencer Relationship Management, wenn es richtig gemacht wird, zum Aufbau von Kundenvertrauen führt. Dies wird Ihrer Marke auf lange Sicht helfen. Die Entwicklung positiver Beziehungen zu Influencern kann jedoch eine Herausforderung sein.

Eine schlecht durchdachte Strategie für die Betreuung von Influencern führt nicht nur dazu, dass die Beziehungen zu den Influencern leiden, sondern wahrscheinlich auch zu unproduktiven Initiativen im Influencer Marketing. Wenn Ihre Influencer nicht ausreichend in Ihre Influencer Marketing-Aktivitäten eingebunden sind, erzielen sie schlechte Ergebnisse und schaffen es nicht, Ihre Glaubwürdigkeit zu erhöhen.

Daher müssen Sie Ihre Vorgehensweise bei der Pflege von Influencer-Beziehungen ausbauen. Ein zuverlässiger Ansatz für das IRM ermöglicht es Ihnen, das volle Potenzial Ihrer Influencer Marketing-Kampagne auszuschöpfen. Dadurch werden nicht nur die Bekanntheit Ihrer Marke und das Vertrauen Ihrer Kunden gestärkt, sondern auch Ihr Return on Investment erhöht. Die Pflege von Beziehungen zu Influencern kann sich also indirekt auf Ihre Umsätze und Erträge auswirken.

Im Folgenden sind fünf Strategien für den Aufbau guter Beziehungen zu Influencern aufgeführt, die Ihnen helfen können, das Vertrauen Ihrer Kunden zu gewinnen und eine hohe Rendite zu erzielen. Sie sollen erreichen, den Grundstein für künftige Kooperationen und das Management von Kampagnen zu legen. Denken Sie jedoch daran, dass es beim Influencer-Management noch viel mehr gibt als nur diese fünf.

#1. Nehmen Sie nur mit relevanten Influencern Kontakt auf
Relevanz ist ein entscheidender Faktor, den Sie beim erfolgreichen Umgang mit Influencern berücksichtigen müssen. Die Zusammenarbeit mit Influencern, die eine entsprechende und aufgeschlossene Zielgruppe haben, kann für Ihre Marke von großem Nutzen sein.

Selbst Influencer legen bei der Auswahl ihrer zukünftigen Kunden großen Wert auf Relevanz. Sie ziehen es vor, mit Unternehmen zusammenzuarbeiten, die über eine geeignete Demografie und Präsenz in den sozialen Medien verfügen.

Eine Crowdtap-Studie untersuchte die Einflussfaktoren, die die Entscheidung von Influencern für eine Zusammenarbeit mit Unternehmen maßgeblich bestimmen. 44 Prozent der Influencer bekundeten ihr Interesse an einer Zusammenarbeit mit Unternehmen, deren Angebote für ihr Social Media-Publikum relevant sind. Relevanz ist in der Tat der wichtigste Faktor, der Influencer motiviert.

Darüber hinaus fand die Studie heraus, dass 49 Prozent der Influencer bereit sind, mehrfach mit Unternehmen zusammenzuarbeiten, wenn sich ihnen die entsprechenden Chancen bieten.

Wenn es Ihnen also ernst damit ist, starke Beziehungen zu Influencern aufzubauen, sollten Sie mit relevanten Influencern zusammenarbeiten. Das ist der erste Schritt zum Aufbau einer erfolgreichen Strategie für das IRM.

Die meisten Influencer erhalten viel zu viele Angebote von Marken - Relevanz ist also ein wesentlicher Faktor dafür, wie sie auf diese reagieren. Darum stimmen die meisten Kosmetik- und Bekleidungsunternehmen ihre Marketingtaktiken mit Mode- und Beauty-Influencern ab.

Hier ein Beispiel. Eine Untermarke von Kellogg's, Special K, startete eine Influencer-Marketing-Kampagne, die mit #StrongFeedStrong die Stärke von Frauen betonte.

Was macht diese Kampagne so einzigartig?

Die Kampagne war einzigartig, weil Kellogg's keine Gurus aus dem Bereich Gastronomie oder Gesundheit engagierte, um die Marke zu bewerben. Stattdessen arbeiteten sie mit prominenten Unternehmerinnen, Sportlerinnen und Hausfrauen zusammen, um den Bekanntheitsgrad der Marke zu steigern.

Das Unternehmen entwickelte einen unverwechselbaren Erzählstil für die Plattformen der sozialen Medien, um Frauen zu inspirieren, ihr volles Potenzial auszuschöpfen.

Molly Burke, eine YouTuberin und Rednerin, war ebenfalls eine der Influencerinnen, die von Kellogg's angeworben wurden. Auf ihrem Bild wirbt sie für die Marke mit einer Bildunterschrift über das Potenzial von Frauen.

Auf diese Weise arbeitete Kellogg's mit geeigneten Influencern in den sozialen Medien zusammen, um den Erfolg seiner Influencer Marketing-Kampagne sicherzustellen.

Konnte ich mich klar ausdrücken?

Da diese Influencer relevant waren, halfen sie dem Unternehmen dabei, das Vertrauen seiner Kunden zu gewinnen. Deshalb konnte das Unternehmen bei seiner Kampagne mit einer großen Anzahl von Influencern zusammenarbeiten, was ein großer Erfolg für die Firma war. Beachten Sie dies bei der Planung Ihrer Influencer Management Kampagne.

#2. Wählen Sie eine ansprechende Strategie für die Kontaktaufnahme

Beim Cold Outreach wird ein Influencer mit einer allgemeinen Kontakt-E-Mail angeschrieben und um eine Zusammenarbeit gebeten. Eine häufige Frage, die sich jeder Marketer stellt, wenn er Influencer kontaktiert, lautet: „Werden sie antworten?"

Die Antwort darauf ist, dass man das nicht mit Sicherheit sagen kann.

Wie lautet dann die Lösung?

Indem Sie maßgeschneiderte Nachrichten versenden, können Sie Ihre Chancen auf eine Antwort erheblich steigern.

Wenn Sie Beziehungen zu Influencern aufbauen möchten, sollten Sie diese zunächst als Einzelpersonen ansprechen, bevor Sie sie als Marke ansprechen. Dies ist eine entscheidende Phase bei der Pflege Ihrer Beziehungen zu Influencern und eine Grundregel, die Sie bei jeder Kontaktaufnahme befolgen sollten, nicht nur bei IRM.

Beginnen Sie damit, sich in deren E-Mail-Liste einzutragen und ihren Blog zu lesen. Dann beteiligen Sie sich so oft wie möglich an den Online-Postings, insbesondere in den sozialen Medien.

Dazu gehört, dass Sie die Beiträge in den sozialen Medien regelmäßig teilen, liken und kommentieren. Beständigkeit in Ihren Bemühungen ist entscheidend für gutes IRM.

Achten Sie darauf, interessante Kommentare zu hinterlassen, um ihre Aufmerksamkeit zu gewinnen.

Wie kann das helfen?
So heben Sie sich von der Masse ab und bleiben dem Influencer im Gedächtnis.

Dies vereinfacht es, als Marke auf den Influencer zuzugehen. Ihr Influencer erkennt, dass Sie ein Fan sind.. Wenn Sie sich diesen ganzen Aufwand ersparen und mit Influencern in Kontakt treten möchten, die gut zu Ihrer Marke passen und bereit sind, mit Ihnen zusammenzuarbeiten, können Ihnen Plattformen für Influencer Marketing helfen. Diese Plattformen verfügen über riesige Datenbanken mit branchenspezifischen Influencern und Informationen über deren Wirksamkeit und Conversion Rates.

Die Suche nach Influencern auf einer solchen Marketingplattform liefert Ihnen die relevantesten Influencer und eine direkte Methode zur Kontaktaufnahme. Sie brauchen weniger Zeit für die Pflege der Beziehungen zu den Influencern, da diese Ihnen vertrauen. Außerdem können Sie möglichen Kooperationspartnern direkt Ihren Vorschlag für eine Zusammenarbeit unterbreiten, was den Einführungsprozess beschleunigt.

Dennoch müssen Sie eine seriöse E-Mail zur Kontaktaufnahme verfassen. Diese sollte persönlich sein, unverfälscht formuliert werden und die folgenden Punkte enthalten:

- Eine ansprechende Betreffzeile
- Wertschätzung für deren Arbeit
- Der Wert, den Sie ihnen bieten können
- Beispiele für Ihre bisherige Zusammenarbeit
- Eine klare Aufforderung zum Handeln

Beispiel einer E-Mail, um mit Influencern in Kontakt zu treten
Im Folgenden finden Sie ein Beispiel für eine maßgeschneiderte E-Mail zum Aufbau einer starken Beziehung zu Influencern.

„Sehr geehrter [NAME DES INFLUENCERS],

ich bin [IHR NAME] und arbeite bei [NAME DES UNTERNEHMENS]. Ich schätze Ihre Arbeit sehr. Als regelmäßiger Leser Ihrer Website weiß ich seit Jahren/ Monaten Ihren Schreibstil zu schätzen. Ihr jüngster Beitrag zum [THEMA] war sowohl aufschlussreich als auch fesselnd.

Wir haben bereits mit [ANDERE NAMEN VON INFLUENCERN] im Rahmen unseres Influencer-Marketings zusammengearbeitet [LINK ANFÜHREN] und diese waren mit unserer Zusammenarbeit sehr zufrieden.

Wir sind gerade dabei, eine unserer Social Media-Kampagnen abzuschließen und würden gerne mit Ihnen zusammenarbeiten. Wenn Sie Interesse haben, lassen Sie es uns bitte wissen und wir vereinbaren einen Termin für ein Gespräch.

Ich freue mich schon auf Ihre Antwort.
Eine maßgeschneiderte Strategie ist von Vorteil, um Ihre Beziehungen zu Influencern erfolgreich zu pflegen.

Warum das?

Eine maßgeschneiderte Botschaft hilft Ihnen dabei, das Vertrauen Ihres Influencers zu gewinnen. Diese werden sich dann mehr Mühe geben, Sie vor ihrem Publikum gut aussehen zu lassen, wenn sie das Gefühl haben, dass sie wertgeschätzt werden. Ein bekannter und vertrauenswürdiger Influencer, der Ihre Marke unterstützt, trägt dazu bei, dass Sie das Vertrauen Ihrer Zielgruppe gewinnen.

#3. Bieten Sie eine angemessene Entlohnung

Respekt und eine freundliche Atmosphäre sind nicht die einzigen Voraussetzungen für den Aufbau starker Beziehungen zu Influencern. Ihre Influencer erwarten auch eine finanzielle Entschädigung für ihre Bemühungen.

Vergessen Sie nicht, dass dies einen erheblichen Einfluss auf die Gestaltung Ihrer Geschäftsbeziehungen zu Influencern hat. Leider sind sich zahlreiche Unternehmen dessen nicht bewusst und sprechen Influencer ausschließlich mit Gratisangeboten an.

Laut TapInfluence und Crowdtap ist der häufigste Fehler, den Vermarkter machen, eine unzureichende Vergütung anzubieten.

Dem Crowdtap-Bericht zufolge wollen 68 Prozent der Influencer mit Unternehmen zusammenarbeiten, die eine wettbewerbsfähige Vergütung bieten. Dies wird durch die TapInfluence-Umfrage gestützt, die ergab, dass 72,2 Prozent der Influencer nicht genug bezahlt bekommen.

Welche Auswirkungen hat eine angemessene Vergütung von Influencern?

Indem Sie einen Influencer angemessen entlohnen, zeigen Sie, dass Sie seine Arbeit im Rahmen Ihrer Influencer-Marketing-Initiativen schätzen und respektieren. Das bedeutet, dass Sie nicht erwarten, dass sie kostenlos für Ihre Marke werben.

Die tatsächlichen Kosten von Influencer Marketing
Wie hoch sind die tatsächlichen Kosten des Influencer-Marketings durch das Influencer Relationship Management?

Influence.com hat eine Studie durchgeführt, um die Kosten einer Partnerschaft mit Influencern für Influencer Marketing zu ermitteln.

Dem Bericht zufolge verlangen Influencer in der Modelbranche am meisten – durchschnittlich 434 Dollar pro Beitrag. Es folgen Influencer aus dem Bereich Fotografie mit 385 Dollar pro Beitrag und Influencer aus dem Bereich Gastronomie mit 326 Dollar pro Beitrag.

Darüber hinaus hat die Studie ergeben, dass die Kosten für eine Partnerschaft in direktem Verhältnis zur Fangemeinde eines Influencers ansteigen.

So zahlen Sie beispielsweise durchschnittlich 86,20 $ pro Beitrag an Influencer mit weniger als 1.000 Followern. Influencer mit mehr als 100.000 Followern kosten Sie dagegen durchschnittlich 763,30 $ pro Beitrag.

Für die Preisgestaltung einer erfolgreichen IRM-Kampagne sollten Sie sich einen Überblick verschaffen. Erkundigen Sie sich bei anderen Marken oder verwenden Sie Tools, um die Preise in Ihrer Nische zu ermitteln.

#4. Lassen Sie kreative Freiheit zu

Kreative Freiheit ist sowohl für Sie als auch für Ihren Influencer entscheidend. Überlegen Sie einmal: Wer kennt das Publikum besser – Sie oder Ihr Influencer? Zweifelsohne der Letztere.

Er kennt den Geschmack, die Vorlieben und die Sichtweisen seiner Follower besser. Schließlich wollen Sie die Zielgruppe Ihres Influencers ansprechen.

Das bedeutet, dass Ihr Influencer die Arten von Inhalten kennt, die das Interesse seines Publikums wecken werden. Seine Aufgabe ist es, Inhalte zur Verfügung zu stellen, die seine Follower anziehen und begeistern.

Was sind also Ihre Möglichkeiten?
Wenn Sie eine erfolgreiche Beziehungspflege mit Ihren Influencern anstreben, müssen Sie ihnen einen gewissen Spielraum und Freiheiten einräumen.

Laut einer TapInfluence-Umfrage fehlt es jedoch 39,4 Prozent der Influencer an der nötigen kreativen Flexibilität. Sie werden durch zu starre inhaltliche Vorgaben eingeengt, die wenig Raum für Kreativität lassen.

Dies wird durch eine Crowdtap-Umfrage mit dem Titel „The State Of Influencer Marketing" bestätigt - 77 Prozent der Influencer würden mehrfach mit einem Unternehmen zusammenarbeiten, wenn sie kreative Freiheit hätten.

Die Studien von TapInfluence und Crowdtap haben ergeben, dass Influencer stärkere Beziehungen aufbauen, wenn Sie ihnen mehr kreative Freiheit lassen. Damit zeigen Sie außerdem, dass Sie die Influencer und ihre Ideen wertschätzen.

Was gibt es sonst noch?

Wenn Influencer sich im Umgang mit Ihnen wohl fühlen, werden sie dafür sorgen, dass ihre Inhalte Ihre Glaubwürdigkeit zum Ausdruck bringen. Dies kann Ihnen dabei helfen, das Vertrauen Ihrer Kunden zu gewinnen. Folglich ist kreative Freiheit für ein gutes Influencer Relationship Management entscheidend.

#5. Planen Sie ausreichend Zeit ein

Die Pflege von Beziehungen zu Influencern ist eine langfristige Strategie. Wenn Sie starke Partnerschaften mit Influencern für Ihre Marke aufbauen und aufrechterhalten möchten, müssen Sie unbedingt die Zeit Ihrer Influencer berücksichtigen. Seien Sie sich bewusst, dass Influencer ausreichend Zeit benötigen, um echte und interessante Inhalte zu produzieren.

Dies gilt vor allem für Influencer, die neben ihrer Arbeit als Influencer einen Voll- oder Teilzeitjob haben.

Laut dem TapInfluence-Bericht wollen 32 Prozent der Influencer nicht mit Firmen zusammenarbeiten, die nicht genügend Zeit einplanen.

Ebenso hat die Crowdtap-Umfrage ergeben, dass viele Marken glauben, dass die Entwicklung von Inhalten keine Zeit braucht.

Wie sieht die Wahrheit aus?

Hashoff hat den Bericht „A Hashoff State Of The Union Report" verfasst. In dieser Studie wurde untersucht, wie viel Zeit Einzelpersonen für soziale Medien und Influencer Marketing aufwenden. Dabei stellte sich heraus, dass 35 Prozent der befragten Influencer neben dem Influencer Marketing einen Vollzeitjob haben.

25,3 Prozent sind Studenten, während 22,2 Prozent in Teilzeit arbeiten. Vermarkter müssen berücksichtigen, dass Influencer ein Privat- und ein Berufsleben haben. Außerdem kann man von ihnen nicht erwarten, dass sie 100 Prozent ihrer Zeit der Entwicklung einzigartiger und überzeugender Inhalte für Ihre Marke widmen.

Um die Zusammenarbeit mit Influencern erfolgreich zu gestalten, müssen Sie sich bewusst sein, dass die Influencer möglicherweise noch andere Aufgaben haben. Wenn Sie möchten, dass sie die bestmögliche Arbeit leisten, müssen Sie ihnen Zeit lassen.

Auch die Einhaltung von Fristen muss berücksichtigt werden. Sie und Ihr Influencer sollten sich auf einen Zeitplan für die Lieferung von Inhalten für das Influencer Marketing einigen.

Äußern Sie offen und ehrlich Ihre Bedürfnisse und Erwartungen gegenüber denjenigen, die die Macht haben, Sie zu beeinflussen. Teilen Sie ihnen außerdem den Zeitplan für Ihre Marketingstrategie mit. Transparenz und offene Kommunikation sind wichtige Bestandteile des Beziehungsmanagements mit Influencern.

Dies hilft Ihrem Influencer dabei, den Zeitaufwand für die Entwicklung von Inhalten für Ihre Influencer Marketingkampagne einzuschätzen. Wenn Sie der Meinung sind, dass die Zeitvorgaben unangemessen sind, können Sie mit ihnen offen und zielstrebig verhandeln.

Wenn Sie die Zeit Ihrer Influencer respektieren, werden diese auch die Ihre achten. Diese Art von Beziehung wird die Influencer dazu motivieren, mehr zum Erfolg Ihrer Marketingstrategie beizutragen.

Und das Ergebnis?
Erhöhte Glaubwürdigkeit der Marke und die Chance auf Verkäufe. Stellen Sie daher sicher, dass Sie den Influencern ausreichend Zeit zugestehen, was für ein erfolgreiches Influencer Relationship Management unerlässlich ist.

Sind Sie bereit dazu, echte Beziehungen zu Influencern aufzubauen?
Einige Vermarkter sind der Meinung, dass die Zusammenarbeit mit einer großen Anzahl von Influencern zum Erfolg einer Marketingkampagne mit Influencern beiträgt. Sie betrachten Influencer jedoch als Ware, die man zu einem bestimmten Preis kaufen kann.

Bringt das etwas?
Zu versuchen, Beziehungen mit einer Vielzahl von Influencern aufzubauen, ist in der Regel nicht die beste Vorgehensweise. Diese Vorgehensweise führt nicht selten zu Auseinandersetzungen mit miteinander vernetzten Influencern und führt nicht zu den besten Ergebnissen (Bekanntheit der Marke, Stärkung des Kundenvertrauens und hoher ROI).

Denken Sie daran, dass die besten Ergebnisse häufig durch den Aufbau starker Beziehungen zu Influencern erzielt werden. Daher können die oben beschriebenen Schritte Ihnen tatsächlich dabei helfen, einen wirkungsvollen Strategieplan für IRM zu entwickeln.

Häufig gestellte Fragen

F1. Welcher Social Media-Influencer verdient das meiste Geld?
A. Das schwankt, aber es gibt ein paar Prominente, die regelmäßig an der Spitze stehen. Zu den bestbezahlten Social Media-Influencern gehören Kylie Jenner, Christiano Ronaldo, Kim Kardashian-West, Selena Gomez und Dwayne „The Rock" Johnson.

F2. Wie hoch ist das Durchschnittsgehalt eines Social Media Influencers?
A. Es gibt große Unklarheiten darüber, wie viel ein Influencer verdient. Für einen einzelnen Beitrag können Influencer zwischen $10 und $1 Million verdienen. Im Allgemeinen hängt dies jedoch stark von der Beliebtheit des Influencers ab.

F3. Wie machen *Facebook*-Influencer mit ihren Angeboten Geld?
A. Influencer auf *Facebook* können Geld verdienen, indem sie gesponserte Inhalte für Marken erstellen und teilen, mit denen sie zusammenarbeiten. Sie können nicht nur ihre Waren auf *Facebook* verkaufen, sondern auch als Affiliates Geld verdienen, indem sie die Dienstleistungen und Produkte anderer Unternehmen bekannt machen.

F4. Ist es möglich, als Influencer Geld zu verdienen?
A. Ja, Sie können als Influencer Geld verdienen, und Sie können damit auch Ihren Lebensunterhalt verdienen. Zahlreiche Social Media Influencer haben dies zu ihrem Hauptberuf gemacht.

F5. Welcher Instagrammer verdient das meiste Geld?
A. Im Jahr 2020 verdiente Christiano Ronaldo das meiste Geld als *Instagram*-Influencer.

F6. Welches ist die beste Social Media-Plattform, um Geld zu verdienen?

A. Zwar hat jedes soziale Netzwerk seine eigenen Vor- und Nachteile, aber alle eignen sich gut, um Geld zu verdienen. Viele sagen, dass *YouTube* die erfolgreichste Plattform ist, weil Sie für die Werbung in Ihren Videos entschädigt werden und das Verdienstpotenzial grenzenlos ist. Ein Influencer auf *Instagram* zu werden, ist zwar schwieriger, aber auch sehr lukrativ, sobald Sie eine große Fangemeinde haben.

F7. Wie kann ich als Social Media Influencer Geld verdienen?

A. Um ein erfolgreicher Social Media Influencer zu werden, müssen Sie zunächst Ihre Fachkompetenz und Ihre Zielgruppe bestimmen und dann eine große Anhängerschaft aufbauen. Sobald Sie dies erreicht haben, können Sie damit beginnen, Marken anzusprechen und sie für Ihre Dienste zu gewinnen. Darüber hinaus ist es wichtig, organische Beziehungen zu Marken zu pflegen, indem Sie sich an deren Inhalten in den sozialen Medien beteiligen und ihre Produkte lobend erwähnen.

F8. Wie viele Follower müssen Sie mindestens haben, um als Influencer Geld zu verdienen?

A. Es gibt keine Mindestanzahl von Followern, die erforderlich ist, um Influencer zu sein. Jeder kann Influencer werden, solange er ein engagiertes Publikum hat und sich in seiner Branche auskennt. Dennoch ist eine Followerzahl von mindestens 1.000 eine gute Ausgangsbasis.

Sind Sie bereit, als Social Media Influencer Geld zu verdienen? Das sind einige der besten Methoden zur finanziellen Verwertung von Social Media-Netzwerken.

Worauf warten Sie also noch?

Sie sollten diese Strategien nutzen, um in den sozialen Medien Geld zu verdienen und Ihren Einfluss sofort zu Geld zu machen. Vergessen Sie außerdem nicht, interessante und hochwertige Inhalte zu produzieren, um eine engagierte und treue Fangemeinde zu erhalten.

Zehn der wirksamsten Methoden, Ihre Marke durch Influencer Marketing zu stärken

Influencer Marketing hat sich zu einer der wirksamsten Strategien für den Ausbau von Marken entwickelt. Es kann Ihnen dabei helfen, die Reichweite Ihres Unternehmens zu erhöhen, Ihre Bekanntheit zu steigern und das Interesse Ihrer Kunden zu wecken. Wenn es richtig gemacht wird, kann Influencer Marketing Ihnen außerdem dabei helfen, zusätzliche Leads und Conversions zu generieren.

Und nicht nur das: 71 Prozent der Vermarkter sind der Meinung, dass Influencer Marketing qualitativ hochwertigere Kunden und Besucher generiert als alles andere.

Möchten Sie Ihre Marke durch Influencer Marketing optimal bewerben?

Dann sollten Sie die folgenden zehn Ratschläge zum Influencer Marketing beherzigen, damit Sie loslegen können.

#1: Bauen Sie ein Netzwerk von Influencern auf, um Ihre Marke wachsen zu lassen

Die Zusammenarbeit mit einigen wenigen einflussreichen Personen kann eine hervorragende Strategie sein, um Ihre Produkteinführungen zu bewerben, die Conversions zu steigern und die Beteiligung der Kunden zu erhöhen.

Es ist jedoch unwahrscheinlich, dass ein paar Influencer ausreichen, um ein Unternehmen nachhaltig wachsen zu lassen. Dazu brauchen Sie eine ganze Gemeinschaft von Influencern.

Sie können ein viel größeres Publikum erreichen, wenn Sie ein Netzwerk von Influencern aufbauen, um Ihre Marke zu bewerben. Dann sind Sie nicht auf eine kleine Gruppe von Anhängern beschränkt. Vielmehr können Sie die Bekanntheit Ihrer Marke in verschiedenen Publikumssegmenten steigern.

Dies führt zu einer erhöhten Sichtbarkeit Ihrer Marke, was für das Wachstum Ihrer Marke entscheidend ist. Der angenehmste Gesichtspunkt beim Aufbau eines Netzwerks von Influencern ist, dass Sie Ihre Ziele auch dann erreichen können, wenn Sie mit Influencern mit einer begrenzten Reichweite arbeiten.

Milton & King hat beispielsweise mit 45 Influencern zusammengearbeitet, um die Markenbekanntheit in den Vereinigten Staaten zu erhöhen. Ihre Community von Influencern erstellte 158 Inhalte, die zu 83.971 direkten Kontakten führten. Sie erreichten über 980.000 Verbraucher und gewannen über zehntausend neue Follower in wichtigen sozialen Netzwerken.

Im Rahmen des Influencer-Marketings schrieben Blogger aus den Bereichen Inneneinrichtung und Heimwerken, wie Brooke Christen von Nesting with Grace, Beiträge zur Umgestaltung von Wohnungen mit Artikeln von Milton & King.

#Nr. 2: Entwickeln Sie ein Angebot, das sich auf Ihre Marke konzentriert

Wenn Sie Ihr Unternehmen durch Influencer Marketing vergrößern wollen, müssen Sie sich auf mehr als die reine

Werbung für Produkte oder Dienstleistungen konzentrieren. Ja, Sie können Influencer damit beauftragen, Ihre Produkte in ihre Inhalte einzubinden oder Produktrezensionen oder Anleitungen rund um Ihre Produkte zu entwickeln. Und das kann zu einem höheren Umsatz beitragen.

Das Geheimnis des Wachstums Ihrer Marke liegt jedoch darin, dass Sie Ihre Initiativen im Bereich Influencer Marketing auf das nächste Level heben. Organisieren Sie ein Event rund um Ihr Unternehmen und laden Sie Influencer ein, daran teilzunehmen und es zu teilen.

Dadurch soll Ihre Marke anhand von Interaktionen zum Leben erweckt werden. Influencer teilen ihre persönlichen Geschichten mit ihren Followern. Dadurch verbinden ihre Fans Ihre Marke mit einem positiven Erlebnis.

Ein perfektes Beispiel dafür ist Tarte Cosmetics, das Gruppen von Beauty-Influencern an verschiedenen Urlaubsorten wie Hawaii und den Florida Keys willkommen geheißen hat. Die Influencer kommunizierten über Vlogs, Blogeinträge und Beiträge in den sozialen Medien.

Sie verwendeten den Hashtag #TrippinWithTarte in ihren Beiträgen in den sozialen Medien. Es war eine erfolgreiche Strategie des Influencer Marketings, die dem Unternehmen half, die Bekanntheit seiner Marke zu steigern.

#Nr. 3: Arbeiten Sie mit Influencern zusammen, um einzigartige Produkte zu entwickeln

Sie können Influencer engagieren, um Ihre bestehenden Produkte bekannt zu machen. Allerdings können Sie Ihre Partnerschaft mit Influencern verbessern, indem Sie sie in die Produktentwicklung einbeziehen.

Arbeiten Sie mit Influencern zusammen, um einzigartige Produkte zu entwickeln, die Ihre Zielgruppe und die Fangemeinde des Influencers ansprechen. Wenn Ihre Marke mit einem bekannten Influencer in Verbindung gebracht wird, wird sie dadurch als vertrauenswürdig und bedeutsam eingestuft.

Fendi hat zum Beispiel mit dem Model Liu Wen zusammengearbeitet, um die Fendi Peekaboo Handtasche zu entwerfen.

Das Model, das 2,9 Millionen Follower auf Instagram hat, bewarb die Initiative auf ihrem Profil. Das Foto hat in nur einem Tag über 43.500 Likes erhalten.

#Nr. 4: Erhöhen Sie die Sichtbarkeit Ihrer Marke.

Um Ihre Marke optimal zu verkaufen, müssen Sie so sichtbar wie möglich sein. Das bedeutet, dass Sie Influencer Marketing in so vielen sozialen Netzwerken und auf so vielen Plattformen wie möglich betreiben sollten.

Allerdings sollten Sie Social Media-Kanäle meiden, in denen Ihre Zielgruppe nicht aktiv ist. *LinkedIn* zum Beispiel ist vielleicht nicht die beste Wahl, wenn Sie sich an Jugendliche wenden.

Und wenn Sie es mit dem Wachstum Ihrer Marke ernst meinen, können Sie es sich nicht leisten, *Instagram* außer acht zu lassen. Laut einer von Bloglovin' durchgeführten Studie fanden Influencer heraus, dass *Instagram* das erfolgreichste Medium ist, um ihre Zielgruppe zu erreichen. Danach kommt *Facebook* und dann *Twitter*.

Wenn möglich, sollten Sie Ihre Influencer dazu ermutigen, Inhalte für verschiedene Plattformen zu erstellen, einschließlich Blogs und *YouTube*-Inhalte, wenn sie auf diesen Plattformen eine große Anhängerschaft haben. So stellen Sie sicher, dass Ihr Zielpublikum Sie praktisch überall sieht, was für das Wachstum Ihrer Marke entscheidend ist.

Genau auf diese Weise hat MVMT Watches seine Marke wachsen lassen. Das Unternehmen begann auf Instagram, wo es eine beachtliche Fangemeinde aufgebaut hat. Die Marke arbeitet auf Instagram mit Influencern aus verschiedenen Lebensbereichen zusammen, darunter dem Fitness-Influencer Tim Rodriguez, der fast 90.000 Follower hat.

Außerdem kooperiert die Marke mit Micro- und Macro-Influencern in verschiedenen Ländern und auf einer Vielzahl von Plattformen. So hat das Unternehmen zum Beispiel mit der bekannten Twitter-Nutzerin SimplyLaura zusammengearbeitet, um seine Zeitmesser zu vermarkten.

Die Marke ist sogar auf YouTube vertreten und wirbt dort auf unterhaltsame Weise für sich. Jack Douglass von Jacksfilms ist zum Beispiel ein YouTuber.

Jack hat 2,8 Millionen Abonnenten und erstellt jeden Monat gesponserte Videos für MVMT Watches. Viele von Jacks Videos für die Marke haben eine Million Aufrufe überschritten.

#Nr. 5: Gehen Sie eine Partnerschaft mit Influencern ein, um ein Anliegen voranzutreiben

Sie kennen Cause Marketing und seine Wirksamkeit bei der Verbesserung der Wahrnehmung einer Marke und der Kundenbindung. Laut Cone Communications würden 80

Prozent der Kunden bei einem unbekannten Unternehmen kaufen, wenn es sich in hohem Maße für CSR engagiert.

Eine Cause Marketing-Kampagne kann in Verbindung mit Influencer Marketing das ideale Instrument für das Wachstum eines Unternehmens sein. Influencer können Ihnen dabei helfen, für eine Sache zu werben, die für Ihr Publikum von Bedeutung ist. Wenn Sie die Botschaft über vertrauenswürdige, prominente Personen und nicht als Marke verbreiten, kann dies eine größere Wirkung erzielen.

Wählen Sie ein Anliegen, das sowohl für Sie als auch für Ihr Zielpublikum von Bedeutung ist. Und dann suchen Sie Influencer, die die Ideale Ihres Anliegens teilen.

Nehmen Sie zum Beispiel den GUESS Denim Day.

Seit 2014 ist die Kampagne GUESS Denim Day ein ausgezeichnetes Beispiel für dieses Thema.

Die Kampagne begann als eine Möglichkeit für das Unternehmen, seine Unterstützung für die Opfer von Vergewaltigungen zu bekunden. Die Kampagne wurde 2015 auf Facebook mit Hilfe von Influencern und Prominenten beworben. Diese Anzeigen erzielten 22 Millionen Aufrufe und eine Interaktionsrate von 2 Prozent.

GUESS arbeitet weiterhin mit Influencern zusammen, um den Denim Day bekannt zu machen. Im Jahr 2016 wurde die Kampagne von beliebten YouTubern wie Megan Parken beworben, die fast 800.000 Abonnenten hat.

#Nr. 6: Ermöglichen Sie Influencern die Erstellung interessanter und einzigartiger Inhalte

Influencer sind vor allem aus einem Grund so bekannt: Sie verstehen es, ihr Publikum zu begeistern. Sie wissen, was ihre Follower wünschen und wie sie diese Wünsche am besten erfüllen können.

Influencer wissen, wie sie Inhalte erstellen können, die bei ihren Followern auf Resonanz stoßen, wenn sie für Ihre Marke werben. Auf diese Weise können Sie die unverwechselbare Stimme des Influencers nutzen, um für Ihr Unternehmen zu werben.

Wenn Sie versuchen, alles zu kontrollieren, was ein Influencer über Ihre Marke sagt, wird die Glaubwürdigkeit der Marke darunter leiden und das Publikum wird sich aufgrund mangelnden Interesses möglicherweise nicht weiter mit den Inhalten beschäftigen.

Eine Julius-Studie ergab, dass strenge inhaltliche Vorgaben Influencer dazu bewegen können, eine erneute Zusammenarbeit mit Marken abzulehnen.

AXE hat sich zum Beispiel mit dreißig männlichen Influencern zusammengetan, um für ihre Haarprodukte zu werben. Um die Glaubwürdigkeit zu wahren, steuerte jeder Influencer Material in seiner eigenen Handschrift bei. So veranschaulichte ein Koch-Influencer namens Josh Elkin in einem Online-Video, wie das Produkt seine Haare aus dem Essen fernhält.

Außerdem entwickelte der Komiker Anthony Padilla ein Video, in dem er sich über die übliche Werbung für Schönheitsprodukte lustig machte. Das Video wurde fast 240.000 Mal angesehen und erhielt zahlreiche positive Kommentare und Antworten von seinen Followern.

#Nr. 7: Bieten Sie Influencern Sneak Peeks oder exklusive Vorabinformationen, um Spannung zu erzeugen

Wie bereits erwähnt, wissen Influencer, wie sie ihr Publikum mit Inhalten begeistern können. Sie wissen also, wie sie ihre Fans fesseln und für jedes neue Produkt begeistern können, ganz gleich, wie unbekannt es von einem etablierten Unternehmen sein mag.

Wenn Influencer genügend Aufmerksamkeit für Ihr Produkt oder Ihre Dienstleistung erzeugen, können sie Ihnen helfen, eine Marke in Ihrer Branche zu etablieren.

Ein Beispiel dafür ist Urban Decay Cosmetics.

Beauty-Influencer wie Nicol Concilio wurden von der Marke zu einer exklusiven Vorstellung der neuen Naked Heat Palette von Urban Decay Cosmetics nach Las Vegas eingeladen.

Ein Video des ersten Auftritts der Influencerin wurde auf *Instagram* veröffentlicht, wo sie über 1,2 Millionen Follower hat. Das Video wurde in nur fünf Tagen mehr als 130.000 Mal angesehen.

#Nr. 8: Nutzen Sie Wettbewerbe und Giveaways, um mehr Menschen zu erreichen und zu begeistern

Wer freut sich nicht über die Möglichkeit, etwas zu gewinnen, ohne etwas dafür tun zu müssen? Wettbewerbe mit Preisen sind eine ausgezeichnete Möglichkeit für Unternehmen, mit ihren Fans in Kontakt zu treten. Gewinnespiele in Kooperation mit Influencern erhöhen Interesse und die Bekanntheit Ihres Unternehmens.

Wenn Sie diese Strategie mit Influencer Marketing kombinieren, können Sie Ihre Reichweite vergrößern. Die

Follower des Influencers werden auf Ihre Marke aufmerksam und fühlen sich vielleicht dazu veranlasst, teilzunehmen, um kostenlose Produkte oder Geschenke zu gewinnen.

Wenn die Regeln Ihres Preisausschreibens die Teilnehmer dazu veranlassen, eigene Inhalte zu entwickeln, können diese zudem ein größeres Publikum erreichen. Dadurch kann Ihre Marke an Sichtbarkeit gewinnen und ein großes Publikum ansprechen.

Marzetti Marzetti hat sich zum Beispiel mit einem Netzwerk von Influencern zusammengetan, um für ihr Salatdressing Simply Dressed zu werben und einen Wettbewerb durchzuführen. Laut einer Fallstudie von RhythmInfluence arbeitete das Unternehmen mit einundzwanzig Gastro- und Lifestyle-Influencern zusammen. In der Folge entwickelten Food-Blogger wie Miryam von Eat Good 4 Life innovative Salatdressing-Rezepte.

Die Kampagne erreichte eine Fangemeinde von über 58 Millionen Menschen in den sozialen Medien. Die Beiträge lösten 665 Leserkommentare und fast 114.000 Reaktionen aus. Zusätzlich wurde eine zweite Gruppe von Influencern engagiert, die der Marke dabei halfen, weitere 22,8 Millionen Menschen zu erreichen und 55.600 soziale Kontakte zu generieren. Über 5.500 Beiträge wurden für den Wettbewerb eingereicht.

#Nr. 9: Gewinnen Sie Influencer, um einen einzigartigen Hashtag bekannt zu machen

Hashtags sind eine hervorragende Methode, um über Ihr Unternehmen, Ihre Produkte und Veranstaltungen ins Gespräch zu kommen. Außerdem kann die Erhöhung des Bekanntheitsgrades Ihres eigenen Hashtags dazu beitragen, die Sichtbarkeit Ihrer Marke zu erhöhen.

Die Verwendung eines einzigartigen, personalisierten Hashtags, um ein Unternehmen bekannt zu machen, ist eine ausgezeichnete Vorgehensweise. Außerdem können Sie Influencer dazu auffordern, ihre Follower zu ermutigen, beim Teilen von Inhalten denselben Hashtag zu verwenden. Dadurch soll die Interaktion mit dem Hashtag erhöht und mehr nutzergenerierte Inhalte über Ihr Unternehmen verbreitet werden, um Ihnen zu einer größeren Sichtbarkeit zu verhelfen.

So können beispielsweise Teilnehmer an einem Gewinnspiel oder Künstler, die ihre Werke auf Ihrer Website oder Ihren Social Media-Profilen präsentieren, von dieser Funktion profitieren.

Diese Technik ähnelt der vorhergehenden, mit dem Unterschied, dass die Wettbewerbe dazu genutzt werden, einen markenbezogenen Hashtag zu bewerben.

Auch wenn der Hashtag nicht mit einer Werbeaktion verbunden ist, können Sie ihn bekannt machen, indem Sie Ihre Influencer-Community dazu auffordern, ihn in Beiträgen über Ihre Artikel zu verwenden. Wenn Sie zum Beispiel sehen, dass mehrere Ihrer Lieblings-Influencer Fotos mit demselben Hashtag tweeten, können Sie andere dazu ermutigen, das Gleiche zu tun.

Jouer Cosmetics ist dafür ein ausgezeichnetes Beispiel. Jouer Cosmetics hat mit mehreren prominenten Beauty- und Make-up-Influencern zusammengearbeitet. Diese Influencer haben Bilder von sich selbst bei der Verwendung ihrer Produkte in den sozialen Medien mit dem Hashtag #AwayWithJouer gepostet.

Mariale Marrero, die 2,1 Millionen *Instagram*-Follower hat, oder auch Manny Gutierrez, ein prominenter Make-up-Künstler mit über 3,7 Millionen Followern, verwendeten den Hashtag. Sein Beitrag mit dem Marken-Hashtag hat in weniger als drei Wochen über 150.000 Likes erhalten.

#Nr. 10: Berücksichtigen Sie Influencer in Ihren strategischen Planungen
Sie können sich dafür entscheiden, Influencer Marketing für ein bestimmtes Ziel einzusetzen. Als Mittel zur Bewerbung eines besonderen Anlasses, eines neuen Produkts, eines Gewinnspiels oder eines Ausverkaufs. Selbst wenn Sie Ihr Ziel mit Influencer Marketing erreichen, sollten Sie nicht aufhören, Influencer Marketing weiterhin einzusetzen.

Wenn Sie Ihr Geschäft wirklich ausbauen wollen, müssen Sie Influencer Marketing in Ihre langfristige Marketingstrategie einbeziehen. Das kann bedeuten, dass Sie mehrere Influencer im Marketing einsetzen.

Daniel Wellington zum Beispiel hat sein Geschäft ausschließlich durch Influencer Marketing ausgebaut. Seit 2015 hat das Unternehmen seine Strategie nicht mehr geändert. In diesem Jahr verkauften sie eine Million Uhren und erzielten einen Gewinn von 220 Millionen Dollar.

Die Marke arbeitet mit prominenten Lifestyle-Influencern und Micro-Influencern zusammen, um ihre Marke auf der ganzen Welt bekannt zu machen.

Bemerkenswert ist, dass die Marke nicht auf englischsprachige Influencer beschränkt ist. Dieser Beitrag stammt von der deutschen Influencerin Ebru, die auf ihrem *Instagram*-Konto NAZJUJU über 274.000 Follower hat.

In diesem Kapitel lernten Sie zehn der wirkungsvollsten Methoden, um Ihre Marke durch Influencer Marketing bekannt zu machen. Diese bewährten Strategien können Ihnen dabei helfen, den Bekanntheitsgrad Ihrer Marke, Ihrer Produkte oder Ihrer Dienstleistungen zu steigern.

Mit den richtigen Influencern und einem gut durchdachten Ansatz können Sie Ihre Möglichkeiten verbessern, mit Ihrem Zielpublikum in Kontakt zu treten und sich mit ihm auszutauschen. Kunden, die Vertrauen in Ihr Unternehmen haben, sind eher geneigt, bei Ihnen einen Kauf zu tätigen.

Was macht Influencer Marketing besser als Werbung durch Prominente?
Prominente werben schon seit Jahrzehnten für Produkte und beeinflussen die Kaufentscheidungen der breiten Öffentlichkeit. In den letzten Jahren haben jedoch viele Unternehmen ihren Schwerpunkt auf das Influencer Marketing verlagert.

Influencer Marketing ist in der Tat wie Pilze aus dem Boden geschossen und stellt inzwischen eine Multi-Milliarden-Dollar-Industrie dar.

Aber was ist der Unterschied zwischen der Zusammenarbeit mit Prominenten, die für Ihr Produkt werben, und der Partnerschaft mit Social Media Influencern?

Und warum gilt Social Media Influencer Marketing als überlegen gegenüber der Werbung durch Prominente?

Der Unterschied zwischen Influencern und Prominenten
Lassen Sie uns zunächst die wesentlichen Unterschiede zwischen Influencer Marketing und der Werbung durch Prominente klären.

In beiden Fällen geht es darum, eine bekannte und sehr einflussreiche Person zu nutzen, um ein Produkt, eine Dienstleistung oder eine Marke zu vermarkten und zu bewerben. Zu den wichtigsten Unterschieden zwischen Influencer Marketing und der Werbung durch Prominente gehören die folgenden:

1. Professionalität
Prominente müssen keine Experten für die Produkte sein, die sie bewerben.

Sie sehen vielleicht Justin Bieber oder Selena Gomez, die für Unterwäsche von Calvin Klein oder Adidas Neo werben, allerdings sind Sie weder Modedesigner noch sind sie an der Produktentwicklung beteiligt.

Warum bringen prominente Werbeträger dann weiterhin einen positiven Nutzen für Marken?

Weil sie ein breites Publikum ansprechen. Millionen von Fans betrachten Prominente als Vorbilder und sind bereit, alles auszuprobieren, für das sie werben.

Andererseits funktioniert Influencer Marketing, weil der Social Media Influencer eine Autorität in der jeweiligen Branche ist.

So können Sie beispielsweise Beauty-Blogger wie Michelle Phan dabei beobachten, wie sie für eine neue Kosmetiklinie werben, oder Modeblogger wie Aimee Song (Song of Style), die eine neue Modelinie unterstützen.

Im Vergleich zu prominenten Werbepartnern gelten sie als glaubwürdig und bedeutend, da sie als Experten in ihrem jeweiligen Bereich angesehen werden.

2. Engagement

Ein weiterer entscheidender Unterschied zwischen der Werbung von Prominenten und Influencer Marketing ist, dass die Werbung von Prominenten meist eine Einbahnstraße ist. Ein Prominenter kann ein Produkt in einem Fernsehspot oder in den sozialen Medien bewerben. Während die Werbung dazu gedacht ist, gesehen und gehört zu werden, können Fans nicht darauf reagieren.

Influencer hingegen ziehen es vor, ihre Follower in den sozialen Medien und ihren Zielmarkt einzubinden. Wenn ein Social Media-Influencer bezahlte Inhalte postet oder ein Produkt vorstellt, ist eine wechselseitige Kommunikation möglich.

Influencer haben die Möglichkeit, ihre Follower in den sozialen Medien in eine Unterhaltung zu verwickeln. Allerdings werden wahrscheinlich nicht alle von ihnen mit ihren Followern im Kommentarbereich kommunizieren.

Sie binden ihre Konsumenten allerdings oft genug ein, damit diese in den sozialen Medien über die beworbenen Produkte sprechen.

3. Erstellung von Inhalten

Ein wesentlicher Unterschied zwischen Prominenten und Influencern besteht darin, dass die meisten Influencer außergewöhnliche Inhalte erstellen – vor allem in den sozialen Medien.

Bei der Werbung mit Prominenten entwickelt das Unternehmen oder die Marketingagentur eine Idee und eine Storyline für die Produktwerbung. Der Prominente dient lediglich als Sprecher für die Kampagne und verleiht ihr seinen Stempel.

Mit anderen Worten: Ein Prominenter kann als Gesicht einer Kampagne dienen, aber nicht als deren Kopf.

Auf der anderen Seite sind die meisten Influencer Spezialisten auf ihrem Gebiet. Sie tragen zur Erstellung von Werbebotschaften bei und haben in bestimmten Fällen die vollständige Kontrolle über die Botschaft.

Marken können ihnen zwar bestimmte Vorgaben machen, was sie von der Kampagne erwarten, aber letztlich ist der Influencer für die Stimme und den Ton der gesponserten Inhalte verantwortlich.

Mit anderen Worten: Es steht ihnen frei, sich kreativ auszudrücken, wenn sie das Produkt oder die Dienstleistung einer Marke vermarkten.

Christina Russell (Body Rebooted), eine Food-Bloggerin, erstellte beispielsweise Material, um für Bob's, Red Mill zu werben.

Sie erstellte ein Rezept, das eine der Zutaten der Marke enthielt, gab ihren Lesern Anregungen zum Nachkochen des Gerichts und warb dann für die Giveaway-Kampagne der Marke.

Sie war für den Inhalt und die Botschaften des gesponserten Beitrags verantwortlich.

Ein entscheidendes Problem ist, dass einige Marken Influencer nach wie vor wie Prominente behandeln.

Was bedeutet das?

Sie versuchen zu kontrollieren, was der Influencer sagt und wie das Produkt beworben wird. Das kann zu einer angespannten Beziehung zu den Influencern führen und sogar die Qualität des für die Marketingstrategie erstellten Inhalts beeinträchtigen.

Laut einer Crowdtap-Umfrage gaben die meisten Influencer an, dass sie mehrfach mit einem Unternehmen zusammenarbeiten würden, wenn sie kreative Freiheit hätten.

4. Reichweite

Wie bereits erwähnt, haben prominente Werbepartner einen erheblichen Einfluss auf die Kaufentscheidungen der breiten Öffentlichkeit.

Ihre Reichweite erstreckt sich aufgrund ihrer beruflichen Aktivitäten über eine Vielzahl von Demografien und Kundengruppen.

Ein klassischer Prominenter ist in der Regel ein bekannter Schauspieler, ein Model, ein Musiker oder ein Sportler.

Im Falle von Social Media Influencern hingegen haben die meisten von ihnen eine Fangemeinde in vielen Online-Medien aufgebaut. Daher ist es normal, dass sich ihre Präsenz in sozialen Medien auf ein kleines, bestimmtes Publikum beschränkt.

Zum Beispiel:
Ein beliebter Gaming-YouTuber wird wahrscheinlich keine Modelinie oder ein Schönheitsunternehmen unterstützen, aber er kann Gaming- und Technologieprodukte oder sogar Geek-Fandom-Artikel empfehlen.

In manchen Fällen gibt es eine Grauzone, die Elemente beider Vorgehensweisen enthält.

So kann ein Sportler zwar nicht als Prominenter betrachtet werden, aber seine Unterstützung für ein Sportartikelprodukt kann als Influencer Marketing angesehen werden.

Warum sollten Sie sich für Influencer Marketing und nicht für Werbung durch Prominente entscheiden?
Bis vor kurzem bestand Werbung und Marketingmanagement in erster Linie darin, dass ein bekannter Prominenter ein Produkt im Fernsehen, auf Plakatwänden oder in Zeitschriften bewarb.

Die Werbeindustrie wurde jedoch in den letzten Jahren von digitalen Influencern wie Bloggern, YouTubern und einer Vielzahl anderer Social Media-Plattformen überholt.

Weshalb?
Für die meisten Unternehmen ist Influencer Marketing sinnvoller als die Werbung durch Prominente.

Einige der Hauptgründe, warum Influencer Marketing gegenüber der Werbung durch Prominente überlegen ist, sind die folgenden:

1. Preis-Leistungs-Verhältnis und flexible Kosten
Vielleicht haben Sie schon von A-Promis gehört, die mit Millionen von Dollar entlohnt werden, um als Markenbotschafter zu fungieren.

Beyoncé zum Beispiel hat 2012 50 Millionen Dollar für die Werbung von Pepsi verdient.

Viele Unternehmen sind nicht in der Lage, die Millionenbeträge aufzubringen, die für die Zusammenarbeit mit einem hochkarätigen Prominenten erforderlich sind. Sie verfügen jedoch möglicherweise über die finanziellen Mittel, um ihre Produkte oder Dienstleistungen über einen bekannten Fernsehstar zu bewerben.

Andererseits ist der Einsatz von Prominenten wesentlich teurer als die Zusammenarbeit mit Social Media Influencern.

Laut The Economist können Prominente mit mehr als sieben Millionen *Instagram*-Followern bis zu 150.000 Dollar für einen einzigen gesponserten Social Media-Post verlangen.

Erstaunlich, nicht wahr?

Je größer die Followerschaft in den sozialen Medien ist, desto höher sind die Kosten für gesponserte Posts in den sozialen Medien.

Die Zusammenarbeit mit Social Media-Influencern mit Millionen von Followern mag zwar kostspielig sein, aber sie verlangen oft weniger als Superstars.

Marken mit kleinem Budget können auch mit Mid-Level- und Micro-Influencern zusammenarbeiten.

Dies ist genau der Punkt, an dem Influencer Marketing die Werbung durch Prominente übertrifft.

Während bei Social Media Influencern ein gewisser finanzieller Spielraum besteht, ist dies bei prominenten Werbepartnern nicht immer der Fall.

Sie können Social Media Influencer entdecken, die weniger als 250 Dollar für einen gesponserten *Instagram*-Post verlangen.

Laut We Are Social Media verlangen 97 Prozent der Mikro-Influencer sogar 500 Dollar oder weniger.

Und wenn Sie daran interessiert sind, für Ihre Marketingkampagne mit Micro-Influencer-Bloggern zusammenzuarbeiten, werden Ihnen die meisten von ihnen nicht mehr als 1.000 Dollar für einen einzigen gesponserten Beitrag berechnen.

2. Verlässlichkeit

Die Zusammenarbeit mit Influencern ist gleichbedeutend mit der Zusammenarbeit mit Meinungsführern – ein weiterer Vorteil. Darin unterscheiden sie sich von den etablierten Prominenten.

Prominenten fehlt es häufig an fundiertem Wissen über die Dinge, für die sie werben.

Auch das ist ein großer Vorteil des Influencer Marketings. Diese Personen werden für Ratschläge, Tipps und Empfehlungen zu Konsumgütern herangezogen.

Wem würden Sie mehr vertrauen, wenn Sie den Kauf eines Produkts erwägen würden?

Den Empfehlungen und Ratschlägen eines Experten auf dem Gebiet oder denen von jemandem, der einfach nur berühmt ist?

Wenn es um den Kauf von Produkten geht, die von berühmten Personen unterstützt werden, sind nur 3 Prozent der Käufer bereit, diese zu kaufen. Im Vergleich dazu sind 30 Prozent bereit, Produkte zu kaufen, die nicht von Prominenten empfohlen werden.

Darüber hinaus hat eine von *Twitter* und Annalect durchgeführte Studie ergeben, dass Menschen Influencern fast genauso viel Vertrauen entgegenbringen wie ihren Mitmenschen.

Aufgrund dieses hohen Niveaus an Vertrauen können Influencer Käufe anregen und die Entscheidungen der Menschen beeinflussen.

Angenommen, Sie haben gerade eine neue Make-up-Linie auf den Markt gebracht. Sie möchten die Bekanntheit des Produkts in Ihrer Zielgruppe erhöhen.

Außerdem möchten Sie das Vertrauen der Zielgruppe gewinnen, damit sie sich beim Kauf des Produkts wohl fühlt.

Mit wem würden Sie lieber zusammenarbeiten?

Ist es besser, ein Star oder ein Influencer zu sein?

Sie können sich die Unterstützung eines Prominenten für Ihr Produkt sichern. Dadurch wird jedoch lediglich der Bekanntheitsgrad der Marke erhöht, was möglicherweise nicht ausreicht, um Verkäufe zu erzielen.

Hingegen kann die Werbung für das Produkt durch jemanden, der sich mit Make-up und Beauty auskennt, erhebliche positive Auswirkungen haben.

Ein bekannter Make-up-Künstler könnte die Wirksamkeit des Produkts aufzeigen oder seine ehrliche Meinung über das Produkt äußern.

Aufgrund ihres Fachwissens kann das, was Influencer über das Produkt zu sagen haben, die Verkaufszahlen erhöhen.

So hat Electronic Arts diese beiden Möglichkeiten strategisch genutzt, um sein Videospiel *Star Wars: Battlefront* zu vermarkten.

In dem Live-Action-Trailer war die Schauspielerin Anna Kendrick zu sehen. Kendricks prominente Unterstützung trug dazu bei, das Publikum als bekannte Mainstream-Persönlichkeit anzusprechen.

Das Spiel wurde jedoch durch bekannte Gamer wie Greg Miller (@GameOverGreggy) beworben, um eine Nischengruppe zu erreichen.

Weshalb?

Weil der Social Media-Influencer mehr als 750.000 *Twitter*-Follower hat. Darüber hinaus hat er den Spielemarkt maßgeblich beeinflusst.

Daher ist er eine vertrauenswürdige Quelle für Bewertungen und Empfehlungen von Videospielen.

3. Engagement

Wie bereits erwähnt, sind Social Media Influencer hervorragende Produzenten von Inhalten. Sie wurden durch ihre Fähigkeit bekannt, Inhalte zu entwickeln, die bei ihrem Publikum Anklang finden und es ansprechen.

Wenn Unternehmen also gesponserte Inhalte entwickeln, können sie das Engagement ihrer Marke in sozialen Medien erhöhen.

Der Einsatz von Influencern ist eine wesentlich wirkungsvollere Marketingtaktik als der Einsatz von Prominenten, um Ihr Produkt zu bewerben.

Wenn ein Influencer gesponserte Inhalte erstellt, um für ein Produkt oder eine Dienstleistung zu werben, entspricht der Inhalt häufig den regulären Beiträgen des Influencers (wenn die Marke ihm kreative Freiheit gewährt), so dass er gesponserte Inhalte erstellen kann, die für das Produkt werben und gleichzeitig ansprechend und ehrlich sind.

Eine andere Studie von Collective Bias hat ergeben, dass der typische Nutzer zwei Minuten und einundzwanzig Sekunden mit Influencer-Inhalten verbringt.

Das ist signifikant höher als die etwa neun Sekunden, die Menschen mit Online-Werbung verbringen. Überlegen Sie einmal Folgendes:

Lassen Sie uns zur Veranschaulichung die Interaktionsraten von *Instagram*-Posts eines Prominenten mit denen eines Influencers vergleichen.

Betrachten wir zunächst den folgenden Beitrag von Olivia Wilde. Sie hat einen Schnappschuss von ein paar LPs von Vinyl Me, Please hochgeladen und erzählt, wie sehr sie die Firma liebt.

Es handelt sich zwar nicht um bezahltes Material, aber beachten Sie das Interesse ihrer Zielgruppe an ihrem Social Media-Post. Mehr als 9.600 Menschen haben den Beitrag geliked, der außerdem siebenundneunzig Kommentare erhalten hat. Das ist nicht besonders beeindruckend, wenn man bedenkt, dass Wilde mehr als 2 Millionen Follower hat.

Auf der anderen Seite erhielt ein gesponserter Beitrag der Beauty-Influencerin Bunny Meyer, in dem die neuen Puma Creepers angepriesen wurden, über 43.000 Likes und tausend Kommentare.

Obwohl beide über zwei Millionen Fans in den sozialen Medien verfügen, ist ihr Level an Interaktion sehr unterschiedlich.

Was ist besser: Influencer Marketing oder Werbung durch Prominente?

Jetzt kennen Sie einige der überzeugendsten Gründe, warum Influencer Marketing besser ist als die Werbung durch Prominente.

Soll das heißen, dass Sie auf den Einsatz von Prominenten bei Ihren Werbemaßnahmen gänzlich verzichten sollten?

Nein, das sollten Sie nicht.

Mit ihrer enormen Reichweite und Millionen von Anhängern können Prominente immer noch die Bekanntheit Ihres Unternehmens steigern. Das hängt ganz von den Zielen Ihrer Kampagne und Ihrem Marketingbudget ab.

Influencer Marketing und Werbung durch Prominente können miteinander verbunden werden, wenn Sie über die nötigen finanziellen Mittel verfügen.

Wenn Sie beispielsweise einen Prominenten zum Gesicht Ihrer Marke machen, kann er Ihnen dabei helfen, den Bekanntheitsgrad Ihrer Marke zu erhöhen.

Dann können Sie, wie es Electronic Arts getan hat, mit zahlreichen relevanten Influencern in den sozialen Medien zusammenarbeiten, um ein bestimmtes Publikum anzusprechen.

Die Vorteile der Werbung durch Prominente sind unbestritten, aber leider schwindet das Vertrauen der

Menschen in Werbung und sie blockieren Internetbanner in ihren Browsern.

Daher ist es vernünftig, einen gezielteren und zuverlässigeren Weg zu beschreiten, um mit fortschrittlicher Werbung Ihr angestrebtes Kundensegment zu erreichen.

Einundzwanzig zeitsparende Tools für die Kontaktaufnahme mit Influencern

Die Ausrichtung und die Schwerpunkte von digitalem Marketing ändern sich derzeit grundlegend. Doch leider führen die herkömmlichen Methoden des Webmarketings nicht zu den gewünschten Ergebnissen. An dieser Stelle kommen Plattformen für die Kontaktaufnahme mit Influencern ins Spiel.

Eine neue Generation von Influencern birgt ein enormes Potenzial.

Marken schalten plötzlich einen Gang höher und beziehen Influencer Marketing in ihre Pläne ein.

93 Prozent der Vermarkter, die Influencer Marketing eingesetzt haben, zeigten sich sehr zufrieden mit ihren Bemühungen und den Ergebnissen der Landing Page.

Influencer Marketing funktioniert gut, wenn es mit den richtigen Werkzeugen und Methoden zur Auswahl und Zusammenarbeit mit Social Media Influencern kombiniert wird.

Wir haben recherchiert, um eine umfassende Liste von 21 Plattformen für die Kontaktaufnahme mit Influencern zusammenzustellen, die Marken bei ihren Marketinginitiativen mit Influencern unterstützen können.

Lassen Sie uns die einzelnen Plattformen genauer unter die Lupe nehmen.

#1: Iconosquare

Eine hervorragende digitale Marketingplattform, die sowohl *Instagram* als auch *Facebook* nutzt, um Ihnen beim Aufbau Ihres Unternehmens zu helfen. Mit Hilfe von Analysen liefert sie Ihnen eine Fülle von Informationen und Erkenntnissen.

Mit *Iconosquare* können Sie entscheidende soziale Metriken im Auge behalten und optimieren. Auch Unterhaltungen in sozialen Medien können problemlos gemanaged werden.

Bedauerlicherweise hat *Iconosquare* am 11. April 2018 sein Angebot, mit Influencern Kontakt aufzunehmen, eingestellt.

#Nr. 2: Klout

Klout weist jedem Menschen in den sozialen Medien eine Punktzahl zu, die auf seinem Einfluss basiert. Der Einfluss wird auf der Grundlage der Präsenz einer Person in den sozialen Medien und der Art der von ihr geteilten Inhalte ermittelt.

Damit können Sie eine themenbezogene Suche nach Social Media Influencern durchführen. So können Sie diejenigen ausfindig machen, die Ihnen bei der Vermarktung Ihrer Marke behilflich sein können.

Egal, ob Sie nach einem bestimmten *YouTube*-Kanal oder einem ganzen Team von *Instagram*-Influencern suchen, *Klout* vereinfacht das Ganze.

#Nr. 3: BuzzSumo

Die Software *BuzzSumo* erkennt sofort, welche Inhalte in einem bestimmten Bereich gut laufen und benennt auch die Social Media Influencer in diesem Bereich.

Sie verknüpft die Suche nach Influencern und die Analyse der Verbreitung von Inhalten in einem einzigen Dashboard. Auf diese Weise können Sie Influencer finden, die Ihren Inhalten und Ihrer Markenbotschaft zu mehr Zugkraft verhelfen.

#Nr. 4: Traackr
Hierbei handelt es sich um eine einzige Produktpalette, die Funktionen zur Erkennung und Verwaltung von Influencern sowie eine zentrale Datenbank umfasst.

Sie nutzt Analysen, um die Wirkung von Beziehungen zu Influencern zu verstärken, den ROI zu verfolgen, den Wettbewerb zu beobachten und Erkenntnisse zu gewinnen, die Ihnen bei der Weiterentwicklung helfen können. Daher behauptet das Unternehmen, die weltweit beste Suchmaschine für Influencer zu betreiben.

#Nr. 5: BuzzStream
Mit *BuzzStream* können Sie von einer einzigen zentralen Datenbank aus mit Influencern in Kontakt treten und die Beziehungen verwalten, was Folgeaktivitäten vereinfacht.

Mit *BuzzStream* können Sie automatisierte Recherchen über Influencer in sozialen Medien durchführen, einschließlich Kontaktinformationen, sozialen Profilen und anderen Metriken der Website.

Die Software kann ein Protokoll aller Diskussionen pflegen und Einblicke in mögliche Arten der Kontaktaufahme geben.

#Nr. 6: Tapinfluence
Tapinfluence vereinfacht den Prozess des Influencer Marketings. Es unterstützt Sie bei der Ermittlung geeigneter Influencer, indem es eine 360-Grad-Ansicht jedes Influencers bietet.

Außerdem können Sie damit mit Influencern in Kontakt treten. Sie können Ihre Investitionen und Bemühungen verfolgen, indem Sie entsprechende Kennzahlen festlegen. Schließlich verfügt das System über spezielle Werkzeuge für die Bereitstellung von Inhalten.

#Nr. 7: Prezly

Hierbei handelt es sich um ein PR-Programm für Unternehmen, das Sie bei der Suche nach Influencern unterstützen kann. Mit *Prezly* können Sie in kürzester Zeit Pressemitteilungen erstellen, Online-Newsrooms einrichten, Geschichten und Pressemitteilungen versenden und verfolgen sowie Verbindungen zur Öffentlichkeitsarbeit pflegen.

Es ist einfacher, Ihre Fortschritte zu verfolgen, da Sie genau sehen können, was Sie tun.

#Nr. 8: Klear

Influencer Marketing und Social Media Monitoring sind zwei der vielen Dienstleistungen von *Klear*. Wenn Sie sich dafür entscheiden, erhalten Sie Analysen von sozialen Medien, Werkzeuge für das Influencer-Marketing und erweiterte Funktionen für das Beobachten sozialer Medien.

Sie können mühelos Influencer ermitteln, managen, überwachen und auswerten.

Mit dieser hervorragenden Software für Influencer Marketing können Sie sich über einen *YouTube*-Kanal informieren, gesponserte Inhalte verfolgen, Micro-Influencer finden und vieles mehr.

#Nr. 9: Ninja Outreach

Ninja Outreach, eine Plattform für die Kontaktaufnahme mit Influencern, schafft Leads für Marketer, Blogger, Unternehmer und Unternehmen jeder Größe.

Dieses Tool automatisiert Ihre Bemühungen im Bereich der sozialen Medien. Es unterstützt Sie bei der Suche nach Top-Influencern, einschließlich der besten *Instagram-* und *Twitter-*Nutzer. Über eine einzige einfache Schnittstelle können Sie Hunderte von Influencer-Kontakten verwalten.

#Nr. 10: Markerly

Diese Full-Service-Plattform für Influencer-Marketing bringt Influencer und Marken zusammen.

Sie analysiert Inhalte von Influencern und verbindet sie mit den Persönlichkeiten aus Unternehmen, um zu ermitteln, ob sie gut zur Marke passen. Die Plattform bietet auch Methoden, um Ihr Zielpublikum zu erweitern.

#11: Pitchbox

Pitchbox automatisiert den Prozess der Akquise und Kontaktaufnahme mit Influencern. Außerdem handelt es sich um eine Content-Marketing-Plattform, die Unternehmen, Verlagen und Agenturen dabei hilft, ihre Inhalte an die richtigen Verbraucher zu vermarkten.

Dank der einfachen Suche nach Schlüsselwörtern und Partnerschaften mit den führenden SEO-Anbietern der Branche können Sie schnell die wichtigsten Anbieter in Ihrer Nische aufspüren.

#12: HYPR

Dieses Werkzeug dient der Echtzeit-Analyse von sozialen Medien. Es ist die Heimat des weltweit größten Marktplatzes für Influencer.

Die umfassende Plattform für Influencer Marketing verfügt über Profile und demografische Daten von über zehn Millionen Influencern in vielen sozialen Netzwerken.

Die Suchmaschine generiert Erkenntnisse, indem sie analytisches Wissen über ein Netzwerk von Influencern überlagert.

#Nr. 13: Trend Spottr

Wie der Name schon sagt, überwacht *Trend Spottr* ein Thema in Echtzeit auf sich entwickelnde Trends, virale Inhalte und wichtige Influencer. Außerdem hilft es bei Content Marketing, Influencer Targeting, Marktforschung und Krisenmanagement.

Wenn Ihre Marke online erwähnt wird, können Sie Benachrichtigungen für den Namen Ihres Unternehmens, Ihre Branche, Ihre Konkurrenten und mehr einrichten.

#Nr. 14: Discoverly

Dieses Chrome-Plugin sammelt in kürzester Zeit Informationen über eine Person oder eine Gruppe von Personen auf *LinkedIn*. Auf diese Weise können Sie sich wirksamer vernetzen.

Es spürt persönliche und berufliche Beziehungen über soziale Netzwerke auf. Außerdem kann die Erweiterung Ihnen dabei helfen, Zugang zu Kontakten zu erhalten, die sich über zahlreiche Plattformen erstrecken.

#Nr. 15: Grin

Grin vereinfacht Influencer Marketing. Mit der abonnementbasierten Plattform für Influencer Marketing können Sie die denkbar wirksamsten Kampagnen im Bereich Influencer Marketing durchführen.

Die Plattform hilft Ihnen bei der Suche nach Influencern, dem Aussieben und Bewerten von Influencern und der Zusammenarbeit mit ihnen. Grin ist eine Komplettlösung, die u.a. hervorragende Möglichkeiten zur Verfolgung von Kennzahlen und ROIs bietet.

#Nr. 16: Revfluence

Revfluence ist eine leistungsstarke Plattform für Influencer Marketing, mit der Sie Ihre Aktivitäten im Bereich Influencer Marketing ganz einfach ausweiten können. Darüber hinaus ist sie in der Lage, hoch personalisierte Kampagnen umzusetzen.

Besonders leistungsstarke Influencer werden entdeckt und die Zusammenarbeit mit ihnen kann durch verschiedene leicht anwendbare Mechanismen gepflegt werden.

#Nr. 17: Upfluence

Mit *Upfluence* können Sie Ihre Marketingaktivitäten mit Influencern wirkungsvoll verwalten. Es ist ein in der Cloud gehostetes System für die Suche nach Influencern und die Verwaltung von Inhalten.

Die Suchmaschine von *Upfluence Search* hilft Ihnen bei der Suche nach Top-Influencern. Darüber hinaus unterstützt Sie der Manager bei der Verwaltung von Kampagnen und die Analysemöglichkeiten bei der Messung und Verfolgung Ihrer Bemühungen.

#18: Outreachr

Outreachr rationalisiert Vertriebsprozesse. Es ist eine cloud-basierte, automatisierte Plattform für Vertrieb und die Kontaktaufnahme mit Influencern. Vertriebsteams können ihre möglichen Kunden mit Hilfe von Outreachr wesentlich einfacher verfolgen und managen.

Benutzer können ihre Kontaktaufnahme mit Influencern maßgeschneidert gestalten. Darüber hinaus können sie Inhalte ausmachen und mit wichtigen Influencern teilen.

#19: Outreach Plus

Hierbei handelt es sich um ein äußerst wirkungsvolles Werkzeug für die Kontaktaufnahme per E-Mail und Influencer Marketing. Mit Hilfe von *Outreach Plus* können Sie mit Influencern in Kontakt treten, die daraus resultierenden Ergebnisse verfolgen und den Plan feinjustieren.

Die Anpassungsfunktion, zu der auch eine Bibliothek mit E-Mail-Vorlagen gehört, hilft zudem E-Mails zu individualisieren. Darüber hinaus überwacht die intelligente Plattform das Nutzerverhalten wie das Öffnen von E-Mails und das Anklicken von Links.

Alle Antworten können von einem einzigen Posteingang aus gesteuert werden, was die Nachbereitung vereinfacht.

#Nr. 20: Deep Social

Diese Software für das Ranking und die Analyse von Influencern sammelt detaillierte Informationen über Instagram-Influencer und ihre Follower.

Das Team von *Deep Social* entwickelt ein Prognosemodell für Zeitreihen, das Erkenntnisse über das Nutzerverhalten (mit entsprechender Schwankungsbreite) drei Monate im

Voraus vorhersagt. Es nimmt Rücksicht auf die Privatsphäre der *Instagram*-Nutzer.

#21: Kred

Kred ermöglicht es Ihnen, Ihre Präsenz im Internet auszubauen und mit anderen Influencern zu kommunizieren. Mit *Kred* bleiben Sie auf dem Laufenden über die einflussreichsten und gefragtesten Themen.

Durch die Erstellung eines Influencer-Profils können Sie Ihre Marke stärken. Treten Sie exklusiv mit anderen Influencern in Kontakt. Sie können Ihre bevorzugten Influencer zusätzlich belohnen.

Nun wieder zu Ihnen
Bei der Fülle an Plattformen und Werkzeugen für die Kontaktaufnahme mit Influencern, die in der digitalen Welt zur Verfügung stehen, können Sie sich die für Ihre Ziele am besten geeignete Plattform aussuchen.

Recherchieren Sie, bewerten Sie die Tools und experimentieren Sie mit den Funktionen, die Ihnen helfen, Ihre Ziele im Influencer Marketing zu erreichen.

Erstellen Sie ein aussagekräftiges Influencer Media Kit in neun Schritten
Um ein erfolgreicher Influencer zu sein, müssen Sie zunächst ein Influencer Media Kit erstellen. Mit einem Media Kit können Sie Ihre Arbeit am einfachsten präsentieren, wenn Sie mit Marken in Kontakt treten.

Egal, ob Sie eine große Marke oder ein kleines Unternehmen ansprechen, Sie brauchen in jedem Fall ein Media Kit. Dieses hilft Ihnen dabei, Glaubwürdigkeit aufzubauen, indem es gewährleistet, dass Sie sich von Ihrer besten Seite zeigen.

Ein kreatives und originelles Influencer Media Kit ist eine großartige Möglichkeit, die Aufmerksamkeit möglicher Kunden zu gewinnen. Das ist aber noch nicht alles. Es kann auch ausschlaggebend dafür sein, ob Sie den Auftrag erhalten oder nicht. Betrachten Sie ein Media Kit als eine Gelegenheit, Ihren Nutzen unter Beweis zu stellen.

Was ist ein Influencer Media Kit?
Mögliche Kunden können mehr über Sie erfahren, wenn sie sich ein Influencer Media Kit ansehen. So können Sie für Ihre Leistungen werben und sich von der Konkurrenz abheben (Alleinstellungsmerkmal).

Media Kits sind für jeden, der versucht, eine persönliche Marke aufzubauen, von entscheidender Bedeutung. Ihre Arbeit wird darin präsentiert und Sie haben die Möglichkeit, einem potenziellen Markenpartner eine Partnerschaft vorzuschlagen.

Kurz gesagt, ein Media Kit für Influencer besteht aus Referenzen, Ihrem beruflichen Werdegang (einschließlich früherer Kooperationen) und der Seite „Über mich" auf Ihrer Website.

Sie können entweder eine Vorlage für ein Media Kit verwenden oder Ihr Media Kit so kreativ gestalten, wie Sie möchten. Verwenden Sie Fotos, experimentieren Sie mit Schriftarten und setzen Sie eine Vielzahl von Farben ein. Vom Design bis zum Text sollte alles Ihre Persönlichkeit widerspiegeln.

Es gibt zahlreiche kostenlose Vorlagen für Media Kits. Sie brauchen das Layout nur noch nach Ihren eigenen Vorstellungen zu gestalten.

Diese Vorlagen sind jedoch nicht so wirkungsvoll wie maßgeschneiderte Media Kits, da sie keine Anpassungen zulassen. Die Erstellung Ihres eigenen Influencer Media Kits kann einige Zeit in Anspruch nehmen, aber es ist die Mühe wert.

Wenn Sie gerade erst in die Branche einsteigen, erhalten Sie vielleicht nicht viele Rückmeldungen auf Ihr Media Kit. Lassen Sie sich jedoch nicht von einem Mangel an Antworten unterkriegen.

Durch die Verbreitung Ihres Influencer Media Kits können Sie Ihren Bekanntheitsgrad steigern. Außerdem kann Ihnen diese Methode dabei helfen, Kontakte in der Branche zu knüpfen.

Ein Media Kit für Influencer ist entscheidend für die Ausweitung Ihres Geschäfts und Ihrer Reichweite. Da Sie nun mit Influencer Media Kits vertraut sind, lassen Sie uns einen genaueren Blick auf sie werfen.

Was sollte Ihr Influencer Media Kit enthalten, damit Sie sich von anderen Influencern abheben? Lesen Sie weiter:

1. Anzahl der Social Media-Follower
Das erste, was Marken wissen wollen, ist, wie viele Follower Sie in sozialen Netzwerken haben. Natürlich geht es bei sozialen Medien um viel mehr als nur darum, Follower zu gewinnen. Dennoch bleibt dies eine wichtige Kennzahl für Marken.

Sie liefert Unternehmen einen ersten Überblick über die potenzielle Reichweite ihrer Beiträge. Nehmen Sie also alle Ihre Profile in den sozialen Medien in Ihr Influencer Media Kit auf. Geben Sie außerdem die Anzahl der Follower an, die Sie derzeit in jedem Netzwerk haben.

Fügen Sie Statistiken aus Ihrem Influencer Media Kit auf *Instagram, Facebook, YouTube, Twitter, Pinterest* und *Snapchat* hinzu. Dies kann Marken dabei helfen, die Kanäle der sozialen Medien, auf denen sie aktiv sind, besser zu verstehen.

So kann es beispielsweise sein, dass der beliebteste Influencer auf *Snapchat* kein großes Interesse an einer Marke für Küchengeräte hat.

Denken Sie außerdem daran, dass die Anzahl Ihrer Follower schwanken wird. Daher müssen Sie Ihr Influencer Media Kit häufig aktualisieren, um es auf den neuesten Stand zu bringen.

2. Demografische Merkmale der Zielgruppe
Marken sind daran interessiert, mit Influencern zusammenzuarbeiten, die eine ähnliche Fangemeinde haben wie ihre demografische Zielgruppe. Dann und nur dann ist die Zusammenarbeit für beide Seiten von Vorteil.

Daher ist es wichtig, dass Sie Ihre Zielgruppe und deren demografische Daten angeben. Sie sollten versuchen, Ihr durchschnittliches Publikum in Ihrem Influencer Media Kit darzustellen.

Erwähnen Sie die Altersspanne, das Geschlecht und das Herkunftsland. Wenn Sie ein spezialisierter Influencer sind, können Sie auch die Interessen Ihrer Follower hervorheben. Kommen die meisten Ihrer Follower aus einem bestimmten Ort in Ihrem Land, können Sie dies ebenfalls betonen.

Achten Sie jedoch darauf, dass Ihr Media Kit nicht mit all diesen Informationen überladen wirkt. Ordnen Sie stattdessen alle Angaben übersichtlich an.

3. Ansprechendes Design

Ein attraktives Design ist ein weiterer wichtiger Bestandteil Ihres Media Kits für Influencer. Sie können Ihr Media Kit nutzen, um die Wirkung Ihrer unverwechselbaren Marke zu steigern. Gestalten Sie es optisch ansprechend und im Einklang mit dem Rest Ihres Erscheinungsbildes.

Erstellen Sie zunächst eine umfassende Liste mit allen Daten, die enthalten sein müssen. Führen Sie dann alle Daten zusammen. Wenn Sie zum Beispiel 52.421 Instagram-Follower haben, erwähnen Sie einfach 52K. Das hilft Ihnen dabei, das Durcheinander auf der Website zu reduzieren.

Reduzieren Sie die Anzahl der Metriken in Ihrem Influencer Media Kit, aber verzichten Sie nicht darauf. Sie sollten nicht alle notwendigen Details weglassen, nur um Ihr Design zu verschönern. Das kann sich nachteilig auswirken. Lassen Sie stattdessen etwas Leerraum zwischen den Spalten. Dies verleiht Ihrem Media Kit ein geordneteres Aussehen.

Fügen Sie außerdem aussagekräftiges Bildmaterial und Fotos in Ihr Media Kit ein. Dies trägt nicht nur dazu bei, Ihr Media Kit für Influencer visuell ansprechender zu gestalten, sondern hilft auch, Ihre Arbeit stärker zu bewerben.

Nutzen Sie Tools wie *Snappa*, um ansprechendes Bildmaterial für Ihre Social Media-Profile und Influencer Media Kits zu erstellen. Selbst wenn Sie kein Designer sind, können Sie mit dem intuitiven visuellen Editor dieses Tools in wenigen Minuten Designs erstellen. Außerdem verfügt es über eine Datenbank mit über drei Millionen Fotos, aus der Sie Ihre Favoriten auswählen können.

Darüber hinaus kann das Werkzeug Unternehmen einen Eindruck von Ihren Fähigkeiten in Sachen Design und Fotografie vermitteln. Vermeiden Sie jedoch, Ihr Influencer Media Kit mit Bildern zu überladen. Das kann den Blick von Ihrer Arbeit ablenken.

4. Website-Statistiken

Viele Influencer sind nicht nur in sozialen Medien aktiv, sondern unterhalten oft auch ihre eigenen Blogs und/oder Websites. Nennen Sie entsprechende Angaben in Ihrem Influencer Media Kit, wenn Sie eine Website besitzen. Das ist ein großartiger Ansatz, um Ihre Reichweite für Marken zu dokumentieren.

Die Anzahl der eindeutigen Besucher, die Seitenaufrufe, die Gesamtzahl der Abonnenten und die Verweildauer auf der Website sind wichtige Kennzahlen, die Sie berücksichtigen sollten. Sie können diese Daten einfach über Google Analytics abrufen.

Sobald Sie den gesamten Bericht von Google Analytics erhalten haben, überprüfen Sie alle Kennzahlen und Ihre Leistung in allen Aspekten. Wählen Sie dann die Kennzahlen aus, bei denen Sie besonders gut abschneiden, und heben Sie diese in Ihrem Media Kit hervor.

Vergessen Sie nicht, diese Google Analytics Website-Statistiken einzubeziehen. Diese könnten ein entscheidender Faktor bei der Zusammenarbeit mit Marken darstellen.

5. Testimonials

Bevor sie mit einem Influencer zusammenarbeiten, recherchieren Unternehmen ausführlich über dessen Profile. Wie können Sie sich von dieser Gruppe abheben? Nutzen

Sie zunächst Referenzen, um Ihre Sichtbarkeit im Internet zu steigern.

Fügen Sie Empfehlungsschreiben von früheren Kunden ein. Erwähnen Sie außerdem, wenn Sie eine wichtige Netzwerkveranstaltung abgehalten haben.

Es ist wichtig, dass Sie Unternehmen Ihre bisherige Arbeit zeigen. Das stärkt die Glaubwürdigkeit Ihres Media Kits. Wenn Sie etwas Außergewöhnliches geleistet haben, scheuen Sie sich nicht, dies zu erwähnen.

Auch hier lassen sich mit Abbildungen lassen sich Ihre Erfolge hervorragend darstellen, die die Aufmerksamkeit Ihrer Besucher auf sich ziehen. Auf diese Weise können Sie Ihre Erfahrungen hervorragend visuell in Szene setzen.

Geben Sie jedoch keine unwahren Tatsachen an, um mögliche Kunden zu beeindrucken. Sein Sie ehrlich. Es ist einfach, die Glaubwürdigkeit der Informationen, die Sie in Ihrem Profil angegeben haben, zu ermitteln und zu überprüfen.

Wenn ein Unternehmen herausfindet, dass Sie Tatsachen fälschen, kann der Schaden für Ihren Ruf in der Branche unumkehrbar sein. Leider ist es nicht einfach, diese Art von Schaden rückgängig zu machen, also stellen Sie immer sicher, dass Sie die Wahrheit sagen.

6. Eine kurze biografische Skizze Ihrer Person
Unternehmen, die an einer Zusammenarbeit mit Ihnen interessiert sind, möchten mehr über Sie erfahren. Die Vermarkter haben Sie online nur über Ihr Profil kennengelernt. Sie würden jedoch gerne mehr über Sie erfahren, bevor sie mit Ihnen zusammenarbeiten.

Sie interessieren sich für Ihren Hintergrund, Ihre Werte und Ihre Hobbys. Auch hier ist Ihr Influencer Media Kit der ideale Ort, um sie über all dies zu informieren.

Sie können Ihre Qualifikationen in wenigen Sätzen umreißen und Ihr Fachgebiet hervorheben und dann über Ihre Aktivitäten und Beweggründe informieren.

Wenn Sie zum Beispiel ein Influencer im Bereich Gastronomie sind, beschreiben Sie, warum Sie sich so sehr für Ihr Thema begeistern. Sind Sie von Beruf Küchenchef oder Ernährungsberater? Teilen Sie kulinarische Inhalte um des Experimentierens willen? Oder engagieren Sie sich für gesunde Ernährung?

Sie können diese Angaben nutzen, um Werbekunden einen Einblick in Ihre Persönlichkeit zu geben. Gleichzeitig können Sie damit zeigen, warum Sie der ideale Kandidat für ihre Marketingkampagne sind.

Wenn es Werte gibt, an die Sie glauben, erwähnen Sie diese. Unternehmen möchten sicherstellen, dass ihre Werte mit Ihren übereinstimmen, bevor sie mit Ihnen zusammenarbeiten.

Aber vermeiden Sie es, Ihr Profil übermäßig lang zu gestalten. Ihre Einleitung sollte idealerweise zwischen 100 und 150 Wörtern lang sein.

Außerdem können Sie Bilder verwenden, um für sich zu werben, ohne sich zu sehr auf geschriebenes Material zu verlassen. Auch hier kann *Snappa* helfen. Dieses Programm enthält Millionen von Fotos und ermöglicht es Ihnen, Ihre eigenen einzustellen. Darüber hinaus verfügt es über einen einfach zu bedienenden Grafikdesigner, mit dem Sie eine eindrucksvolle Vorstellung Ihrer Person erstellen können, in der Ihre Bilder enthalten sind.

7. Ihre Kontaktinformationen

Das Ziel eines Influencer Media Kits ist es, Menschen mit Ihnen in Kontakt zu bringen. Daher ist es selbstverständlich, dass Sie alle Ihre Kontaktinformationen angeben sollten.

Geben Sie die E-Mail-Adresse, Telefonnummer, Postanschrift, Konten in sozialen Medien und die Website Ihres Unternehmens an. Stellen Sie sicher, dass jeder, der Ihre Kontaktinformationen benötigt, diese leicht finden kann.

Wenn sich Ihre Telefonnummer oder E-Mail-Adresse ändert, sollten Sie außerdem Ihr Media Kit aktualisieren. Es ist sinnlos, ein Media Kit abzugeben, wenn Unternehmen Sie nicht anhand der angegebenen Daten erreichen können.

8. Möglichkeiten der Zusammenarbeit

Informieren Sie die Unternehmen außerdem über Ihr Interesse an einer Zusammenarbeit mit ihnen. Erwähnen Sie in Ihrem Media Kit Möglichkeiten der Zusammenarbeit. Diese können von Produktbesprechungen über die Erwähnung von Marken bis hin zu Social Media Takeovers, Interviews, Vlogs und Giveaways reichen.

Bieten Sie Vermarktern eine ausreichende Anzahl von Möglichkeiten an. Zeigen Sie außerdem, wie Sie bereits mit anderen Unternehmen zusammengearbeitet haben. Dies kann ihnen helfen zu verstehen, wie Sie einen Mehrwert für ihre Marke schaffen können.

Wenn Sie eine bestimmte Art der Zusammenarbeit bevorzugen, geben Sie diese an. Erklären Sie, warum Sie glauben, dass dies die beste Art der Zusammenarbeit ist. Zeigen Sie gleichzeitig Ihre Aufgeschlossenheit für neue Ideen. Erwähnen Sie, dass Sie offen für Empfehlungen sind und die Gelegenheit begrüßen würden, neue Marketingideen zu besprechen, die der Kunde hat.

9. Kosten

Viele Influencer arbeiten auf der Basis von Gegenleistungen oder Zuwendungen. Es steht Ihnen jedoch frei, Ihre Preise festzulegen, wenn Sie dieses Level überschritten haben. Seien Sie offen damit. So können Vermarkter feststellen, ob eine Beziehung finanziell tragfähig ist.

Alle erfahrenen Influencer haben einen festen Tarif für die verschiedenen Dienstleistungen, die sie anbieten.

Die Festlegung eines festen Preises für Influencer Marketing kann schwierig sein, wenn Sie ein Neuling sind. Je nach Level Ihres Einflusses und dem Umfang des Projekts können Sie jedoch alles angeben, was Sie für ein Projekt verlangen.

Zahlreiche Amateur-Influencer machen den Fehler, ihre niedrigsten Preise in ihrem Influencer-Kit anzugeben. Wenn Sie angeben, dass Ihr Preis „bei 20 Dollar beginnt", schließen Sie jede Möglichkeit des Feilschens aus.

Vermarkter kennen die niedrigsten Gebote, die sie abgeben können. Lassen Sie also immer Spielraum für ein gutes Geschäft. Sie müssen mit allen Werbetreibenden verhandeln, erst recht, wenn sie ein Paket von Dienstleistungen benötigen.

Wie sollte Ihr Influencer Media Kit verteilt werden?

Sobald Sie alle Bestandteile zusammengetragen haben, ist es an der Zeit, Ihr Influencer Media Kit an die entsprechenden

Personen zu verteilen. Bevor Sie es verschicken, sollten Sie einige Zeit damit verbringen, Partnerschaften mit relevanten Unternehmen in Ihrer Nische einzugehen.

Schicken Sie Ihr Media Kit nur an Personen, die an einer Zusammenarbeit interessiert sein könnten. Außerdem ist es wichtig herauszufinden, ob Ihre Überzeugungen mit denen des Unternehmens übereinstimmen. Wenn dies der Fall ist, steigen Ihre Chancen, eine Antwort zu erhalten.

Vermeiden Sie es, den Brief massenhaft an Ihre gesamte Mailingliste zu verteilen. Das wird nicht nur andere verärgern, sondern auch Ihnen keine Antworten einbringen. Versuchen Sie stattdessen immer, jede Ihrer E-Mails zu personalisieren. Andernfalls wird Ihre E-Mail wie eine gewöhnliche Spam aussehen.

Häufig gestellte Fragen

F1. Was ist ein Influencer Media Kit?
A. In einem Media Kit ist das digitale Portfolio eines Influencers zusammengefasst. Betrachten Sie es als einen Lebenslauf für Influencer, der alles enthält, was ein zukünftiger Kunde über sie wissen sollte. Influencer können darin ihre Arbeit und Erfahrungsberichte sowie demografische Informationen über ihr Publikum und Kontaktinformationen zur Verfügung stellen.

F2. Was sollte ein Media Kit enthalten?
A. Ein Media Kit eines Influencers sollte Folgendes enthalten:

- Anzahl der Social Media-Follower
- Demografische Daten des Publikums
- Website-Statistiken

- Testimonials
- Vorstellung über Sie selbst
- Kontaktdaten
- Möglichkeiten der Zusammenarbeit
- Preisgestaltung

F3. Was ist ein *Instagram* Media Kit?

A. Ein *Instagram*-Media-Kit ist so etwas wie ein Lebenslauf für Ihre bisherigen Aktivitäten auf der Plattform. Es wird häufig von Influencern verwendet, die sich um Sponsoringverträge mit Marken bemühen. Diese Art von Paket enthält in der Regel Informationen über das Publikum des Influencers, frühere Kooperationen und Erfahrungsberichte.

F4. Was ist das Media Kit eines Bloggers?

A. Ein Media Kit fungiert als Lebenslauf für Blogger, in dem ihre Leistungen hervorgehoben werden. Es enthält Website-Analysen wie Besucherzahlen, Bounce Rate, und dergleichen. Außerdem sind darin demografische Informationen über ihr Publikum und frühere Kontakte zu Unternehmen aufgeführt. Das grundlegende Ziel dieser Kits ist es, Interessenten einen Überblick darüber zu geben, was Blogger für sie tun können.

F5. Wie verkaufen Sie sich als Influencer an ein Unternehmen?

A. Sie müssen folgende Schritte unternehmen, um sich bei Marken als Influencer zu empfehlen:

- Wählen Sie das passende Unternehmen aus, das Sie ansprechen möchten.
- Informieren Sie sich gut über das Unternehmen, bevor Sie es ansprechen.

- Erstellen Sie ein Media Kit.
- Entwerfen Sie eine überzeugende E-Mail.
- Stellen Sie dar, was Sie anbieten können.
- Fügen Sie das Media Kit der E-Mail bei.

F6. Wie kann ich als Unternehmer ein Media Kit anfordern?
A. Sobald Sie mit einem Influencer Kontakt aufgenommen haben, können Sie ihn direkt fragen, ob er Ihnen ein Media Kit zur Verfügung stellen würde. Manche Influencer laden Sie sogar ein, ihre Media Kits anzufordern.

F7. Wie stelle ich am besten ein Media Kit für einen Influencer zusammen?
A. Im Folgenden finden Sie die Schritte zur Erstellung eines Media Kits für Influencer:

- Geben Sie die Anzahl Ihrer Follower in sozialen Netzwerken an.
- Erwähnen Sie die demografischen Daten Ihrer Zielgruppe.
- Fügen Sie Website-Statistiken hinzu.
- Führen Sie Testimonials an.
- Stellen Sie sich selbst vor.
- Heben Sie Ihre Kontaktinformationen hervor.
- Erwähnen Sie Möglichkeiten der Zusammenarbeit und Preise.
- Gestalten Sie das Kit ansprechend.

F8. Wie hoch sollte der Preis für ein Media Kit sein?
A. Wenn Sie sich mit Design auskennen, können Sie Ihr Media Kit kostenlos selbst erstellen. Ihr Media Kit kann jedoch Hunderte von Dollar kosten, wenn Sie einen Profi mit dem Schreiben und einen anderen mit dem Design beauftragen.

F9. Wie lang sollte ein Media Kit sein?

A. Der Zweck eines Media Kits ist es, alle wesentlichen Informationen kurz und bündig zu vermitteln. Sie sollten versuchen, Ihr Media Kit auf nicht mehr als drei Seiten zu komprimieren. Verwenden Sie Bilder, um das Überfliegen zu erleichtern.

F10. Was ist eine Vorlage für ein Media Kit?

A. Eine Vorlage für ein Media Kit ist eine vorgefertigte Version eines Media Kits. Mit Hilfe solch einer Vorlage können Sie ganz einfach ein Media Kit erstellen. Sie brauchen es nur nach Ihren Wünschen zu gestalten und Ihre Angaben hinzuzufügen, schon sind Sie fertig.

Sind Sie bereit für die Erstellung eines Influencer Media Kits?

Media Kits für Influencer können Marken zeigen, wer Sie sind und wofür Sie stehen. Es ist vergleichbar mit einem digitalen Portfolio, in dem Sie Ihre Arbeit für Unternehmen präsentieren. Die Erstellung Ihres eigenen Media Kits eignet sich hervorragend, um einen positiven ersten Eindruck zu vermitteln.

Wenn Sie also ein wirkungsvolles Influencer Media Kit mit einem Service wie MediaKits erstellen, können Sie einen starken ersten Eindruck mit einem aktuellen Media Kit hinterlassen, das leicht mit Unternehmen geteilt werden kann.

QUIZ ZU VERÖFFENTLICHUNGS-MÖGLICHKEITEN – VOM INFLUENCER ZUM BUCHVERLAG

Jeden Tag stellen sich Verleger und Autoren gleichermaßen eine entscheidende Frage: Wie können wir unsere Verkaufszahlen steigern? Als Autor und Inhaber eines Self-Publishing-Unternehmens habe ich das Thema von beiden Seiten beleuchtet.

Dabei habe ich auch den vielleicht am wenigsten genutzten Ansatz für die Vermarktung von Büchern entdeckt: Influencer Marketing. Dabei handelt es sich um die Zusammenarbeit mit einem Ersteller von Inhalten oder einem Prominenten, um Ihr Produkt bei dessen Publikum zu vermarkten. Diese Person hat aufgrund ihrer Internetpräsenz „Einfluss" (engl. Einfluss) auf die Branche, daher der Name. Blogger, YouTuber, Podcaster, Social-Media-Stars und andere populäre Personen sind Beispiele für diese Influencer.

Ich konnte beobachten, dass diese Methode gut funktioniert, weil sie eine Eigenschaft besitzt, die vielen Anzeigen fehlt: Vertrauen. Darüber hinaus erzeugt Influencer Marketing eine hohe Rücklaufquote, weil die Follower eines Influencers ihm häufig eine höhere Wertschätzung entgegenbringen als ein durchschnittlicher Internetnutzer einer Anzeige in den sozialen Medien.

Es ist schwer zu erklären, warum dieser Ansatz bei der Vermarktung von Büchern so wenig genutzt wird. Vielleicht haben die meisten Verlage kein Budget dafür, oder sie gilt als zu avantgardistisch für eine der ältesten Unterhaltungsbranchen. Ungeachtet dessen ist Influencer Marketing eine Geheimwaffe der erfolgreichsten Buchvermarkter. Im Folgenden finden Sie Methoden, die Sie bei der Entwicklung Ihrer Marketingpartnerschaften mit Influencern einsetzen können.

Legen Sie Ziele fest

Zu Beginn müssen Sie sich Ziele setzen. Was sind also Ihre Ziele, wenn Sie sich auf dieses neue Marketingprojekt einlassen? Da Ihre Ziele Ihre künftige Strategie beeinflussen können, ist es wichtig, dass Sie sie genau umreißen, bevor Sie mit der Öffentlichkeitsarbeit beginnen.

Wenn Sie ein neues Buch herausbringen, ist Ihr Hauptziel mit Sicherheit der Verkauf von Exemplaren. Das ist eine Reaktion auf Interaktionen, die mit Hilfe von Leistungskennzahlen gemessen werden können.

Wenn Sie in der Zwischenzeit – oder möglicherweise im Vorfeld der Veröffentlichung eines Buches – eine Marketingkampagne mit Influencern lancieren, kann Ihr Ziel darin bestehen, den Bekanntheitsgrad Ihrer Plattform zu erhöhen.

Es gibt keine Patentlösung für das, was Ihr Ziel sein sollte. Stellen Sie sicher, dass es für Sie geeignet ist.

Bestimmen Sie den geeigneten Influencer

Es ist ein weit verbreiteter Irrglaube im Influencer Marketing, dass der beste Influencer derjenige mit den meisten Followern ist. Vielmehr ist der wirksamste Influencer für Ihr Buch derjenige, der am engsten mit Ihrer Zielgruppe verbunden ist. Wenn Sie beispielsweise einen Liebesroman für junge Erwachsene geschrieben haben, werden Sie wahrscheinlich bessere Ergebnisse erzielen, wenn Sie mit einem Influencer in dieser Kategorie zusammenarbeiten, der fünftausend Follower hat, als wenn Sie mit einem Influencer kooperieren, der über Thriller für Erwachsene bloggt und eine Leserschaft von 100.000 Followern hat.

Um den richtigen Influencer zu finden, müssen Sie zunächst Ihre Zielgruppe genau kennen. Suchen Sie dann auf Ihren bevorzugten Plattformen nach Influencern, die für Ihr Thema relevant sind, sehen Sie sich deren Inhalte an und wählen Sie diejenigen aus, mit denen Sie am meisten an einer möglichen Zusammenarbeit interessiert sind.

Sobald Sie den passenden Influencer gefunden haben, ist es an der Zeit, ihn anzusprechen.

Überlegen Sie sich die optimalen Bedingungen

Das Schwierigste bei der Akquise von Influencern ist es, akzeptable Bedingungen für beide Seiten auszuhandeln. Da es unwahrscheinlich ist, dass der Influencer für Ihr Buch wirbt, ohne dafür eine Gegenleistung zu erhalten, gibt es zwei verschiedene Arten, die Partnerschaft anzugehen:

- Exklusive Inhalte: Meiner Erfahrung nach blühen Influencer auf, wenn sie Inhalte erstellen, die die Menschen sehen wollen. Die Möglichkeit, ein Buch vor der breiten Öffentlichkeit zu lesen und zu bewerten, bietet „exklusive" Inhalte, die ihre Anhängerschaft ansprechen und Eindrücke (und Einnahmen) generieren.

- Finanzielle Überlegungen: Sie können sich immer nach den Preisen erkundigen und für die Zusammenarbeit bezahlen.

Wenn sich der Influencer in beiden Fällen bereit erklärt, mit Ihnen zusammenzuarbeiten, müssen Sie sich für die Art der Partnerschaft entscheiden, die Sie eingehen möchten. Mehrere Möglichkeiten stehen zur Auswahl:

- Video: Ich habe festgestellt, dass Videomarketing die effektivste Art des Influencer Marketings ist. Wenn Sie einen Influencer vor der Kamera für Ihr Buch werben lassen, verleiht dies Ihrer Arbeit eine gewisse Rechtfertigung und spricht die Zielgruppe des Influencers an.

- Erwähnungen in sozialen Medien: Der Influencer erwähnt Sie in einer Reihe von Beiträgen in sozialen Medien, häufig solche, die Sie für ihn erstellen.

- Wettbewerbe: Der Influencer organisiert einen Wettbewerb oder eine Verlosung, bei der Exemplare Ihres Buches an diejenigen vergeben werden, die Ihren Konten in den sozialen Medien folgen oder Ihre Website abonnieren.

- Rabattcodes: Wenn Sie Ihre Bücher direkt über Ihre Website oder Ihren Online-Shop verkaufen, können Sie sogar einen Rabattcode in die Vereinbarung einbauen, der es den Followern des Influencers ermöglicht, von attraktiven Preisen zu profitieren.

Der von Ihnen und dem Influencer gewählte Weg wird sich auf die Preisgestaltung und die Vertragsbedingungen auswirken. Seien Sie also beim Aufbau dieser Partnerschaften immer freundlich, flexibel und aufgeschlossen. Darüber hinaus ist es im Allgemeinen sinnvoll, alles zu tun, um dem Influencer die Zusammenarbeit so einfach wie möglich zu machen. Scheuen Sie sich also nicht, ihm anzubieten, Beiträge oder Inhalte für ihn zu verfassen.

Behalten Sie Ihren Erfolg im Auge und beziffern Sie ihn
An dieser Stelle kommen wir wieder auf die Ziele zu sprechen. Je nach den Zielen Ihres Projekts gibt es verschiedene Möglichkeiten, diese zu verfolgen und zu messen, aber ein paar Merkmale bleiben immer gleich.

Für den Anfang sollten Sie festhalten, mit wem Sie Kontakt aufgenommen haben, welche Bedingungen Sie genannt haben, ob der Kunde geantwortet hat und welche E-Mail/Kontakt Sie verwendet haben. Wenn Sie dann einen Vertrag mit einem Influencer abschließen, sollten Sie einen Eintrag erstellen, um die Erwähnungen und Eindrücke Ihrer Arbeit sowie die Daten zu protokollieren.

Von dort aus können Sie die Daten der Erwähnungen mit der Anzahl der online verkauften Einheiten Ihres Buches vergleichen. Eine starke Verbindung zwischen hohen Erwähnungen und Verkäufen deutet auf eine erfolgreiche Zusammenarbeit hin.

Erwerben Sie Wissen und erweitern Sie es

Schließlich sollten Sie bedenken, dass kein Marketingplan fehlerlos ist und dass es immer Verbesserungspotenzial gibt. Überlegen Sie also, was gut läuft und was nicht.

Wenn Sie auf Ihren Erfolgen aufbauen und aus Ihren Fehlern lernen, werden Sie schnell zu einem Profi im Influencer Marketing.

Im Folgenden finden Sie einige Fragen, mit denen Sie überprüfen können, was Sie bis zu diesem Zeitpunkt gelernt haben:

1. Während Marketing Bekanntheit erzeugt, fördern Markenbotschafter Handeln.
   A. Richtig
   B. Falsch

2. _____ ist die Fähigkeit, die Meinung oder das Verhalten einer Person zu beeinflussen oder zu einer Veränderung beizutragen.
   A. Influencer
   B. Einflussnahme
   C. Einflussgröße
   D. Alle der oben genannten Punkte

3. Die Meinung von Verbrauchern ist zwar wichtig, aber Empfehlungen von Personen, die man kennt, sind noch viel wichtiger.
   A. Richtig
   B. Falsch

4. _____ unterstützen Ihre Sache, verfechten Ihr Produkt oder Ihre Dienstleistung, haben aber keine Verbindung zu Ihrer Marke.

A. Prominente

B. Fürsprecher

C. Botschafter

5. _____ werden dafür entschädigt, dass sie Ihre Marke öffentlich unterstützen.

A. Prominente

B. Fürsprecher

C. Botschafter

6. Efficacy Marketing ist ein langfristiges Unterfangen, das sehr viel Mühe erfordert.

A. Richtig

B. Falsch

7. _____ sind Personen, deren Namen große Aufmerksamkeit erregen und die durch ihren Status in der Lage sind, wirksam zu kommunizieren.

A. Prominente

B. Fürsprecher

C. Botschafter

8. Eine Person oder eine Gruppe von Personen, die ihre Meinung oder ihr Verhalten als Reaktion auf neue Informationen ändern.

A. Influencer

B. Influencee

C. Influence

D. Alle der oben genannten Punkte

9. _____ sind ganz normale Menschen, die eine überdurchschnittlich hohe Chance haben, andere über ihr soziales Netzwerk zu beeinflussen.

A. Botschafter

B. Fachleute

C. Bürger

10. Es besteht kein direkter Zusammenhang zwischen Internet-Advocacy und Offline-Umsätzen.

A. Richtig

B. Falsch

WIE SIE IHRE LEIDENSCHAFT IN EINEN BERUF VERWANDELN KÖNNEN

Ihre Leidenschaft, anderen Menschen etwas von Ihrer Energie zu vermitteln, ist eine der überzeugendsten Motivationen dafür, ein Buch zu schreiben. Wenn Sie sich für etwas im Leben begeistern – ein Thema, ein Hobby oder eine Lebensart – dann sind Sie vielleicht bereit, diese Leidenschaft weiterzuentwickeln.

Ermitteln Sie Ihr Interessengebiet
Jeder Schriftsteller muss sich überlegen, worüber er schreiben will. Ihre innere Stimme ruft Sie zum Schreiben, und Sie sind bereit und fähig dazu. Doch wo sollen Sie anfangen? Welche Geschichte möchten Sie mit Ihrem Buch erzählen? Welchen Einblick möchten Sie Ihren Lesern gewähren?

Hier sind einige Einstiegsfragen:
- Welcher Tätigkeit können Sie stundenlang nachgehen, ohne dass es Ihnen je wie Arbeit vorkommt?
- Was sagen Ihre Weggefährten, Ihre Familie und Ihre Mitarbeiter über Ihre Fähigkeiten?
- In welche Diskussionsthemen vertiefen Sie sich am liebsten?

- Welchen Rat suchen Ihre Familienmitglieder bei Ihnen?
- Welche Ereignisse haben Ihre Sicht auf das Leben beeinflusst?

Wenn Sie leidenschaftlich gerne mit Kindern spielen und lernen, könnten Sie ein hervorragender Kinderbuchautor sein. Wenn Ihre Freunde die Vorzüge Ihrer Küche loben, ist es vielleicht an der Zeit, ein Kochbuch zu veröffentlichen. Bewundern Ihre Kollegen Ihre Fähigkeit, eine gesunde Work-Life-Balance zu halten? Vielleicht sind Sie dazu bestimmt, einen Fantasy-Abenteuerroman zu schreiben. Wenn eine einzigartige Situation Ihr Leben verändert hat, möchten Sie vielleicht Ihre inspirierenden Erfahrungen in einem Buch teilen.

Schreiben Sie ein Buch mit Leidenschaft
Sie können mit dem Schreiben beginnen, sobald Sie sich entschieden haben, worüber Sie schreiben wollen. Aber wie können Sie Ihren Lesern Ihre Begeisterung vermitteln? Im Folgenden finden Sie drei Tipps, wie Sie mit Leidenschaft schreiben können, um Ihr Publikum zu begeistern und zu interessieren:

Machen Sie Ihre Arbeit zu einem Ausdruck Ihrer Leidenschaft
Erinnern Sie sich jedes Mal, wenn Sie schreiben, an die Leidenschaft, die Ihre Arbeit antreibt. Behalten Sie die Begeisterung bei, die Sie dazu gebracht hat, besonders wenn die Arbeit an Ihrem Projekt schwierig wird.

Erwecken Sie Ihre Worte zum Leben, indem Sie sie vom Papier aufsteigen lassen
Sie möchten, dass Ihre Leser genauso begeistert von Ihrer Arbeit sind wie Sie selbst. Wenn Sie in Ihrem Text einen

anregenden und interessanten Ton anschlagen, können Ihre Leser eine echte Begeisterung für Ihre Arbeit entwickeln.

Verleihen Sie dem Text Ihre persönliche Note

Geben Sie nicht nur Fakten wieder. Erzählen Sie, wie sich Ihre Erfahrungen, Erkenntnisse oder Tipps auf Ihr persönliches Leben ausgewirkt haben. In diesem Buch erzählte ich zum Beispiel auch von meinem Verlag Trendguide. Lassen Sie Ihre Persönlichkeit und Ihre Erfahrungen einfließen. Dies hilft den Lesern, den wahren Wert Ihres Buches zu erkennen.

Wenn Sie Ihre wahre Berufung entdecken und Ihren Lesern vermitteln können, sind Sie besser in der Lage, Ihre Botschaft zu verbreiten und etwas im Leben der Menschen zu bewirken.

BERUFLICHE MÖGLICHKEITEN IM VERLAGSWESEN

Wenn jemand erfährt, dass Sie gerne im Verlagswesen arbeiten möchten, stellt er sich vielleicht vor, dass Sie mit einem Rotstift in der Hand über ein Manuskript gebeugt sind. Eine Laufbahn als Lektor ist zwar denkbar, aber lange nicht die einzige Möglichkeit. Es gibt zahlreiche Möglichkeiten im Verlagswesen tätig zu werden und vielleicht interessieren Sie sich auch für eine Tätigkeit in einem anderen Medium: Zeitschriften. Hier entdecken Sie vielleicht unerwartet viele Ähnlichkeiten, die es Ihnen ermöglichen, die Arbeit in beiden Medien zu vergleichen, bis Sie diejenige gefunden haben, die besser zu Ihnen passt.

Beschäftigungsmöglichkeiten in Buchverlagen

Wenn Ihnen der Gedanke gefällt, für ein Unternehmen zu arbeiten, das in Abteilungen organisiert ist, könnte ein Buchverlag genau das Richtige für Sie sein. Lektoren müssen die Werbeabteilung mit allen Informationen versorgen, die sie benötigen, um mit Medien in Kontakt zu treten, aber die Werbeabteilung hat, wie andere Abteilungen auch, völlige Freiheit bei der genauen Ausgestaltung der Arbeiten. Nach Angaben der Carnegie Mellon University sind die wichtigsten Abteilungen in Buchverlagen folgende:

- Akquise, wo Buchprojekte ausgewählt werden, Autoren unter Vertrag genommen und Verlagsrechte erworben werden

- Lektorat, das viele Menschen mit der Buchbranche in Verbindung bringen; Lektoren arbeiten mit Autoren an der Feinabstimmung eines Manuskripts, bis es druckreif ist

- Design, das für das gesamte Erscheinungsbild des Buches verantwortlich ist, von der Schriftart und allen visuellen Elementen im Inneren bis hin zum Buchumschlag

- Marketing/ Promotion, wo die Marketingstrategie und -methoden für das Buch entwickelt und umgesetzt werden. Von der Begleitung des Autors auf Lesereisen über die Erstellung von Pressemitteilungen bis hin zur Organisation von Autoreninterviews ist diese Abteilung bis zum Erscheinungstermin des Buches praktisch ununterbrochen im Einsatz.

- Vertrieb, der dafür sorgt, dass das Buch in allen Verkaufsstellen erhältlich ist, einschließlich Buchhandlungen, Einzelhändlern, Websites für herunterladbare eBooks, Bibliotheken und Schulen. Der Vertrieb sorgt auch dafür, dass die gedruckten Exemplare des Buches die vorgesehenen Empfänger erreichen.

Erwägen Sie eine Stelle in einem Zeitschriftenverlag wie Trendguide

Es gibt mit Sicherheit einige Überschneidungen zwischen einem Buchverlag und dem Zeitschriftenverlag. Allerdings werden Bewerber für eine Stelle in diesem Sektor der

Verlagsbranche in der Regel aufgrund des Titels der Publikation und nicht aufgrund einer bestimmten Abteilung angezogen. *Cosmopolitan* ist ein weithin anerkannter Branchenführer, und die Publikation nennt namentlich die wichtigsten Akteure:

- Der Herausgeber (auch als Managing Editor oder Executive Editor bezeichnet) ist für den redaktionellen Ton des Magazins verantwortlich und genehmigt Artikel, Fotos und andere Inhalte, um sicherzustellen, dass die Marke des Magazins durchgängig erhalten bleibt.

- Feature-Redakteure sind häufig für bestimmte Ressorts zuständig, z. B. Mode, Schönheit, Gesundheit und Partnerschaft.

- Festangestellte Redakteure haben sich auf ein bestimmtes Ressort oder Fachgebiet spezialisiert.

- Lektoren haben im Wesentlichen die gleiche Funktion wie Buchlektoren, auch wenn ein Magazin wahrscheinlich einen eigenen internen Styleguide hat.

- Grafikdesigner sind für die Gestaltung von Layouts verantwortlich, die den Leser fesseln, unabhängig davon, ob er gerade erst mit der Lektüre des „Buchs" (der Zeitschrift) beginnt oder sich dem Ende nähert.

Ähnlich wie Journalisten sich zu Print- oder Rundfunkmedien hingezogen fühlen, gibt es auch im Verlagswesen eine Trennung zwischen Buchliebhabern und Zeitschriftenenthusiasten. Wahrscheinlich spielt die Kultur und die Art der Menschen, die sich zu diesen Branchen hingezogen fühlen, eine größere

Rolle als die eigentliche Arbeit selbst. Zwei zeitlose Ratschläge sind nach wie vor aktuell:

- Wenn Sie noch an der Universität sind, sollten Sie alles daran setzen, ein Praktikum zu bekommen.

- Seien Sie nicht zu wählerisch, wenn es um Ihren ersten oder sogar zweiten Job geht, wenn Sie gerade Ihr Studium abgeschlossen haben. Nehmen Sie stattdessen alles mit, was Sie können, und gehen Sie, wenn Sie feststellen, dass Bücher (oder Zeitschriften) nicht den Reiz ausstrahlen, den Sie erwartet haben.

Eine weitere Erkenntnis, die sich über die Jahre bewährt hat, ist folgende: Es ist nicht schwer, Ihre Nische in der Verlagsbranche zu finden. Sie werden von der passenden Stelle angezogen – vorausgesetzt, Sie lassen sich von Ihren Fähigkeiten und Interessen leiten.

Es braucht viele Köpfe, um ein hochwertiges Magazin zu veröffentlichen, egal ob es sich um eine wöchentliche, vierzehntägige oder monatliche Publikation handelt. Daher können Jobs bei Magazinen und Zeitungen aufgrund der knappen Fristen sehr schnelllebig und stressig sein. Wenn Sie sich für eine Tätigkeit in diesem Sektor interessieren, können Sie aus einer Vielzahl von Stellenangeboten für Redakteure und nichtredaktionelle Mitarbeiter wählen.

Chefredakteur

Die Stellenbeschreibungen von leitenden Führungskräften in Zeitschriften variieren je nach Art und Größe der Publikation, für die sie arbeiten, erheblich. In der Regel sind sie dafür zuständig, Artikel in Auftrag zu geben, Texte zu arrangieren, andere Redakteure und Autoren zu beaufsichtigen und dafür zu sorgen, dass die Zeitschrift pünktlich ausgeliefert wird. Laut dem Bureau of Labor Statistics ist normalerweise ein Bachelor-Abschluss in Kommunikation, Journalismus oder Englisch erforderlich, um einen solchen Job zu bekommen. Viele leitende Führungskräfte beginnen ihre Karriere als Reporter, Autoren oder Redakteure, bevor sie zu einer höheren Position aufsteigen.

Anzeigenverkäufer

Die meisten Publikationen verdienen ihr Geld aus zwei Einnahmequellen: dem Verkaufspreis und der Werbung. Ohne Werbeeinnahmen würde es die meisten Zeitschriften gar nicht mehr geben. Anzeigenverkäufer verbringen einen Großteil ihres Tages am Telefon, um Medienflächen an Unternehmen zu verkaufen. Für den Einstieg in den Medienvertrieb reicht oft ein Schulabschluss aus; einige Verlage bevorzugen jedoch Bewerber mit einem Bachelor-Abschluss. Um ein erfolgreicher Anzeigenverkäufer zu werden, brauchen Sie starke Kommunikations- und Verkaufsfähigkeiten sowie ein motiviertes und hartnäckiges Naturell.

Freiberufliche Redakteure/Autoren

Zahlreiche Zeitschriften beschäftigen sowohl festangestellte als auch freiberufliche Redakteure. Oft wird von angehenden Redakteuren oder Reportern, die eine feste Stelle bei einer Zeitschrift anstreben, ein Erststudium in Journalismus, Englisch oder Kommunikation verlangt. Freiberufliche Autoren können den Redakteuren von Zeitschriften zwar Ideen vorschlagen, haben aber bessere Chancen auf einen Auftrag, wenn sie über ein umfangreiches Portfolio von bereits veröffentlichten Artikeln verfügen. Personen, die eine Karriere als Zeitschriftenautor in Erwägung ziehen, wird empfohlen, Erfahrungen zu sammeln, indem sie für die Zeitung oder das Magazin ihrer Universität schreiben.

Vertriebsleiter

Der Vertriebsleiter ist letztendlich dafür verantwortlich, die Leserschaft der Publikation zu vergrößern und zu erhalten. Seine Aufgabe ist es, die Leserschaft einer Zeitschrift zu analysieren und Strategien zur Gewinnung neuer Abonnenten und Leser über den Einzelhandel, Abonnements und digitale Kanäle zu entwickeln. Sie benötigen mindestens einen Bachelor-Abschluss, um als Führungskraft für den Vertrieb zu arbeiten.

Bildredakteur/Rechercheur

Foto- und Bildredakteure sowie Rechercheure für Zeitschriften wählen Fotos und Grafiken aus, die die Artikel in einer Publikation begleiten. Darüber hinaus können sie neue Arbeiten in Auftrag geben oder Bilder und Grafiken von Agenturen, unabhängigen Künstlern und Fotografen kaufen. Bildredakteure sind für die Aushandlung von Lizenzvereinbarungen mit den Inhabern der Urheberrechte an den Werken verantwortlich, die sie verwenden möchten. Wer als Bildredakteur arbeiten möchte, benötigt häufig einen Bachelor-Abschluss in Fotografie, visueller Kunst oder digitalen Medien.

Redaktionsassistent

Obwohl Redaktionsassistenten in erster Linie in der Verwaltung tätig sind, können sie auch redaktionelle Aufgaben wie das Schreiben oder Korrekturlesen übernehmen. In der Regel unterstützt ein Redaktionsassistent einer

Zeitschrift das Redaktionsteam. Darüber hinaus können sie mit der Kontaktpflege zu freiberuflichen Mitarbeitern, der Nachbearbeitung offener Angelegenheiten und der Archivierung von Artikeln, Fotos und anderen Materialien betraut sein. Die genaue Tätigkeit eines Redaktionsassistenten hängt von der Art der Zeitschrift ab, für die er arbeitet. Obwohl es sich um einen Einstiegsjob handelt, empfiehlt Study. com, dass angehende Redaktionsassistenten einen Bachelor-Abschluss in Journalismus, Englisch oder Kommunikation vorweisen sollten.

Art Director
Wenn Sie kreativ sind und über ein gutes Zeitmanagement und Führungsqualitäten verfügen, könnten Sie sich zum Art Director einer Zeitschrift hocharbeiten. Art Directors sind für das Erscheinungsbild eines Magazins verantwortlich. Um als Grafiker, Redakteur oder Fotograf zu arbeiten, ist ein Bachelor-Abschluss erforderlich. Sie arbeiten eng mit Redakteuren und Autoren zusammen, um die optimale Art und Weise der Präsentation von Inhalten auf der Seite oder dem Bildschirm festzulegen, und leiten oft ein Designteam. Da es im Verlagswesen viele verschiedene Tätigkeiten gibt, können Sie eine Stelle finden, die Ihren Fähigkeiten und Interessen entspricht, und mit einer Vielzahl von Menschen zusammenarbeiten.

Verantwortlichkeiten eines Zeitschriftenredakteurs
Ein Zeitschriftenredakteur hat nicht nur die Aufgabe, Rechtschreibung und Grammatik in Artikeln zu korrigieren. Er ist ein unverzichtbarer Bestandteil der Redaktion, bevor eine Geschichte in Auftrag gegeben wird. Daher haben

Zeitschriftenredakteure eine Vielzahl von Funktionen und Aufgaben, die von der Größe der Redaktion und der Organisationsstruktur der Redaktion abhängen. Das Verständnis der Aufgaben von Zeitschriftenredakteuren wird Ihnen bei der Vorbereitung auf eine Laufbahn in einem Zeitschriftenverlag helfen.

Herausgeber
Der Herausgeber arbeitet mit den Geschäfts-, Marketing- und Vertriebsabteilungen zusammen, um die redaktionelle Ausrichtung des Magazins festzulegen. Er unterstützt die Geschäftsleitung bei der Entwicklung einer redaktionellen Vision oder einer Marke, die Anzeigenkunden anzieht, wenn die Zeitschrift hauptsächlich durch Werbung finanziert wird. Ein Herausgeber ist mehr für die Anziehung der Leserschaft verantwortlich als für die Produktion von qualitativ hochwertigen Inhalten. Um dies zu erreichen, müssen seine Inhalte eine bestimmte Zielgruppe ansprechen – vor allem, wenn die Zeitschrift einen großen Teil ihrer Einnahmen aus Abonnements erzielt –, aber das Endergebnis muss die entsprechende Auflage sein. Der Herausgeber teilt den anderen Redakteuren und Autoren die Unternehmensziele mit und hilft ihnen bei der Planung des Redaktionskalenders.

Redakteur
Oftmals fungiert ein Redakteur als Chefredakteur und beaufsichtigt die anderen Redakteure und Autoren. Diese Person ist für die redaktionelle Entwicklung jeder Ausgabe verantwortlich und arbeitet mit den anderen Redakteuren zusammen, um bestimmte Geschichten, Gesichtspunkte und Quellen festzulegen. Der Redakteur kann Artikel verfassen oder

auch nicht, aber alle Beiträge werden vor der Veröffentlichung auf ihren Inhalt überprüft. Darüber hinaus verfügt der Redakteur häufig über themenspezifische Erfahrung und Kontakte, die es ihm ermöglichen, mit Autoren zusammenzuarbeiten, um die Richtung eines Artikels festzulegen und Informationsquellen wie Studien der Branche, Organisationen und andere Quellen zu empfehlen.

Leitender Redakteur

Die leitende Führungskraft überwacht die Arbeitsabläufe eines Magazins, indem sie eine Liste der Beiträge, Kolumnen und Ressortartikel jeder Publikation sowie weiterer redaktioneller Beiträge zusammenstellt. Die leitende Führungskraft weist die Artikel zu und legt Abgabetermine, Vorgaben für den Umfang sowie Vergütungssätze fest. Darüber hinaus koordiniert die leitende Führungskraft häufig alle Druckvorlagen, legt Budgets fest und stellt sicher, dass die Werbematerialien pünktlich eintreffen. Bevor die Inhalte fällig sind, ruft der leitende Redakteur alle Redakteure, Autoren und Anzeigenmitarbeiter an, um sicherzustellen, dass alles termingerecht eintrifft. Wenn er erfährt, dass sich ein Artikel, ein Bild oder eine Anzeige verspäten wird, ergreift er Maßnahmen, um dies wettzumachen.

Assistent/Redaktionsassistent

Assistenzredakteure sowie Redaktionsassistenten sind bei großen Zeitschriften beschäftigt. Ein leitender Redakteur hat häufig ein Spezialgebiet und schreibt Artikel oder arbeitet mit Autoren aus diesem Bereich zusammen. Ein leitender Redakteur eines Golfmagazins kann zum Beispiel über Ausrüstung, professionelle Golfspieler oder Urlaubsorte für Golfer berichten. Leitende Redakteure können aber auch Generalisten sein, die zwischen den verschiedenen Rubriken des Magazins hin- und herpendeln kann. Ein Redaktionsassistent arbeitet mit dem Chefredakteur oder dem Leiter der Redaktion zusammen, um Artikel zu verfassen oder Artikel zu überarbeiten, die von freien Autoren eingereicht wurden. Redaktionsassistenten sind verantwortlich für:

- Unterstützung der Redakteure bei der Recherche
- Korrekturlesen von Texten
- Überprüfung der Fakten von veröffentlichten Artikeln
- Verfassen kurzer Artikel

Schreiben und Redigieren

Einige Lektoren tragen zum Inhalt des Magazins bei, indem sie Aufträge des Chefredakteurs oder des leitenden Redakteurs ausführen. Sie können zum Beispiel damit beauftragt werden, den leitenden Redakteuren Konzepte für Artikel vorzuschlagen. Die überwiegende Mehrheit der Lektoren ist jedoch für das Korrekturlesen und Redigieren von Artikeln zuständig. Beim Korrekturlesen geht es darum, offensichtliche Fehler wie Tippfehler und grammatikalische Fehler zu erkennen. Beim Redigieren von Artikeln und Zeilen geht es darum, Sätze zu überarbeiten, um ihren Fluss zu verbessern, den Inhalt zu strukturieren, um den Artikel schlüssiger zu gestalten, redundante Informationen zu entfernen, den Autor um weitere Informationen zu bitten oder einen Artikel so zu bearbeiten, dass er in den zulässigen Rahmen passt.

Wer verdient das meiste Geld als Literaturagent?

Verleger und Autoren würden ohne Literaturagenten nicht annähernd so viele Bestseller produzieren. Sie steigern die

Buchverkäufe, indem sie über Pressemitteilungen, Anzeigen in Zeitschriften, Radio, Fernsehen, Internet und soziale Medien gezielt Leser ansprechen. Außerdem planen sie Autorentouren, überwachen die Pressearbeit und verwalten die Werbebudgets ihrer Firmen. Wer als Literaturagent arbeiten möchte, muss zunächst einen Hochschulabschluss vorweisen können. Im Gegenzug erwartet einen ein überdurchschnittliches Jahresgehalt.

Gehalt und Qualifikationen

Laut Simply Hired lag das durchschnittliche Jahresgehalt eines Literaturagenten im Jahr 2013 bei 49.000$. Die meisten dieser Beschäftigten verfügen über einen Bachelor-Abschluss in Marketing, Public Relations oder Journalismus. Außerdem bevorzugen Arbeitgeber Personen, die im Verlagswesen, in der Unterhaltungsbranche oder in der PR-Branche gearbeitet haben. Während des Studiums können angehende Literaturagenten Fachwissen als Assistenten für den Bereich Literatur oder Öffentlichkeitsarbeit erwerben. Erfolgreiche Bewerber sind in der Regel innovationsfreudig und verfügen über hervorragende Fähigkeiten in Bezug auf Organisation, Recherche, Reden und/oder Schreiben.

Gehalt nach Bundesstaat oder Bezirk

Das Durchschnittsgehalt für Literaturagenten variiert je nach Region und Bundesland erheblich. Laut SimplyHired verdienten sie im District of Columbia mit 78.000$ eines der höchsten Jahresgehälter. Außerdem verdienten sie in Massachusetts und New York vergleichsweise hohe Gehälter von 60.000 und 58.000$ pro Jahr. Kalifornier nahmen im Durchschnitt 56.000$ pro Jahr ein. Und Literaturagenten in Ohio, Texas und Florida erzielten etwas geringere Jahresgehälter – 47.000, 46.000 bzw. 45.000$. In Deutschland liegt das Durschnitssgehalt pro Jahr bei 53.371€ Brutto.

Wichtige Einflussfaktoren

Die meisten Literaturagenten verdienen mehr, wenn sie an Erfahrung gewinnen. Jedes Jahr können sie durch Gehaltserhöhungen Tausende von Dollar hinzuverdienen. Außerdem sammeln sie Erfahrungen in den Bereichen Marketing und Öffentlichkeitsarbeit, was ihre Marktfähigkeit bei Buchverlagen erhöht. Die Höhe des Gehalts kann auch durch den geografischen Standort beeinflusst werden. Literaturagenten in New York verdienen zum Beispiel wegen der höheren Lebenshaltungskosten in diesem Bundesstaat in der Regel mehr als solche in kleineren Märkten. Außerdem zahlen größere Buchverlage oft mehr, da sie über die finanziellen Mittel verfügen, die höheren Gehälter zu zahlen.

Berufsaussichten bei Literaturagenten

Die Position eines Literaturagenten ist im Wesentlichen mit der einer Führungskraft für Promotion oder Öffentlichkeitsarbeit vergleichbar. Daher sollten die Berufsaussichten für Literaturagenten mit denen dieser beiden Berufe vergleichbar sein. Dennoch geht das US Bureau of Labor Statistics davon aus, dass die Zahl der Führungskräfte im Bereich Promotion und Public Relations in den nächsten zehn Jahren um 21 bzw. 13 Prozent steigen wird – im Vergleich zu einer Wachstumsrate von 14 Prozent für alle Berufe. Literaturagenten, die in der Lage sind, Bücher über herkömmliche Kanäle wie Radio und Pressemitteilungen zu vermarkten und gleichzeitig die Leserschaft über soziale Medien und das Internet anzusprechen, werden wahrscheinlich die besten Chancen auf diese neuen Positionen haben. Außerdem wird erwartet, dass eBook-Reader (z.B. Kindle und Nooks) die Nachfrage nach Büchern und damit auch nach Literaturagenten steigern werden. In ähnlicher Weise erweitern Bücher auf Compact Discs den Markt für diese Berufe.

Berufsbild eines redaktionellen Grafikdesigners
Grafikdesigner sind für das Layout und die visuelle Gestaltung von Büchern, Zeitungen, Zeitschriften, Websites und anderen Medienformen verantwortlich. Jede Publikationsart hat ihr eigenes Aussehen und ihre eigenen Herausforderungen. Als Grafikdesigner sollten Sie die aktuellen Trends kennen, Tools wie InDesign beherrschen und belastbar sein.

Ausbildung zum Grafikdesigner
In der Regel erwerben redaktionelle Grafikdesigner einen Bachelor- oder Master-Abschluss in Grafikdesign oder einem eng verwandten Fach. Angehende Designer mit einem ähnlichen Studienabschluss, z. B. in Kunst, können ihre Chancen auf dem Arbeitsmarkt verbessern, indem sie sich für Weiterbildungskurse in redaktionellem Grafikdesign anmelden. Die Designabteilungen zahlreicher Fachhochschulen bieten den Schwerpunkt Editorial Design oder Buchgestaltung an. Der Kurs deckt Typografie, Druckmaschinen und fortgeschrittene Layout-Software-Fähigkeiten ab. Das letzte Jahr der meisten Studiengänge bietet Studenten die Möglichkeit, ein Portfolio zu erstellen, das zukünftigen Arbeitgebern den Umfang, die Qualität und den Stil ihrer Arbeit demonstriert. Es ist ratsam, sowohl digitale als auch professionell gedruckte Kopien Ihres Portfolios bereitzuhalten.

Berufsaussichten und Gehalt

Es gibt zwei Möglichkeiten, im Bereich des redaktionellen Grafikdesigns zu arbeiten: Entweder fest angestellt bei einer Zeitschrift oder Zeitung oder als Freelancer, der Bücher und Typografie für unterschiedliche Kunden gestaltet. Bei einer Festanstellung müssen Sie Ihre Arbeitszeiten innerhalb einer größeren Abteilung mit einer festgelegten Hierarchie einhalten. Freiberufliche Positionen bieten zwar mehr Flexibilität bei den Arbeitszeiten, erfordern aber dennoch, dass Sie sich genügend Kunden sichern, um ein beständiges Einkommen zu erzielen. Nach Angaben des US Bureau of Labor Statistics verdienten Grafikdesigner im Mai 2020 ein durchschnittliches Jahresgehalt von 53.380$. Designer, die bei Zeitungen, Zeitschriften und Buchverlagen angestellt sind, erhielten ein durchschnittliches Jahresgehalt von 45.170$.

Anstellung bei Zeitungen und Magazinen

Zeitungen und Zeitschriften beschäftigen häufig hauseigene Designer, die für das Design und Layout der Tages-, Wochen- oder Monatszeitungen verantwortlich sind. Da Zeitungen und Zeitschriften bestrebt sind, eine erkennbare und einheitliche visuelle Identität aufrechtzuerhalten, geben sie häufig strenge Richtlinien für Schriftart, Bilder, Größe und Spaltenbreite vor. Diese Einheitlichkeit führt zu einer einfacheren, aber gelegentlich auch weniger fantasievollen Position für Designer. In den meisten Publikationen helfen Designer bei der Entscheidung, wie Bilder und Text auf einer Seite oder einem Bildschirm zusammengestellt werden sollen. In der Regel arbeiten sie mit Redakteuren zusammen, um festzulegen, wie Artikel auf der Seite angeordnet werden sollen. Ein Designer, der für Tages- und Wochenzeitschriften arbeitet, muss sich auf kurzfristige Designanpassungen einstellen, um aktuelle Nachrichten und Änderungen von Artikeln zu berücksichtigen.

Gestaltung von Buchseiten/Covern

Die Gestaltung von Büchern kann sowohl fest angestellt als auch freiberuflich für ein Verlagshaus erfolgen. Zahlreiche Aufgaben im Bereich des redaktionellen Buchdesigns bieten Ihnen einen großen kreativen Spielraum. In der Regel stimmen Sie sich mit dem Kunden über das gesamte Layout ab, einschließlich Einband, Seiten, Schriftart und -typ. Als Buchdesigner sollten Sie über ausgefeilte Designfähigkeiten und ein Verständnis für Material- und Druckkosten verfügen. Sie stimmen sich eng mit dem Hersteller und dem Autor ab, um sicherzustellen, dass das Buch die gewünschte Wirkung erzielt. Außerdem sind Sie möglicherweise dafür verantwortlich, dass der endgültige Druck den Vorgaben entspricht.

Verschiedene Arten von Lektoren

In den meisten Verlagen gibt es verschiedene Arten von Lektoren, die eine Vielzahl von Aufgaben übernehmen, die alle notwendig sind, um ein Buch zum Leben zu erwecken. Ein Aufstieg vom Lektorat oder Korrektorat zum verantwortlichen Lektor, bei dem Sie die vollständige Kontrolle über die Herstellung des Buches haben, ist keine Seltenheit in der Buchbranche.

Akquisitionsredakteur

Akquisitionsredakteure sind dafür verantwortlich, neue Titel in ihren Verlag zu bringen. Ein unerfahrener Redakteur, der damit betraut ist, unaufgeforderte Manuskripte und Vorschläge zu sichten, weckt häufig das Interesse eines

Akquisitionsredakteurs, was dazu führt, dass eine Flut von unaufgeforderten Manuskripten und Vorschlägen auf seinem Schreibtisch landet. Darüber hinaus suchen Akquisitionsredakteure gezielt nach Autoren für bestimmte Projekte und wenden sich häufig an Autoren, die nachweislich marktfähiges Material geliefert haben.

Projektredakteur bzw. verantwortlicher Lektor
Als Projektredakteur sind Sie für alle Phasen der Herstellung eines Buches verantwortlich, von der Kommunikation mit dem Autor über den Zeitplan des Projekts bis hin zur endgültigen Druckplanung. Zahlreiche Redakteure, darunter Lektoren, Entwicklungsredakteure und Korrekturleser, arbeiten häufig mit dem Projektredakteur zusammen, um einen reibungslosen Ablauf der Produktion zu gewährleisten.

Entwicklungsredakteur
Entwicklungsredakteure arbeiten mit dem Autor zusammen, um ein veröffentlichungsfähiges Buch zu erstellen. Autoren benötigen möglicherweise Unterstützung bei der Anordnung ihrer Inhalte, der Einhaltung der inhaltlichen Richtlinien und der Erfüllung von Fristen. Darüber hinaus stellen Entwicklungsredakteure Schwierigkeiten bei der Handlung von Romanen fest und helfen Autoren bei der Umwandlung von Rohmaterial in lesbare und ansprechende Texte für Sachbücher.

Textredakteur
Textredakteure, die manchmal auch als Line Editors bezeichnet werden, prüfen Manuskripte, um Grammatik und Satzbau zu korrigieren und den Fluss der Gedanken sowie Ungereimtheiten

zu beseitigen. Textredakteure müssen ein unheimliches Gespür für Fehler haben und brauchen das Durchhaltevermögen, Manuskripte Zeile für Zeile durchzugehen. Darüber hinaus müssen sie aber auch das Gesamtbild der Arbeit sehen und beurteilen, ob das Manuskript einen logischen Sinn ergibt.

Gehalt und andere Voraussetzungen

Im Mai 2010 betrug das durchschnittliche Jahresgehalt eines Redakteurs laut dem Bureau of Labor Statistics 51.470$. Bis 2024 wird die Zahl der freien Stellen um nur 3 Prozent steigen. Die Mehrheit der Redakteure verfügt mindestens über einen Bachelor-Abschluss. Nach Angaben des BLS arbeiten fast 50 Prozent aller Redakteure im Verlagswesen.

Wie man Rechercheur für Bücher und Filme wird

Ein Rechercheur für Romane oder Filme muss einfallsreich, ausdauernd und gewissenhaft sein. Er durchforstet die Seiten eines Buches oder einer Filmvorlage, prüft Tatsachen und stellt sicher, dass der Name einer Hauptfigur nicht mit einer anderen Person in Konflikt gerät, die am selben Ort lebt. Auch wenn der Beruf des Rechercheurs für introvertierte Menschen hervorragend geeignet zu sein scheint, muss ein Rechercheur für Bücher oder Filme extrovertiert genug sein, um mit Spezialisten und Fachleuten zu sprechen, die ihm dabei helfen können, ein Experte für das Thema des Buches oder Films zu werden.

Hinterfragen Sie Ihre Kompetenzen

Vergewissern Sie sich, dass Sie für den Beruf des Buch- oder Filmrechercheurs geeignet sind, bevor Sie sich für diese Tätigkeit entscheiden. Ein fähiger Rechercheur hat Freude daran, den Spuren von Informationen im Internet zu folgen und gibt nicht eher Ruhe, bis das Rätsel gelöst ist. Außerdem muss es Ihnen liegen, Filme zu sehen, Bücher zu lesen und sich in die Details abgeschlossener Arbeiten zu vertiefen.

Sie sollten auch gerne Routine-Recherchen durchführen, z.b. nachprüfen, ob ein Firmenname, der in einem Roman oder Film vorkommt, nicht schon existiert. Als Teamplayer sollten Sie in der Lage sein, unabhängig zu arbeiten und gleichzeitig Ihren Beitrag zu leisten. So kann es beispielsweise erforderlich sein, dass Sie mit anderen an einem längeren Buchprojekt zusammenarbeiten oder andere Charaktere im selben Film recherchieren.

Vertiefen Sie Ihr Wissen

Ein Bachelor-Abschluss kann all jenen helfen, die als Buch- oder Filmrechercheure arbeiten wollen, aber es gibt keine Patentlösung, die für alle passt. Wenn Sie beispielsweise beabsichtigen, als Buchrechercheur zu arbeiten, kann ein Abschluss in englischer Literatur sinnvoll sein. Darüber hinaus haben einige Filmrechercheure einen Abschluss in Film, Kunst oder Theater, um das Genre besser zu verstehen. Andere können einen Abschluss in Bibliothekswissenschaften machen, um ihre Forschungskompetenz und ihre Glaubwürdigkeit im Beruf zu erhöhen.

Die New York Film Academy (NYFA) schätzt, dass Journalisten, die als Rechercheure arbeiten, im Durchschnitt zwischen 40.000$ und 65.000$ pro Jahr verdienen. Gleichzeitig können Dokumentarfilmer bei der Arbeit an Projekten bis zu 2.000$ pro Woche verdienen, wobei viele ehrenamtlich oder freiberuflich zu reduzierten Sätzen arbeiten. Nach

Angaben des Economic Research Institute (ERI) verdienten redaktionelle Rechercheure im Jahr 2021 ein durchschnittliches Jahreseinkommen von 63.143$.

Eigenwerbung

Eine Website, die Ihre Ausbildung und Erfahrung hervorhebt, ist für jeden Rechercheur empfehlenswert. Sie ist jedoch von entscheidender Bedeutung, wenn Sie sich um Stellen im Verlagswesen oder in Hollywood bewerben, wo die Konkurrenz groß ist. Wenn Sie ein spezielles Forschungsgebiet haben, das Sie als perfekten Anwärter für eine bestimmte Art von Buch oder Film qualifiziert (z. B. ein wissenschaftlicher Hintergrund für einen Science-Fiction-Film), sollten Sie dies auf Ihrer Website für Filmrecherche hervorheben.

Außerdem können Sie Beispiele für Ihre Recherchefähigkeiten anführen, um Ihre nicht direkt messbaren Fähigkeiten greifbarer zu machen und sich gegenüber der Konkurrenz um einen Job in Hollywood zu positionieren. Wenn Sie beispielsweise der Meinung sind, dass Ihre Lieblingsfernsehserie sich nicht an die historischen Gegebenheiten hält, führen Sie eine Untersuchung durch. Bereiten Sie dann eine Abhandlung vor, in der Sie Ihre Beobachtungen und die Schwachstellen der Fernsehserie darlegen, und stellen Sie sie potenziellen Arbeitgebern auf Ihrer Website zur Verfügung.

Bestens vernetzt

Laut *Bright Knowledge* fangen viele Fernsehrechercheure als Laufburschen an und arbeiten sich dann hoch. *Bright Knowledge* empfiehlt, sich für Filmaufträge direkt an Studios oder Führungskräfte in der Produktion zu wenden. Fragen Sie, ob Sie einen Tag als Hospitant dabei sein können oder lernen Sie einige der Mitarbeiter kennen.

Eine andere Möglichkeit ist die Arbeit als Teilzeitkorrektor oder Faktenprüfer für eine Publikation oder einen im Eigenverlag publizierenden Autor. Das Geheimnis ist, dass Sie sich ständig mit Leuten aus der Buch- oder Filmbranche vernetzen. Informieren Sie Ihre Kontakte über die Art der Stelle, die Sie suchen, und besuchen Sie Branchenveranstaltungen und Workshops, wo Sie vielleicht nützliche Kontakte kennenlernen.

Wie man Moderedakteur wird

Um Moderedakteur zu werden, müssen Sie nicht nur Modenschauen besuchen und prominente Designer treffen. Der Weg zum prestigeträchtigen Posten eines Moderedakteurs ist mit harter Arbeit (manchmal unentgeltlich), Geduld, Durchhaltevermögen und ein paar gezielten Entscheidungen gespickt. Anders als in vielen traditionellen Berufen gibt es keinen einheitlichen Weg oder Abschluss, der den Einstieg in die gewünschte Position garantiert. Moderedakteure fangen häufig als Praktikanten, Autoren oder Assistenten an und arbeiten sich durch eine Reihe von cleveren Positionswechseln von Zeitschrift zu Zeitschrift nach oben.

Erstellen Sie einen Mode-Blog

Neben einem abgeschlossenen Journalismusstudium ist die Gründung eines Modeblogs eine der erfolgreichsten Möglichkeiten, eine Karriere in den Modemedien anzustreben, insbesondere wenn Sie Moderedakteur werden möchten. Betrachten Sie den Blog als eine Art Online-Magazin, behandeln Sie ihn professionell und bauen Sie eine Fangemeinde in den sozialen Medien auf. Selbst wenn der Blog nicht über Nacht zum Erfolg wird, stellt er eine kostenlose und jederzeit zugängliche Möglichkeit zum Schreiben dar, die Sie bei Vorstellungsgesprächen für ein Verlagspraktikum vorzeigen können. Außerdem können Sie so Erfahrungen mit dem Schreiben über Modethemen und der Arbeit mit Content-Management-Systemen sammeln.

Praktika, Praktika, Praktika!

Zu Beginn einer Karriere in der Modebranche, insbesondere im redaktionellen Bereich, ist kostenlose Arbeit oft eine Selbstverständlichkeit. Derek Blasberg, Chefredakteur von *Harper's Bazaar*, *V* und *V Man*, gab angehenden Moderedakteuren in einem Essay für *StyleCaster* folgenden Ratschlag: „Praktikum, Praktikum, Praktikum. Seien Sie außerdem höflich!" Treffender hätte man es nicht ausdrücken können. Praktika sind eine gute Möglichkeit für Neulinge, Beziehungen innerhalb des eng vernetzten Berufsfeldes der Moderedakteure zu knüpfen. Die Art und Weise, wie Sie Ihre Aufgaben als Praktikant erfüllen (egal, wie groß oder klein sie sind), gibt den leitenden Redakteuren einen Eindruck von Ihrer Motivation, in diesem Beruf zu arbeiten.

Erstellen Sie ein Portfolio mit Clips

Wenn ein Praktikum bei einem Magazin oder einer Zeitung nicht möglich ist, sollten Sie sich nach Möglichkeiten für freiberufliches Schreiben umsehen. Dies ist eine ausgezeichnete Möglichkeit, ein Portfolio zu erstellen, Kontakte zu Vertretern der Branche zu knüpfen und mit verschiedenen Schreibstilen zu experimentieren. Colleen Nika, die Moderedakteurin von *Rolling Stone*, gab folgende Ratschläge für den Einstieg: „Es ist wichtig, dass Sie Ihre Leidenschaften kennen und wissen, wie

Sie sie in einen eindeutigen Mehrwert für sich selbst umwandeln können. Ich war ein Musikfan, der sich für Mode begeisterte, und ich habe das Schreiben über das eine von Anfang an mit dem Gedanken an das andere angepackt." Suchen Sie nach einer unbesetzten Nische und entwickeln Sie eine Strategie, um diese auf magazingerechte Weise zu füllen.

Strategische Karrierewechsel

Halten Sie während Ihres Praktikums oder Ihrer Mitarbeit bei einem Modemagazin (oder dem Style-Ressort einer Zeitung) nach Möglichkeiten Ausschau, in eine feste Position innerhalb des Unternehmens oder bei einer anderen Zeitschrift oder Zeitung aufzusteigen. Es ist nicht immer einfach, bei einer Zeitschrift zu bleiben; Redakteure wechseln häufig zu einer anderen Zeitschrift, weil sie dort bessere Chancen haben. Daher sollten Sie sich vielleicht nach einem neuen Job umsehen, nachdem Sie länger als ein Jahr in der gleichen Position gearbeitet haben.

Stellenangebote für berufstätige Eltern in Verlagen

Da sich Verlage an das digitale Zeitalter anpassen, können immer mehr redaktionelle Aufgaben aus der Ferne erledigt werden. Das sind ausgezeichnete Neuigkeiten für Eltern, die zu Hause bleiben, für Menschen mit Behinderungen und sogar für Berufstätige, die ein wenig mehr zeitliche Flexibilität suchen. Dank der Nutzung digitaler Netzwerke und gemeinsam genutzter Dokumente können Sie zahlreiche Aufgaben bequem von Ihrer Couch aus erledigen. Entscheidend ist, dass Sie für diese redaktionellen Aufgaben qualifiziert sind. Es gibt zahlreiche Möglichkeiten, von zu Hause aus zu arbeiten, aber Sie müssen sich auch die Disziplin aneignen, Ihre Termine einzuhalten, was schwieriger sein kann, wenn Ihr Tag nicht in einer Büroumgebung strukturiert ist.

Einsatzmöglichkeiten für Content Editing

Inhaltsredakteure, auch Content Editors genannt, prüfen Manuskripte, die einem Verlag vorgelegt werden, auf Kontinuitätsfehler, Lücken in der Erzählung und Abschnitte, die keinen Sinn ergeben. Außerdem achten sie auf Klischees, die Klarheit des Textes und die Sichtweise des Autors. Um diese Aufgabe zu Hause zu erledigen, benötigen Sie ein Textverarbeitungsprogramm, das Änderungen protokolliert, sodass Sie Wörter aus dem Text entfernen und hinzufügen können, während der Autor die Änderungen nachvollziehen kann. Außerdem können Sie mit Hilfe von Zeilennotizen Fragen stellen oder Ideen auf der Seite anbringen. Der Zweck ist nicht, die Arbeit des Autors umzuschreiben, sondern Bereiche hervorzuheben, die er überarbeiten sollte. Um für diese Rolle in Frage zu kommen, müssen Redakteure über Erfahrung im Verlagswesen und in der redaktionellen Gestaltung verfügen.

Korrekturlesen: Zeichensetzung, Grammatik und Formatierung

Laut *Grammarly* sorgen Lektoren für die Klarheit eines Dokuments, während Korrekturleser sicherstellen, dass das Material frei von grammatikalischen und orthografischen Mängeln ist. Sie befassen sich ausschließlich mit der Sprache. Korrekturleser benötigen wie Inhaltsredakteure in der Regel ein Textverarbeitungsprogramm, mit dem Änderungen verfolgt werden können. Nachdem der ursprüngliche Redakteur den Text fertiggestellt hat, wird vom Korrekturleser erwartet, dass er letzte Rechtschreib- und Grammatikfehler sowie Formatierungsschwierigkeiten identifiziert. Häufig wird von ihm auch verlangt, dass er den Text auf Fakten überprüft. Korrekturleser werden zwar in der Regel schlechter bezahlt als Inhaltsredakteure, aber ihre Aufgabe ist auch weniger umfangreich und erfordert weniger Fähigkeiten.

Einsatzmöglichkeiten in der Grafik

Grafiker, die Zugang zu Adobe Photoshop oder einem anderen Bildbearbeitungsprogramm haben, können von zu Hause aus arbeiten. Sie gestalten Buchcover und andere visuelle Elemente, einschließlich der vom Autor und Verlag vorgeschlagenen Merkmale. Zahlreiche Grafiker entwerfen auch Anzeigen für Bücher und Verlage sowie Werbematerialien wie Flyer und Broschüren. Bewerber für diese Position müssen nachweisen, dass sie qualitativ hochwertig arbeiten. Außerdem können Kundenbewertungen dazu beitragen, neue Kunden zu gewinnen.

Werbung und Öffentlichkeitsarbeit über das Internet

Mit dem Aufkommen von sozialen Netzwerken, virtuellen Büchertouren und Online-Rezensionen ist hausinterne Werbung nicht mehr notwendig. Stattdessen engagieren Verlage häufig Einzelpersonen, die über das Internet arbeiten und eine begrenzte Gruppe von Autoren vermarkten. In dieser Funktion nehmen Sie Kontakt zu Buchrezensenten, Bloggern, Fans und Buchhändlern auf, um Giveaways, Werbetaschen, Autoreninterviews und Gastartikel anzubieten. Außerdem können Sie für Ihre Autoren persönliche Auftritte bei Signierstunden und Konferenzen organisieren. Vorkenntnisse in den Bereichen Marketing, Öffentlichkeitsarbeit oder Promotion sind von Vorteil, wenn Sie sich für diese Positionen bewerben.

DIE KUNST DES VERKAUFENS

Wie alle anderen Fähigkeiten und Fertigkeiten, die man im Laufe der Zeit entwickelt, ist auch das Verkaufen im Wesentlichen eine Kunstform, bei der es Anstrengung braucht, um sie zu verstehen (und schließlich zu beherrschen). Ein alteingesessenes Unternehmen kann seine langjährige Erfahrung nutzen, um Wissen, einen überwältigend guten Kundenservice und hervorragende Produkte anzubieten. All dies ist von großem Nutzen, wenn Sie bei Microsoft oder gar Quicken Loans arbeiten, aber was ist mit einem Startup? Ohne die Glaubwürdigkeit eines etablierten Unternehmens könnte es den Anschein haben, dass Sie sich verbiegen müssen, um überhaupt eine Chance zu haben. Dieser Pessimismus ist schlecht für Ihr Gemüt und Ihre Aussichten auf einen Verkauf. Menschen machen Geschäfte mit denjenigen, die sie mögen und denen sie vertrauen, also fangen Sie dort an.

Achten Sie auf einen selbstbewussten Ton, wenn Sie mit dem Empfangsmitarbeiter sprechen. Wenn jemand in meinem Büro anruft, spricht er zunächst mit meiner Assistentin. Sie entscheidet, ob der Anrufer direkt mit mir verbunden wird, eine Voicemail hinterlässt, die ich weitergeleitet bekomme, oder andere Vorgaben erhält (ohne jemals mit mir zu sprechen). In dieser Hinsicht unterscheide ich mich nicht von anderen Risikokapitalgebern oder Entscheidungsträgern in

Unternehmen: Empfangsmitarbeiter dienen als Anlaufstelle, damit Ihre Informationen an den gewünschten Empfänger weitergeleitet werden können. Wenn Sie anrufen und sich anhören wie ein außer Atem geratenes Hündchen, das seinem Besitzer begeistert einen Ball zurückgibt, dann merkt man das. Dann ist die Wahrscheinlichkeit groß, dass Sie keinen Rückruf erhalten werden. Das Gleiche passiert, wenn Sie anrufen und hektisch klingen. Sprechen Sie stattdessen mit der Person so, als ob Sie mit Ihrem Anwalt über eine Rechnung verhandeln würden. „Wie geht es Ihnen? Ist Josh zu sprechen?" „Danke." „Darf ich fragen, wer am Apparat ist?" „Natürlich, hier ist Sue von NewCo." Ihre Aussichten verbessern sich erheblich, wenn wenigstens eine Assistentin aufmerksam wird. Das ist der erste Schritt.

Behalten Sie während des gesamten Gesprächs den gleichen Ton bei. Wenn Sie einen Automaten hätten, der für jeden eingeworfenen Dollar einen 5-Dollar-Schein ausspuckt, brauchen Sie nicht mit den Funktionen zu prahlen oder das Gerät übermäßig aufwendig zu präsentieren. Es ist ganz einfach: Sie haben etwas, von dem Ihr Kunde profitiert, und deshalb braucht er das, was Sie verkaufen. Niemand kann es leiden, wenn Sie sich anbiedern, und jeder möchte das Gefühl haben, dass Sie das gleiche Ziel verfolgen wie er. Also verhalten Sie sich ganz normal und nehmen Sie in der Besprechung Platz, um Ihr Angebot zu unterbreiten. Achten Sie außerdem auch auf die Ansprache der Personen. Ich persönlich mag es nicht, mit meinem Nachnamen angesprochen zu werden; das ist unangenehm. Wenn Ihr Kunde üblicherweise mit Vornamen angesprochen wird, sollten Sie das auch tun und es vermeiden, unnötig professionell zu wirken. Sprechen Sie stattdessen Klartext darüber, was Sie anbieten, wie der Kunde davon profitiert und warum er es (deshalb) kaufen sollte.

Sie sind der Experte. Selbst, wenn Sie das nicht glauben - tun Sie so, als ob es so wäre. Wenn Ihr erster Trendguide für Sie als Partner die vergangenen Wochen und Monate Ihres Lebens geprägt hat, kennen Sie ihn mit Sicherheit besser als 99 Prozent Ihrer Kunden. Vergessen Sie das nicht.

Menschen wollen verstanden werden. Gehen Sie vor jedem Treffen alle verfügbaren Informationen über das Unternehmen durch, um sich ein umfassendes Bild zu machen, ähnlich wie ein Arzt, bevor er das Untersuchungszimmer betritt. Wenn Ihr Patient beispielsweise ein fettleibiger Mann mittleren Alters ist, der seit seinem fünfzehnten Lebensjahr Marlboros raucht und seit Jahrzehnten zweimal täglich Fast Food isst, dann können Sie erahnen, dass er eine Herzoperation benötigt. Das scheint Ihnen die naheliegende Lösung zu sein. Sobald er jedoch auf dem Tisch liegt, sollten Sie zunächst seine Blutdruck- und Cholesterinwerte messen und die Ursache für seine Schmerzen ermitteln. Dann landen Sie aufgrund seiner Erklärung bei „Schritt B" – auch wenn Sie das schon vor dem Treffen mit ihm wussten. Das ist bei einem Verkaufsgespräch nicht anders: Sie haben entschieden, welches Produkt der Kunde benötigt, aber Sie gehen von da an rückwärts, indem Sie sachdienliche Fragen stellen, die die Probleme, mit denen der Kunde zu kämpfen hat, zutage fördern und schließlich zu dieser Antwort führen. Es ist ein natürliches menschliches Bedürfnis, von anderen verstanden zu werden; befriedigen Sie also dieses Bedürfnis. Nachdem der Kunde seine Erfahrungen geschildert hat, geben Sie eine Empfehlung ab, die auf dem basiert, was Sie herausgefunden haben, und auf Ihrem fachlichen Urteil.

Machen Sie deutlich, dass der Kunde Sie selbst von „Punkt A" zu „Punkt B" gebracht hat, auch wenn Sie schon vor dem Anruf am Empfang eine Vorstellung davon hatten, wo Sie landen würden.

Stellen Sie sich vor, Sie wären ein Berater für regionale Entwicklung, KEIN Verkäufer ...

1. Legen Sie Ihr Spezialgebiet fest.

Seien Sie offen, was Ihre Fähigkeiten und Ihr Fachwissen angeht, und denken Sie an Stärken, die über Ihren normalen Job hinausgehen. Vielleicht haben Sie zum Beispiel eine nebenberufliche Tätigkeit im Garten- und Landschaftsbau, die Ihnen genug Umsatz einbringt, um sie in Vollzeit auszuüben.

Drei Fragen helfen Ihnen dabei, Ihre Nische zu bestimmen:
- „Verfüge ich über einen einzigartigen Blickwinkel?"
- „Besitze ich die nötige Erfahrung, um in diesem Bereich kompetent zu sein?"
- „Wird diese Dienstleistung nachgefragt?"

Als Berater müssen Sie strukturiert sein, sich selbst motivieren und Grenzen setzen können. Überlegen Sie, ob Sie diese Anforderungen erfüllen können, bevor Sie sich auf der Website von Trendguide anmelden und Ihren ersten Kunden annehmen. Sie haben zwar die ideale Nische gefunden, können aber kein Berater werden, wenn Sie nicht in der Lage sind, eigenständig Fristen einzuhalten oder einen Rechnungszyklus zu bewältigen.

Ziehen Sie die Bereiche in Betracht, in denen Sie sich bei der Arbeit wohlfühlen, die Projekte, für die Sie in Leistungsberichten gute Bewertungen erhalten haben, und die

Hobbys, die Sie außerhalb der Arbeit gemeistert haben, wenn Sie Ihren Beratungsschwerpunkt festlegen. Sie sollten auch Ihre Interessen berücksichtigen – wenn Sie dies hauptberuflich tun wollen, sollte es etwas sein, das Sie mit Leidenschaft tun.

2. Setzen Sie sich Ziele.

Wenn Sie sich Ziele setzen, wird Ihnen klar, was Sie anstreben. Möchten Sie diese Beschäftigung beispielsweise nur nachts und an den Wochenenden ausüben? Beabsichtigen Sie, daraus eine Vollzeitbeschäftigung zu machen? Haben Sie vor, in Zukunft Mitarbeiter einzustellen? Beantworten Sie diese Fragen und machen Sie entsprechende Pläne.

Nachdem Sie die allgemeinen unternehmerischen Ziele festgelegt haben, sollten Sie sich auf die unmittelbaren Notwendigkeiten konzentrieren. Achten Sie dabei darauf, dass Ihre Ziele SMART sind:

- Spezifisch: Geben Sie kurz an, was Sie erreichen möchten.
- Messbar: Legen Sie Ziele und Etappenziele fest, um den Fortschritt zu überwachen.
- Attraktiv: Setzen Sie sich erreichbare und vernünftige Ziele.
- Realistisch: Legen Sie Ziele fest, die mit Ihrer Unternehmensstrategie vereinbar sind.
- Terminiert: Legen Sie Fristen für Ihre Ziele fest.

Sehen Sie sich das folgende Beispiel für SMART-Ziele eines Beraters an, der Verkaufsteams darin unterrichtet, wie sie ihre Fähigkeiten zur Kaltakquise verbessern können:

Spezifisch: Ich bringe den Verkaufsteams kleiner Unternehmen bei, produktivere Anrufe zu führen, qualitativ hochwertigere

E-Mails zu schreiben und wirksam nachzufassen. Infolgedessen erzielen die Vertriebsmitarbeiter mehr qualifizierte Leads, was zu mehr Geschäftsabschlüssen und höheren Einnahmen für das Unternehmen führen wird.

Messbar: Der Erfolg wird anhand des Wachstums meines Kundenstamms und des Prozentsatzes der abgeschlossenen Verträge sowie der Weiterempfehlungen an mein Unternehmen ermittelt.

Attraktiv: Ich habe derzeit drei Kunden und erhalte durchschnittlich eine neue Empfehlung pro Monat. Ich bin mir bewusst, dass mein Service gefragt ist, und diese Frequenz ist angesichts meiner Arbeitsbelastung und meines gegenwärtigen operativen Budgets machbar.

Realistisch: Dieses Geschäftsmodell erweitert meine Fähigkeiten und ermöglicht es mir, aus meiner Leistung im Vertrieb Kapital zu schlagen. Das denke nicht nur ich, sondern auch meine Mitarbeiter und meine Vorgesetzten.

3. Erstellen Sie eine Website.
Überlegen Sie sich Folgendes: Glauben Sie, dass Sie als Unternehmen ohne eine Website überleben können? Dann überlegen Sie es sich noch einmal. Laut einer aktuellen Studie der Local Search Association nutzen 63 Prozent der Verbraucher Websites, um Unternehmen zu finden oder mit ihnen in Kontakt zu treten, und 30 Prozent dieser Verbraucher würden ein Unternehmen ohne Website nicht in Betracht ziehen.

Wenn Ihr Unternehmen eine Website hat, sorgt *Google* außerdem dafür, dass Ihr Unternehmen in den örtlichen

Ergebnissen besser gefunden wird. Es reicht nicht aus, nur ein Googleprofil Ihres Unternehmens zu erstellen. Eine gut optimierte Website mit vielen Backlinks, klarem Domainnamen und Seitenaufrufen sorgt dafür, dass *Google* Ihre Website in den relevanten Suchergebnissen anzeigt.

Glauben Sie, dass Sie nicht in der Lage sind, eine Website zu erstellen? Eine Website kann leicht mit *WordPress, Squarespace* oder *GoDaddy* erstellt werden und Domainnamen können bei einem dieser Unternehmen registriert werden.

Und wenn Sie auf der Suche nach einer Lösung sind, die Sie bei allem unterstützt, von der Verfolgung von Leads bis hin zur Planung von Meetings und der Skalierung Ihres Unternehmens, dann sollten Sie sich *HubSpot* ansehen. Ihre Website ist der erste Eindruck, den potenzielle Kunden von Ihrem Unternehmen haben. Investieren Sie also Ihre Zeit in diesem Bereich, und Sie werden die Früchte Ihrer Arbeit über Jahre hinweg ernten.

4. Lassen Sie sich zertifizieren.
Es ist von grundlegender Bedeutung, dass Sie als Berater auf Ihrem Gebiet auf dem neuesten Stand und wettbewerbsfähig bleiben. Zertifizierungen sind ein sichtbarer Nachweis Ihrer Bemühungen.

Egal, ob es sich um Zertifizierungen für Software, bestimmte Kompetenzen oder ein spezielles Fachgebiet handelt, finden Sie heraus, welche Qualifikationen in Ihrer Branche erforderlich sind, und investieren Sie in die Erweiterung Ihres Fachwissens.

5. Legen Sie einen Zielmarkt fest.
Sobald Sie Ihre Nische gefunden haben, ist es wichtig, Ihr Zielpublikum zu definieren. Wenn Sie beispielsweise

Vertriebsteams von Startups bei der Bewältigung der frühen Phasen des Scale-up unterstützen, sollten Sie sich auf Ihren Zielmarkt konzentrieren, indem Sie die folgenden fünf Fragen beantworten:

„Wie kann ich feststellen, wo sich mein Zielpublikum aufhält?" (Werden Sie nur ortsansässige Kunden betreuen? Wollen Sie mit nationalen oder regionalen Kunden zusammenarbeiten? Planen Sie, Kunden aus Übersee auszuschließen?)

„Was sind die Hauptursachen für die Nöte der Kunden?" (Was hat sie veranlasst, Ihre Hilfe in Anspruch zu nehmen? Was sind ihre täglichen Stolpersteine? Mit welchen Problemen sind sie konfrontiert?)

„Wer konkurriert mit Ihnen um Ihr Geschäft?" (Wer sind Ihre Hauptkonkurrenten, und wie unterscheiden sich Ihre Dienstleistungen von denen der anderen? Was zeichnet Sie aus?)

„Spreche ich Startups direkt an oder spreche ich einzelne Führungskräfte im Vertrieb an?" (Gehen Sie direkt auf Unternehmen oder Einzelpersonen zu, indem Sie sich vor Ort treffen oder über *LinkedIn* Kontakt aufnehmen?)

„Was ist die Motivation meines Zielpublikums?" (Welches Ziel verfolgt Ihre Zielgruppe mit der Wahl Ihrer Dienstleistungen? Was wollen sie für sich und ihr Team erreichen?)

Wenn Sie mehr über Ihre Kunden und darüber, was ihnen wichtig ist, wissen, können Sie einen erstklassigen Service bieten und mit Kunden in Kontakt treten, die optimal zu Ihnen passen.

6. Wählen Sie einen geeigneten Ort für Ihre Arbeit.
Es ist unwahrscheinlich, dass Sie beim Aufbau Ihres Beratungsunternehmens einen eigenen Firmensitz benötigen.

Wenn Sie jedoch vorhaben, als Vollzeitberater zu arbeiten, könnte ein Büro für Sie von Vorteil sein. Bevor Sie anfangen, Bürobesichtigungen zu buchen, sollten Sie Folgendes bedenken:

- „Kann ich mir einen Büroraum leisten, und wenn ja, was ist mein Preislimit?"
- „Wird ein neuer Standort meinem Unternehmen helfen, zu expandieren oder es zu verbessern?"
- „Warum benötige ich diesen Raum?" (Mit anderen Worten: Treffe ich mich mit Kunden? Erwäge ich, eine Teilzeitkraft einzustellen?)

Nachdem Sie festgestellt haben, dass Büroräume für Ihr Unternehmen von Nutzen sind, sollten Sie die Art der Räumlichkeiten prüfen, die für Ihre Bedürfnisse am besten geeignet sind. Coworking-Spaces wie *We Work* und *Galvanize* sind in vielen Städten fest verankert.

Diese Einrichtungen bieten geteilte oder kleine Arbeitsplätze, Konferenzräume und andere Annehmlichkeiten zu einem günstigeren monatlichen Preis als typische Büroräume. Außerdem sind sie eine weitere Möglichkeit, Kontakte zu knüpfen und von Menschen in Ihrer unmittelbaren Umgebung zu profitieren.

7. Beginnen Sie mit der Entwicklung Ihrer Angebote.
Wie werden Sie Ihr Beratungsgeschäft betreiben? Welche Dienstleistungsmodelle wollen Sie einsetzen? Werden Sie Ihre Kunden besuchen und Ihre Dienstleistungen persönlich erbringen oder bieten Sie sie virtuell an? Werden Sie die eigentliche Arbeit für den Kunden erledigen oder unterstützen Sie ihn dabei, die Arbeit selbst zu erledigen?

Zu den beliebtesten Beratungsmodellen gehören die folgenden:
- Done For You (Für den Kunden erledigt)
- Done With You (Gemeinsam mit dem Kunden erledigt)
- Einzelcoaching
- Gruppencoaching
- Onlinekurse (bei Bedarf)

Auch wenn es das am wenigsten skalierbare Modell ist, wird häufig empfohlen, mit dem „Done For You"-Modell zu beginnen, um nachweisliche Erfahrungen und Erfolgsgeschichten zu sammeln, die Ihnen helfen, die anderen Produkttypen besser zu vermarkten.

8. Legen Sie Ihre Preise fest.
Die Wahl einer Preisstruktur für Kunden kann der schwierigste Gesichtspunkt beim Start eines Beratungsunternehmens sein. Es ist verlockend, weniger zu verlangen, als Sie wert sind, nur weil Ihre Ergebnisse noch nicht bewiesen sind.

Recherchieren Sie die Honorare vergleichbarer Berater in Ihrer Region (Websites wie *Glassdoor.com* eignen sich hierfür hervorragend) und ermitteln Sie, welches der gängigen Preismodelle für Berater Sie am angemessensten für Ihre Arbeit entschädigen würde.

9. Bauen Sie Beziehungen zu anderen auf.
Was das Networking betrifft, so sind Empfehlungen zwar entscheidend für das Wachstum Ihres Geschäfts, aber sie sind nicht die einzige Möglichkeit. Im Gegensatz zu einem großen Unternehmen werden Sie wahrscheinlich keine Marketingabteilung haben, deren einziger Zweck es ist, für Ihr Unternehmen zu werben. Vielmehr liegt es häufig an Ihnen und nur an Ihnen, den Wert Ihrer Beratung zu verkaufen.

Treten Sie den Gruppen auf *LinkedIn* und *Facebook* bei, die für Ihre Zielgruppe von Interesse sind, veröffentlichen Sie Blogbeiträge, in denen Sie Ihr Fachwissen hervorheben, und nehmen Sie an örtlichen Veranstaltungen oder Konferenzen teil. Zeigen Sie Präsenz und sprechen Sie mit jedem, der für Ihr Angebot in Frage kommen könnte. Natürlich kann niemand Sie so gut verkaufen wie Sie selbst. Verzichten Sie also auf den Elevator Pitch und bereiten Sie sich darauf vor, sich auf eine Weise zu verkaufen, die alles andere als kurz ist.

10. Erkennen Sie, wann Sie „Nein" sagen müssen.
Anfangs ist es natürlich, dass Sie zu jeder Anfrage eines Kunden „Ja" sagen. Sie wollen jedoch erst recht, dass Ihre Arbeit von höchster Qualität, klar strukturiert und nachvollziehbar ist und in einem überschaubaren Zeitrahmen ankommt.

Wenn die Annahme eines neuen Kunden bedeutet, dass die Arbeit für Ihre derzeitigen Kunden darunter leidet, müssen Sie in der Lage sein, freundlich nein zu sagen. Ein Beispiel: „Ich würde Ihnen gerne helfen, aber bei meiner derzeitigen Arbeitsbelastung sehe ich mich nicht in der Lage, Ihnen die Aufmerksamkeit zu schenken, die Sie brauchen. Im kommenden Quartal sollte ich jedoch wieder mehr Zeit für Sie haben. Kann ich mich dann mit Ihnen in Verbindung setzen, um herauszufinden, ob noch Bedarf besteht?"

Zukünftige Kunden werden Ihre Ehrlichkeit zu schätzen wissen und Sie werden in der Lage sein, einen hohen Arbeitsstandard aufrechtzuerhalten, ohne Ihren Verstand oder die Zufriedenheit bestehender Kunden aufs Spiel zu setzen.

Darüber hinaus kann es schwierig sein, Kunden abzulehnen, die nicht zu Ihnen passen. Sagen Sie offen, dass Sie nicht in der Lage sind, die Bedürfnisse eines möglichen Kunden zu erfüllen, und verweisen Sie ihn gezielt an jemanden, der besser geeignet ist. Der Kunde wird davon profitieren, dass seine Bedürfnisse besser erfüllt werden, und Ihr Unternehmen kann sich auf seine Stärken konzentrieren.

11. Schaffen Sie ein System für die Anwerbung und den Verkauf von Kunden, das wiederholbar ist.

Sobald Ihre Firma etabliert ist, können Sie nicht einfach darauf warten, dass jemand an Ihre Tür klopft und sagt: „Ich bin hier und bereit zu zahlen!"

Wenn Sie eine Strategie entwickeln, wie Sie Beratungskunden finden können, müssen Sie Ihre Nische und Ihr bestehendes Netzwerk gründlich unter die Lupe nehmen. Von dort aus müssen Sie in die Werbung für Ihre Beratungsdienste einsteigen und die Kunst der Akquise erlernen.

Publishing

TRENDGUIDE

My-mindguide.com

Trendguide

Beauty
@MUNICH

Sinnesfreude
Genussguide Österreich

Meine Lieben,

TRENDGUIDE
CHIEMSEE

TRENDGUIDE
Salzburg

TRENDGUIDE
Kitzbühel

TG_Cover_2016_1 (003)

tg-salzburg-17

Trendguide kitzbühel Winter 1 2009 / 10

trendguide
Tegernsee

OKTOBERFEST 2012

TRENDGUIDE
OKTOBERFEST

Trendguide Tegernseer Tal

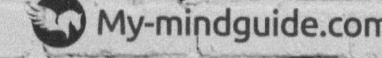
My-mindguide.com

Eine kurze Geschichte zu Trendguide

Nun stellt sich vielleicht bei Ihnen die Frage, was die Beratung mit Veröffentlichungen und Verlagsarbeit zu tun hat. Ich will die Geschichte meines Verlages erzählen, um dies zu verdeutlichen. Als ich Trendguide gründete, rief ich einige Unternehmer in Kitzbühel an. Kitzbühel ist ein berühmter Ferienort, der für die Ausrichtung des gefährlichsten Abfahrtsrennens der Welt bekannt ist.

Am Telefon fragte ich diese Unternehmer, ob sie sich vorstellen könnten, Teil einer neuen, hochkarätigen Plattform zu sein, die das Beste repräsentiert, was Kitzbühel zu bieten hat.

Wir würden einen ganz anderen Stil verfolgen – alles auf hohem Niveau. Wir würden die besten Storyschreiber und Fotografen haben. Ich würde nur EIN Unternehmen in jeder Branche als Inserenten annehmen.

Die Kunden der einzelnen Branchen würden exklusiv vorgestellt werden – ein Ansatz, der allen gängigen Grundsätzen der Medienbranche zuwiderläuft, in der Unternehmen in der Regel so viele Anzeigen aus einer Branche schalten, wie sie verkaufen können.

Kein Wunder, dass alle zustimmten, auch wenn ich ihnen nichts als herzliche Worte geboten habe.

Sie mussten einen Vertrag unterschreiben, in dem sie sich verpflichteten, in jeder Ausgabe für die nächsten drei Jahre sechs Seiten zu schalten. Das war eine beträchtliche Investition, aber als ich meine Sekretärin losschickte, waren alle einverstanden. (Ich habe sie nicht gebeten, im Voraus zu zahlen.)

Es hat sich für alle Beteiligten gelohnt. Das Magazin war erstklassig und ich erweiterte das Angebot um weitere

Plattformen wie beispielsweise eine App, um das Geschäft weiter voranzutreiben.

Der altmodische Weg
Als Verkäufer sollte man nicht immer abhängig von digitalen Wegen sein. Sie sollten nicht an der Herstellung von Software beteiligt sein, selbst wenn Sie für ein Unternehmen gearbeitet haben, das so etwas verkauft. Wenn doch, hören Sie auf - und zwar sofort.

Es gibt Zeiten, in denen es schwer ist, Verkäufer zu sein. Es kann manchmal etwas seltsam sein, am Telefon mit Menschen zu sprechen, die Sie nicht kennen. Es spielt keine Rolle, dass Sie sie gefragt haben, ob sie Ihnen fünf Minuten ihrer Zeit schenken können. Die Menschen sind genervt und wollen mit ihrem Leben und ihrem Job weitermachen. Das verstehe ich gut. Ich bin schon oft genug von anderen Verkäufern über den Tisch gezogen worden, um das zu wissen. Ich habe sogar mit einem Vertreter über meine Persönlichkeitsrechte diskutiert, der meinte, er habe das Recht, mich anzurufen, weil ich in seinem „System" registriert sei.

Und das ist auch gut so. Diese Leute versuchten nur, Geld zu verdienen, damit ihr Unternehmen wachsen und weiterhin Arbeitsplätze schaffen könne, damit ihre Freunde und Kollegen Geld verdienen könnten, daran ist nichts auszusetzen. Es ging ihnen nur darum, herauszufinden, was ich brauchte. Das sehe ich gerne, denn Menschen, die neugierig sind, bringen es schließlich im Leben zu etwas.

Manche Leute sagen diesen Personen, Sie sollten aufhören, Ihre Produkte und Dienstleistungen zu verkaufen, und stattdessen mit Menschen zusammenarbeiten, die sie kaufen könnten. Aber während eines Treffens hören die Verkäufer nicht einfach auf, wenn Sie Ihre zwanzig vorab festgelegten Fragen gestellt haben. Sie machen weiter, bis Sie zum Abschluss kommen.

Finden Sie mehr heraus und lassen Sie alles hinter sich, was Sie wissen und verkaufen könnten. Versuchen Sie herauszufinden, was die Person will und braucht. Es ist an der Zeit, alles, was Ihr Unternehmen tut, hinter sich zu lassen und herauszufinden, was falsch läuft. Keine der neuen Programme wird dem Unternehmen helfen, aber durch die Kosten muss die Hälfte der Mitarbeiter entlassen werden. Auch ein cloudbasiertes Finanzsystem wird nicht helfen, denn auch dort kann man schnell von der Spur abkommen und zum Beispiel falsche Zahlen erhalten oder nutzen. Jeden Monat geht es um das Unternehmen und die Mitarbeiter, das hat nichts mit dem akutellen Finanzsystem oder der Software zu tun.

Wenn Sie sich auf digitale Softwares verlassen, entwickeln Sie vielleicht mit einem möglichen Kunden einen Plan, den Sie nicht verstehen und von dem Sie nichts wissen. In der Vergangenheit hat dieser Kunde das Unternehmen verlassen oder beschlossen, 50 Prozent seiner Mitarbeiter zu entlassen und eine Finanzberatungsfirma zu beauftragen. Er wird nicht zu Ihrem Kunden werden, weil er das getan hat.

Vermeiden Sie diese 10 überholten Verkaufstaktiken!
Viele Unternehmen verwenden immer noch Verkaufstechniken aus dem 19. Jahrhundert, um ihren Mitarbeitern beizubringen, wie man heute etwas verkauft. Das ist die Wahrheit! Auch wenn sie nicht mehr funktionieren, werden sie immer wieder an neue Verkäufer weitergegeben.

Trendguide

- Trendguide st. Moritz
- Trendguide lech zürs
- Trendguide kitzbühel winter 08/09
- Trendguide kitzbühel Herbst 09
- Trendguide kitzbühel sommer 09
- Trendguide kitzbühel Frühjahr 09
- Trendguide Hahnenkamm 07
- Trendguide kitzbühel
- Trendguide kitzbühel Herbst 08
- Trendguide wörthersee

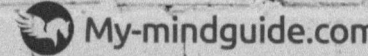

My-mindguide.com

Trendguide

Trendguide fashion & lifestyle

Trendguide oktober fest 2010

Trendguide kitzbühel no 22

Trendguide Salzburg sommer 2010

Trendguide Tegernseer Tal

Trendguide kitzbühel nr. 21

Trendguide sports Innsburk no 1

Trendguide sports München

Trendguide kitzbühel no 21

Trendguide München

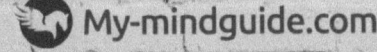

My-mindguide.com

Diese Verkaufspraktiken müssen vermieden werden, wenn Sie Ihre Ziele erreichen wollen. Wenn Sie nicht alles tun, um diese altmodischen Verkaufstechniken zu unterbinden, werden Sie Ihr Potenzial nicht voll ausschöpfen können und in der modernen Wirtschaft untergehen.

1. Überzeugen Sie die Leute von Ihrem Produkt oder Ihrer Dienstleistung

Es mag schwer zu glauben sein, aber es ist wahr: Die Menschen interessieren sich nicht für Ihr Produkt oder Ihre Dienstleistung. Sie interessieren sich nur dafür, was Sie für sie tun können. Mit gezielten Fragen können Sie das größte Problem jeder Person herausfinden, so dass Sie ihr stattdessen Ihr Produkt verkaufen können. Zeigen Sie vor, wie Sie dieses Problem lösen können.

2. Legen Sie den Schwerpunkt auf Ihr Produkt oder Ihre Dienstleistung

Eine Fortsetzung des obigen Punktes. Interessenten haben heute leicht Zugang zu genügend Informationen, um eine fundierte Entscheidung über das Produkt oder die Dienstleistung Ihres Unternehmens zu treffen. Mit diesen Informationen im Hinterkopf können sie dann mit Ihnen in Kontakt treten.

Über die Funktionen, den Schnickschnack Ihres Produkts oder Ihrer Dienstleistung muss nicht ständig gesprochen werden, also verbringen Sie nicht zu viel Zeit damit. Die Interessenten verlassen sich nicht mehr darauf, dass der Vertriebsmitarbeiter ihnen diese Informationen gibt. Sie erhalten sie jetzt aus anderen Quellen. Konzentrieren Sie sich stattdessen auf den Wert und den Nutzen, den Ihr Produkt oder Ihre Dienstleistung den Menschen bringt, und nicht darauf, wie viel es kostet.

3. Verkaufen Sie an jeden, der einen Puls besitzt

Obwohl dieser Ausdruck immer noch verwendet wird, um hervorragende Verkäufer zu beschreiben, ist es in Wahrheit einfach nicht wahr.

Es ist keine gute Idee, Eis an Inuit zu verkaufen. Gute Verkäufer verkaufen Eis an Menschen, die Eis brauchen, nicht an Inuit. Wenn Sie jedem etwas verkaufen, der einen Puls hat, obwohl er das Produkt gar nicht benötigt, sollten Sie damit aufhören. Es spielt keine Rolle, ob diese Menschen zu Ihrem Produkt passen. Sprechen Sie stattdessen nur mit Menschen, die gut zu dem passen, was Sie anzubieten haben.

4. Überzeugen Sie Ihre Interessenten, bei Ihnen zu kaufen

Viele Verkaufstrainings konzentrieren sich darauf, wie man Menschen dazu bringt, Ihr Produkt oder Ihre Dienstleistung zu kaufen, aber das ist ein großer Fehler. Das Problem bei der Überzeugungsarbeit besteht darin, dass sie davon ausgeht, dass der Interessent von vornherein zu Ihnen passt.

Es ist schwer zu sagen, ob eine Person für Ihr Produkt oder Ihre Dienstleistung geeignet ist, wenn Sie versuchen, sie dazu zu bringen, sofort mit Ihnen Geschäfte zu machen. Konzentrieren Sie sich lieber darauf, Ihre Kunden besser einzuschätzen, anstatt sie zum Kauf zu bewegen.

5. Seien Sie voller Enthusiasmus

Es gibt viele gute Verkäufer, die versuchen, sich für die Produkte, die sie verkaufen, zu begeistern. Aber Interessenten erkennen immer, wenn ein Verkäufer zu enthusiastisch ist, und das schreckt sie ab. Sprechen Sie also mit leiser, ruhiger Stimme.

6. Sprechen Sie so, wie Sie sich wohl fühlen

Viele Verkäufer versuchen, besonders geschliffen und elegant zu klingen, wenn sie etwas verkaufen wollen, aber niemand will von jemandem etwas kaufen, der gut reden kann. Die Leute wollen jemanden, der ehrlich zu ihnen ist.

Sie müssen kein Schmeichler sein, wenn Sie so sprechen, wie Sie es mit einem Kollegen oder Freund tun würden. Lassen Sie die aalglatten Sprüche vor der Tür und seien Sie ehrlich.

7. Machen Sie gleich zu Beginn einen Vorschlag

Bitten Sie potenzielle Kunden niemals darum, ihnen ein Angebot zu unterbreiten, um ihnen zu zeigen, was Sie für sie tun können. Finden Sie zuerst heraus, ob sie überhaupt zu Ihnen passen.

Viele Leute werden sagen: „Ja, ich würde gerne alle kostenlosen Informationen erhalten, die Sie zu bieten haben." und sehen das Angebot sofort als Zeichen dafür, dass es nicht viel wert ist. Um dies zu vermeiden, senden Sie nur Angebote an Personen, die für eine Geschäftsbeziehung mit Ihnen geeignet sind.

8. Drängen Sie auf ein Geschäft, das gar nicht zustande kommt.

Manche Geschäfte können nicht zustande kommen. Andererseits sehen Sie vielleicht einen kleinen Hoffnungsschimmer in einem Fall, von dem Sie glauben, er sei verfolgenswert. Menschen, die etwas verkaufen, sollten in der Geschäftswelt hartnäckig sein, aber es gibt eine klare Grenze zwischen Hartnäckigkeit und Aufdringlichkeit. Zu starkes Drängen kann schlimme Folgen haben.

Vermeiden Sie ein Geschäft, das nicht zustande kommt, auch wenn Sie sich noch so sehr bemühen. Oft lässt sich ein

Geschäft, das auf der Kippe steht, mit ein wenig mehr Aufwand abschließen. Wenn Sie dies jedoch zur Regel machen, kann dies Ihrem Ruf schaden und die Wahrscheinlichkeit erhöhen, dass Kunden Ihr Unternehmen verlassen oder unzufrieden sind.

9. Ständige Anrufe und E-Mails an Ihre möglichen Kunden
Denken Sie daran, was ich Ihnen über den Unterschied zwischen Hartnäckigkeit und Aufdringlichkeit gesagt habe; dies ist ein weiterer Punkt, bei dem dieser Unterschied wichtig ist. Der traditionelle, stereotype Verkäufer dachte, „unnachgiebig" zu sein, sei etwas Gutes, aber das scheint nicht mehr der Fall zu sein.

Niemand wird sich die vier E-Mails ansehen, die Sie an einem einzigen Tag verschickt haben, und sagen: „Wow, das sind eine Menge E-Mails! Das ist wirklich beeindruckend. Dieser Junge hat eine Menge Erfahrung!" Sie sollten ein wenig auf die Bremse treten. Achten Sie darauf, eine gleichbleibende Verkaufsrate aufrechtzuerhalten, wenn Sie nicht verzweifelt und planlos erscheinen wollen.

10. Lassen Sie sich vergessen
„Ich rufe Sie am Montag um 10 Uhr zur Nachbereitung an." Um sicherzustellen, dass Ihr Interessent den Anruf nicht vergisst und Sie den Verkauf nicht verlieren, müssen Sie sich sehr klar darüber sein, wann und wo Sie sich treffen werden.

Sie können diese altmodische Art der Kontaktaufnahme ändern, indem Sie den nächsten Anruf oder das nächste Treffen tatsächlich über eine Online-Kalendereinladung oder eine E-Mail vereinbaren. Der Termin sollte im Kalender Ihres Interessenten eingetragen sein, bevor Sie weitermachen.

Woher wissen Sie, ob Ihr Vertriebssystem veraltet ist?

Ihre Kontaktrate sinkt.
Eine der besten Möglichkeiten, um festzustellen, ob Ihr Verkaufsprozess einen Schub braucht, ist, Ihre Kontaktrate im Auge zu behalten. Die Fähigkeit Ihrer Vertriebsmitarbeiter, mit möglichen Kunden in Kontakt zu treten, wird anhand der Anzahl der Versuche gemessen, die sie unternehmen, um sie zu erreichen.

Es könnte ein Problem mit der Art und Weise geben, wie Ihr Team neue Kunden anspricht, wenn sie nicht sofort eine Antwort oder Interesse von ihnen erhalten. Manche Leute tätigen zu viele Kaltakquise-Anrufe oder schicken E-Mails oder ihre Nachrichten sind nicht interessant genug.

Ihre Kontaktrate zeigt, wie gut Ihr Verkaufsprozess gerade anläuft. Leider ist dies auch eine der Kennzahlen, die am meisten von alten Verkaufspraktiken beeinflusst wird. Es könnte ein Problem mit Ihrem Vertriebssystem geben, wenn Sie eine Menge schlechter Kontaktraten verzeichnen.

Sie besitzen nicht viele warme Leads.
Wenn Sie sich zu sehr auf Kaltakquise verlassen, um Ihre Auftragsbücher zu füllen, müssen Sie möglicherweise Ihren Vertriebsprozess ändern. Es ist an der Zeit, damit aufzuhören, Leute auf der Grundlage ihrer LinkedIn-Titel unvorbereitet anzurufen oder Listen von Leuten zu kaufen, die an Ihrem Unternehmen interessiert sein könnten.

Manche Menschen sind vielleicht gar nicht an Ihrem Produkt oder Ihrer Dienstleistung interessiert. Wenn Sie diese

Art von Methoden zur Lead-Generierung verwenden, muss sich Ihr Vertriebsprozess möglicherweise stark verändern.

Setzen Sie stattdessen Technologien ein, die Ihnen dabei helfen, herauszufinden, welche Leads für Sie interessant sein könnten. Mit einigen CRM-Programmen können Sie zum Beispiel sehen, was Interessenten auf der Website Ihres Unternehmens tun, sodass es sich lohnen könnte, ein solches Programm zu kaufen, um zu sehen, was sie tun.

So ist jemand, der in der letzten Woche fünfmal die Preisseite Ihrer Website besucht hat, ein viel besserer Lead als eine „Führungskraft im Vertrieb", deren Kontaktdaten Sie von einem Dienst gekauft haben, der Kontaktinformationen aus *LinkedIn*-Profilen ausliest.

Ihr Vertriebsteam ist nicht begeistert.
Es gibt einen Weg, um festzustellen, ob Ihr Vertriebssystem überarbeitet werden muss. Sie können sich ansehen, wie begeistert die Leute sind, die ihn nutzen. Wenn eine Flaute im Verkauf herrscht, bitten Sie Ihr Vertriebsteam um Hilfe.

Sie können Ihnen vielleicht sagen, welche Teile Ihres Vertriebssystems für sie funktionieren und welche Teile ihnen unnötig oder lästig erscheinen. Wenn die Methoden und Strategien, die Sie ihnen vorgeben, jedoch veraltet und uninteressant sind, funktionieren sie nicht.

Ihre Mitarbeiter sind es, die dafür sorgen, dass Ihr Vertriebssystem funktioniert. Wenn sie sich damit schwer tun oder davon nicht begeistert sind, ist es vielleicht an der Zeit, die Arbeitsweise zu überdenken.

Wenn Sie im Vertrieb erfolgreich sein wollen, müssen Sie mit den Veränderungen in diesem Bereich Schritt halten. Menschen können sich an ihren Vertriebsprozess und die Taktiken, die ihn prägen, gewöhnen, aber sie müssen sich bewusst sein, dass sie immer besser werden und sich weiterentwickeln müssen.

Verlagstätigkeiten mit Trendguide übernehmen

Haben Sie ein Gespür für Schönheit?
Sie sind der Maestro Ihres lokalen Teams von Fotografen, Grafikern und/oder Journalisten.

Sicherlich haben Sie Vorlagen, aber Sie bestimmen den Stil und das Aussehen.

Sind Sie eine aufgeschlossene Person?
Ein Stubenhocker wird nicht sehr erfolgreich werden. Sie müssen Menschen mögen und sich unter sie mischen. Ein kontaktfreudiger Mensch wird weitaus mehr Erfolg und Spaß am Verkaufen haben.

Können Sie managen?
Sie haben vielleicht bis zu einhundert Kunden. Sie haben Ihr Team, Ihre Familie und Ihre anderen Aufgaben.

Ihr Magazin hat einen festen Termin. Sie koordinieren die Druckerei und kümmern sich um die Auslieferung. Klingt das nach einem Jonglierakt, zu dem Sie fähig sind?

Wollen Sie wachsen?
Viele Trendguides rund um den Globus wachsen noch.

• Sie tauschen Ideen mit Ihren Kollegen aus.

- Sie nehmen an einer vierteljährlichen Zoom-Konferenz teil, die Ihnen einen größeren Überblick über die Trendguide-Familie verschafft.
- Sie haben es geschafft, Ihren ersten Trendguide zu starten. Warum machen Sie das nicht auch in einer anderen Stadt?

Einige Partner verwalten bis zu zehn Reiseziele.

Trendguide in Zahlen

10.000 E für die Druckerei

2.000 E für Journalisten/Texter

3.000 E Grafikdesign

1.000 E Web/Multimedia-Beiträge

3.000 E Trendguide-Zentralen

11.000 E Ihr Einkommen vor Steuern

Dies sind die Mindestzahlen für Start-ups. Die durchschnittlichen Zahlen sind ungefähr doppelt so hoch, was Ihnen mindestens 22.000 pro Quartal einbringen wird.

Was Sie von der Trendguide Organisation erwarten können:

- Markenname
- Netzwerk von Partnern
- Alle Rechte an Vorlagen
- Internationale Kunden
- Beratung + Unterstützung
- Schulung
- Multimedia-Unterstützung

Um von der Organisation zu profitieren, benötigen wir mindestens 10 Prozent des Umsatzes als Beitrag. Berechnen Sie, ob es sich lohnt.

Was wir erwarten, wenn Sie mitmachen wollen:

- Sie können ein Team von Grafikdesignern und Werbetextern zusammenstellen und leiten.
- Sie können die führenden Geschäftsleute in Ihrer Umgebung finden und für sich gewinnen.
- Sie sind in jeder Hinsicht zuverlässig und vertrauenswürdig.
- Sie können mehr liefern als versprochen, sowohl bezüglich Zeitplan als auch Qualität.

Wie Sie bei Trendguide beginnen
Senden Sie uns Ihren Lebenslauf und überzeugen Sie uns, dass Sie ein TRENDGUIDE sind.

Wir senden Ihnen einen Vertrag zu und bitten Sie, diesen zu unterschreiben und eine Kaution von 3.000 E zu hinterlegen, die nach der ersten Ausgabe zurückerstattet wird.

Wir schulen Sie und beantworten alle Ihre Fragen zu *Zoom*. Wir senden Ihnen alle erforderlichen Materialien zu.

Das Beste kommt noch!

An vielen Orten ist Trendguide der Impulsgeber der dortigen Gemeinschaften. Sie organisieren Eröffnungsfeiern oder sogar *Bälle*, um die einheimische Elite zusammenzubringen. Diese Veranstaltungen werden von einheimischen oder internationalen Werbekunden gesponsert und sind oft der Höhepunkt des Jahres.

Ein Trendguide sein, ohne der Trendguide-Organisation beizutreten
Für mich ist das natürlich in Ordnung, aber warum sollten Sie nicht Teil einer größeren Organisation sein wollen?

Einige meiner ehemaligen Partner haben diesen Weg eingeschlagen und einigen geht es gut. Ein sehr talentierter Mann betreibt zusammen mit seiner Frau erfolgreich sechs Orte. Ich gratuliere ihm!

Trotzdem glaube ich, dass es sich auszahlt, zu teilen und vernetzt zu sein. Für mich ist das nicht nur eine finanzielle Frage – Es ist eine Lebensphilosophie.

Ich möchte Gleichgesinnte unterstützen, indem ich ein Trendguide bin – nicht um ein Verlagshaus aufzubauen und Kohle zu scheffeln. Mein Ziel ist es nicht, Geld zu verdienen; es geht darum, Menschen zu stärken.

Häufig gestellte Fragen zur Verlagstätigkeit mit Trendguide
Wie lange dauert es, bis die erste Ausgabe eines gedruckten Trendguides erscheint?

Wenn Sie anfangen und gut in Ihrer lokalen Gemeinschaft vernetzt sind, brauchen Sie drei Monate für Ihre erste Ausgabe.

Der Ablauf:
- Zwei Wochen: Aufbau des Teams / Einarbeitung / mentale Vorbereitung / Liste der potenziellen Kunden
- Eine Woche: Medien/Präsentationsmittel
- Sechs Wochen: Akquisition
- Drei Wochen: Grafik/Kopie/ 50 Prozent parallel zur Akquisition
- Zwei Wochen oder kürzer: Druck

Die nachfolgenden Ausgaben sind viel, viel schneller fertig. Einer unserer Partner macht zwölf Ausgaben für ein Zielgebiet und er kümmert sich um zwei Gebiete, sodass er insgesamt vierundzwanzig Ausgaben fertigstellt. Er hat viel zu tun, aber es geht ihm sehr gut dabei!

Wie sieht es mit der Finanzierung aus? Muss ich die Grafiker oder Drucker im Voraus bezahlen?

Das kommt darauf an. Wenn Sie nicht Teil der Trendguide-Organisation sind, müssen Sie die Redakteure und Journalisten in den meisten Fällen bezahlen, sobald das Projekt abgeschlossen ist.

Normalerweise zahlen 30 Prozent Ihrer Kunden ihre Rechnung innerhalb der nächsten zwei Wochen. Wenn Sie dieses Geld nehmen, können Sie Ihre Mitarbeiter auszahlen.

Die Druckerei? Ungefähr dreißig Tage nach der Lieferung. Damit erhalten Sie diese Rechnung als letztes und haben somit noch Geld in der Tasche.

Wenn Sie Teil der Trendguide-Organisation sind, kümmern wir uns um die Finanzierung:
• Wir bezahlen die Grafik-Designer und die Journalisten nach Abschluss des Projekts/bei Druckreife.
• Wir bezahlen die Druckerei.
• Wir bezahlen Sie nach Erstattung unserer Ausgaben entsprechend dem Cashflow.

Sie können davon ausgehen, dass das erste Geld etwa einen Monat nach der Lieferung in Ihrer Tasche landet. Sie müssen also etwa vier Monate lang aus eigener Kraft überleben. Das ist der schwierige Teil. Sie müssen alle Ihre Ausgaben und alle Anschaffungskosten im Voraus bezahlen.

Was wir bei Trendguide über das Thema Bezahlung gelernt haben
Ja, wir haben in allen europäischen Ländern festgestellt, dass die örtlichen Unternehmen schnell zahlen, nachdem sie eine

Rechnung erhalten haben und die Ausgabe ausgeliefert wurde. Zu diesem Zeitpunkt ist der Trendguide auch online abrufbar.

- 30 Prozent zahlen vierzehn Tage nach der Lieferung
- 30 Prozent zahlen dreißig Tage nach der Lieferung und der ersten Mahnung
- 20 Prozent zahlen fünfundvierzig Tage nach der Lieferung und der zweiten Mahnung
- 18 Prozent zahlen sechzig Tage nach der Lieferung und der dritten Mahnung
- 2 Prozent (ungefähr) – nicht leicht einzutreiben.

Wenn Sie eine offene Rechnung haben, sprechen Sie persönlich mit dem Kunden. Schreiben Sie nicht. Rufen Sie an oder tauchen Sie auf.

Das ist eine sehr persönliche Angelegenheit ... und es geht viel schneller.

Aus Erfahrung wissen wir, dass Unternehmen in südlichen Ländern bis zu 20 Prozent zahlen, wenn sie eine Bestellung aufgeben, 30 Prozent, wenn sie den Korrekturabzug erhalten (ein Korrekturabzug ist ein Ausdruck der Anzeige in der Zeitschrift), und 50 Prozent bei der Lieferung des fertigen Produkts.

Was ist mit dem Vertrieb?

Sie sind allein für den Vertrieb verantwortlich. Normalerweise verteilt Trendguides die gedruckten Ausgaben und liefert sie an die Läden/Geschäfte ihrer Partner/Kunden.

Außerdem kümmern sie sich um Verteilstellen, an denen sich viele Leute informieren:

- Touristeninformationen
- Banken
- Arztpraxen
- Flughäfen
- Autovermietungen

Sie finden Trendguides in den VIP-Lounges von Flughäfen, in Anwaltskanzleien, Kliniken, im Einzelhandel, in Touristeninformationszentren – die Liste ist lang und die Kreativität von Trendguide ist unbegrenzt.

Wie sieht es mit der Lieferung / der gedruckten Fassung aus?
Sie erhalten die bestellte Menge an Ihre Adresse. Denken Sie daran, dass Sie eine Menge Platz benötigen.

Außerdem sind die Trendguides ziemlich schwer, sodass ein LKW kommen und die Fracht abladen wird.

Sie sollten ein Team für die Auslieferung organisieren oder Ihre Kunden bitten, sie selbst abzuholen.

Es ist sehr raffiniert, selbst mit der ersten gedruckten Version aufzutauchen und das Produkt stolz zu präsentieren. Das zahlt sich langfristig aus und hilft, eine Partnerschaft mit Ihrem Kunden aufzubauen.

Wie sieht es mit Steuern und anderen behördlichen Angelegenheiten aus?
Um als selbständiger Journalist oder Redakteur tätig zu werden, müssen Sie sich zunächst als solcher registrieren lassen. In Deutschland braucht man für die Selbstständigkeit zum Beispiel auch einen Gewerbeschein, eine Unternehmensanmeldung und muss gegebenenfalls den Sozialversicherungstarif ändern.

Danach hängt es von den Gesetzen in Ihrem Heimatland ab, da Sie möglicherweise eine Sondergenehmigung benötigen, um als Medienredakteur zu arbeiten. Das ist jedoch in den meisten Fällen nicht der Fall, denn unsere Medien sind als „Advertorials" registriert.

Unsere Medien sind werbebasiert – ein Spiegel der Besten der Besten in Ihrer Gemeinde. Es handelt sich also um eine Mischung aus Werbung und redaktionellem Material – daher auch der Name.

Der Hauptunterschied besteht darin, dass Leser redaktionelle Medien zu mindestens 60 Prozent finanzieren sollten. Die Kunden wissen, dass das oft nicht der Fall ist, und auch die großen Medien sind von den Anzeigenkunden abhängig, die sogar die tägliche journalistische Arbeit beeinflussen. So sinkt das Vertrauen in die Medien.

Die meisten Ausgaben des Trendguide werden zu 100 Prozent von den Anzeigenkunden finanziert. Einige Trendguide-Partner verkaufen den Trendguide jedoch auch für einen Heftpreis von bis zu 5 Dollar, so dass diese Mischung eher einer Publikation entspricht.

Was die Steuern anbelangt, so bezahlen wir Sie, wenn Sie Teil der Trendguide-Organisation sind, nachdem Sie uns Ihre Steuernummer mitgeteilt und uns eine ordnungsgemäße Rechnung ausgestellt haben.

Die Druckerei und alle Ihre Mitarbeiter werden entsprechend bezahlt.

Wir stellen die Rechnung für Ihre Kunden über unser System aus bzw. gleichen es mit *Amazon* ab.

Es hängt von den Bestimmungen in Ihrem Land ab, aber in europäischen Ländern haben wir ein umgekehrtes Steuersystem, sodass keine Mehrwertsteuer anfällt.

Wenn Sie sich entscheiden, ein eigenständiger Trendguide zu sein, liegt es in Ihrer unternehmerischen Verantwortung, sich um Steuern, Vorschriften und staatliche Hürden zu kümmern.

Was ist mit der Druckerei? Wer gibt die Bestellung auf?

Auch hier gilt das Gleiche. Wenn Sie Teil des Netzwerks sind, geben wir die Bestellung auf und wählen in Zusammenarbeit mit Ihnen die Druckerei aus. Sie legen die Zahlen fest, wählen das Papier aus (Wir haben Mindestqualitätsstandards.) und legen die Lieferbedingungen fest.

Der Preis muss von Ihnen abgenickt werden. Wir wissen, welchen Standard eine Druckerei haben sollte.

Wenn Sie unabhängiger Anbieter sind, ist das Teil Ihres Geschäfts. Sie sind ein Experte und brauchen keine Hilfe oder Ratschläge.

Wie sieht es mit der Erstellung von Advertorials für meine Kunden aus?

Viele Kunden auf dem heimischen Markt verfügen über keine angemessenen, hochwertigen Anzeigen. Hier bietet sich eine großartige Gelegenheit, sie zu unterstützen und zusätzliches Geld zu verdienen, wenn Sie die ganze Arbeit übernehmen.

Es ist sehr wichtig, dass Sie die Anzeige schriftlich genehmigen lassen, damit es keine Missverständnisse gibt. Die meisten Trendguides schalten mindestens zwei Seiten in der

Zeitschrift und führen Interviews durch, um den Kunden im bestmöglichen Licht zu präsentieren. Ihre Kunden sollten die Stars des Magazins sein, also liegt es an Ihnen, die richtigen auszuwählen.

Ihr redaktioneller Designer und Ihr Fotograf sollten in der Lage sein, die Gestaltung des Advertorials zu übernehmen.

Kann/sollte ich jeden zahlenden Kunden annehmen?

Nein. Bezahlen allein oder die bloße Bereitschaft zu zahlen sollte nicht Ihr Kriterium sein. Sie müssen mit Bedacht auswählen.

Es sollte ein Privileg sein, Teil der Trendguide-Community zu sein.

An vielen Orten ist es genau so – und das zahlt sich aus. Die Besten der Besten wollen sich nicht unter das Mittelmaß mischen.

Es hängt natürlich von Ihrem jeweiligen Thema ab, aber vermeiden Sie alles, was Ihre besten Kunden und Ihre besten Leser stören/schädigen könnte.

Was ist mit den Urheberrechten/Rechten an den Bildern?

1. Alle Inhalte, die von Ihren redaktionellen Designern, Fotografen und Journalisten/Textern erstellt wurden, sollten auf Sie oder Trendguide übertragen werden (je nachdem, ob Sie unabhängig arbeiten oder Teil der Organisation sind). Zahlen Sie niemals etwas, ohne die Urheberrechte in schriftlicher Form zu übertragen. Hier sind keine Ausnahmen erlaubt.

2. Prüfen Sie sorgfältig, ob Ihr Kunde die Urheberrechte an seinen Inhalten zur Veröffentlichung an Sie weitergeben kann. Dies ist entscheidend, da einige Kunden nicht über die Urheberrechte oder nicht über die vollständigen Urheberrechte an ihrem Material verfügen.

Vorschlag:

- Verschwenden Sie nicht Ihre Zeit und Energie mit Urheberrechtsfragen.
- Produzieren Sie so viel Inhalte, wie Sie können.
- Nehmen Sie einfach alles mit Ihrem Handy auf – das ist kein Problem.
- Scheuen Sie sich nicht, selbst etwas zu schreiben oder Interviews zu führen.
- Verwenden Sie nur urheberrechtsfreies Material. Im Internet gibt es eine Menge davon und Fremdenverkehrsämter sind oft gerne bereit, Ihnen Material für redaktionelle Zwecke zur Verfügung zu stellen.

Wie sieht es mit der Struktur/dem Inhalt aus?

Sie bestimmen den Inhalt, der auf Ihre Kunden oder Ihren Kundenstamm ausgerichtet ist. Stellen Sie sich ein Magazin vor, das bis zu zwölf Ausgaben pro Jahr haben kann, und arbeiten Sie die inhaltliche Gliederung sehr sorgfältig aus.

Wir haben viele Beispiele und Ideen ausgewählt, die Ihren Bedürfnissen entsprechen werden/können.

Wenn ich eine Partnerschaft mit der Trendgude-Organisation eingehe – kann ich dann andere Ausgaben des Trendguide verwenden?

Ja, das können Sie. Wir können bis zu 30 Prozent Ihrer Inhalte kostenlos zur Verfügung stellen. Mehr können wir nicht tun, denn Ihr Trendguide sollte ein eigenes Farbschema haben und einen regionalen Bezug aufweisen. Es sollte keine bloße Adaption sein.

Das spart Ihnen viel Zeit und Geld, vor allem bei der ersten Ausgabe.

Wie wahrscheinlich ist es, dass internationale Kunden in meinem lokalen Trendguide inserieren werden?

Nehmen wir an, Sie arbeiten mit der Trendguide-Organisation zusammen. Es ist anzunehmen, dass Sie nach einem Jahr Aufbau Ihres Magazins mindestens über vier Ausgaben verfügen und Ihr Magazin in einem für internationale Kunden attraktiven Bereich produzieren werden.

Wir arbeiten mit Mercedes, Audi, Porsche, Hotelketten usw. zusammen, aber diese Kunden sind sehr wählerisch.

Wie sieht es mit dem Webauftritt auf www.trendguide.info oder www.my-trendguide.com aus?

Wenn Sie mit Trendguide zusammenarbeiten, senden Sie die PDF-Datei an unseren Webmaster. Er stellt Ihr Magazin in unseren „Showroom", wo es vollständig verfügbar ist und auf die internationale Plattform ISSUU gestellt wird – die größte unabhängige Veröffentlichungsplattform.

Was ist mit Facebook, Instagram/YouTube?
Wenn Sie eine Partnerschaft mit Trendguide eingehen, können Sie Ihre Kommentare zu Ihrem Magazin auf unseren Sozialen Medien platzieren. Es ist durchaus sinnvoll, unsere Ideen zu nutzen, um Ihre Plattform zu starten.

Viele unserer Partner sind sehr erfolgreich und ich bin der Meinung, dass dies in Zukunft ein wesentlicher Aspekt bei der Veröffentlichung sein wird.

Sollte ich regelmäßig Veranstaltungen organisieren?
Nach den Jahren der Pandemie sind die Menschen begierig darauf, sich persönlich zu treffen.

Wir sind alle „soziale Wesen" und es liegt nicht in unserer menschlichen Natur, etwas nicht zu sehen, zu fühlen, zu riechen oder zu berühren. Wenn Sie also zu den ersten gehören, die nach der Pandemie Veranstaltungen organisieren, wird das ein großer Erfolg sein.

Sie müssen es nicht regelmäßig tun. Das liegt ganz bei Ihnen. Aber denken Sie immer daran: Je mehr Sie sich vernetzen, desto einfacher wird Ihr Geschäft laufen.

Ich möchte meinen eigenen Trendguide starten.
Habe ich Ihr Interesse an Trendguide geweckt? Dann zögern Sie nicht, sich zu bewerben, ein Team zusammenzustellen und loszulegen! Trendguide freut sich über jeden qualifizierten Zuwachs und auch Ihre Stadt oder Ihre Region wird von einem lokalen Trendguide profitieren.

Wenn Ihnen dieser Titel gefallen hat und Sie mehr über andere Themen lesen möchten, die mein Leben verändert haben, dann schauen Sie sich bitte meine neuen Bücher bei Amazon oder auf meiner Website an:

www.my-mindquide.com.

Bleiben wir auch über die sozialen Medien in Verbindung! Bitte schreiben Sie mir auf *Facebook* oder *Instagram* und bleiben Sie auf dem Laufenden! Sie können mir auch gerne direkt Ihre Gedanken mitteilen: gassner@my-mindquide.com.

Im Gegenzug sende ich Ihnen eine wunderschöne Infografik, die Sie ausschneiden und einrahmen können.

Hinterlassen Sie bitte auch eine Rezension auf *Amazon*, denn so kann ich ein noch größeres Publikum erreichen. Vielen Dank für Ihre Zeit, Ihren Durchblick und Ihren unbändigen Wissensdurst!

Ich möchte mich bei all meinen Kollegen, Kunden, Freunden und Familienmitgliedern bedanken, die alle dazu beigetragen haben, dass ich heute so bin, wie ich bin.

Ich möchte auch Gabriel Palacios danken, einem Schweizer Bestsellerautor, dem König der Hypnotherapie. Er hat mir so manchen neuen Trick beigebracht und mich tief in das Geheimnis der Hypnotherapie eintauchen lassen. Ich habe auf diesem Weg so viel gelernt, dass ich jetzt selbst ein zertifizierter Master-Hypnosecoach und Gesprächscoach bin!

Außerdem möchte ich mich bei den fantastischen Lehrern von SAMYANA/Bali bedanken, die mich zum zertifizierten Yoga- und Meditationslehrer ausgebildet haben.

Nicht zuletzt gilt mein besonderer Dank meinem Meisterlehrer Eckhard Wunderle, der für mich fast ein Heiliger ist. Er hat mich in die Welt der Meditation eingeführt und mich all die Wunder entdecken lassen, die sie zu bieten hat. Ich könnte nicht stolzer sein, dass ich meine Zertifizierung zum Meditationslehrer direkt von ihm am Institut für Spirituelle Psychologie erhalten habe.

Frieden, Liebe und Glück für Sie alle bis zum nächsten Mal!

Gehen Sie noch nicht! Eine Sache wäre da noch zu tun ...
Wenn Ihnen dieses Buch gefallen hat oder Sie es nützlich fanden, wäre ich Ihnen sehr dankbar, wenn Sie eine kurze Rezension auf Amazon veröffentlichen würden. Ihre Unterstützung bedeutet mir sehr viel und ich lese alle Rezensionen selbst, damit ich Ihr Feedback erhalte und dieses Buch noch besser machen kann.

Nochmals vielen Dank für Ihre Unterstützung!

Authors portrait

Kurt Friedrich Gassner hat im Laufe seines Lebens viele Rollen gespielt. Unter anderem war er Serienunternehmer, Kreativdirektor, Meditationslehrer, lizenzierter Hypnosetherapeut und seit kurzem auch Autor für Selbstverbesserung. Durch die Nutzung seines Erfahrungsschatzes und seiner fundierten Kenntnisse der Psychologie gibt er seinen Lesern die Werkzeuge an die Hand, die sie benötigen, um ihr unendliches Potenzial zu entfalten.

Als produktiver Selbsthilfe-Autor hat Kurt die folgenden Bücher verfasst: *Die Kunst des Vergebens, Lügen oder Sterben, Soul-Match, Kann man einen vergifteten Verstand erben? und Die Macht der Armut.* Er ist auch Autor eines Kinderbuch-Bestsellers im deutschsprachigen Raum und hat über 20 Bücher in Arbeit.

Wenn es um dauerhaften Erfolg geht, weiß Kurt, dass finanzieller Wohlstand nicht der einzige Aspekt ist, nach dem man streben sollte. Er mag ein Selfmade-Millionär sein, aber was sein Leben wirklich verändert hat, ist die Beherrschung seines Unterbewusstseins. Beharrlichkeit, persönliche Stärke, Selbsterkenntnis und das Lernen aus vergangenen Fehlern waren die wichtigsten Zutaten, um seine Träume zu verwirklichen. Er bemüht sich, diese Weisheit durch sein Schreiben an andere weiterzugeben.

In seiner Freizeit reist Kurt Friedrich Gassner entweder um den Globus, geht golfen, radelt in den Alpen, wandert oder verbringt Zeit mit seinen Lieben. Seit 37 Jahren ist er glücklich verheiratet und Vater von zwei erfolgreichen Kindern. Zurzeit wohnt er in München, Deutschland, und Kirchberg, Österreich.

OTHER BOOKS BY THE AUTHOR

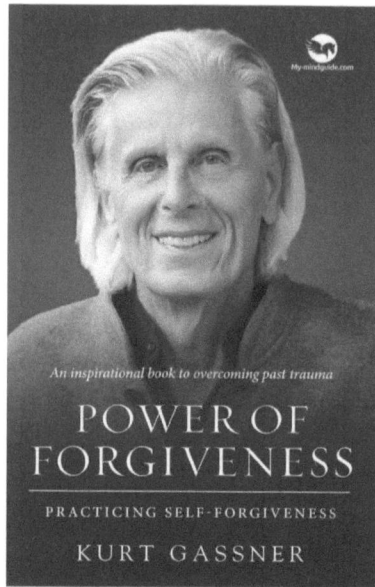

BÜCHER VOM AUTOR IN DEUTSCHER AUSGABE

OTHER BOOKS BY THE AUTHOR

OTHER BOOKS BY THE AUTHOR

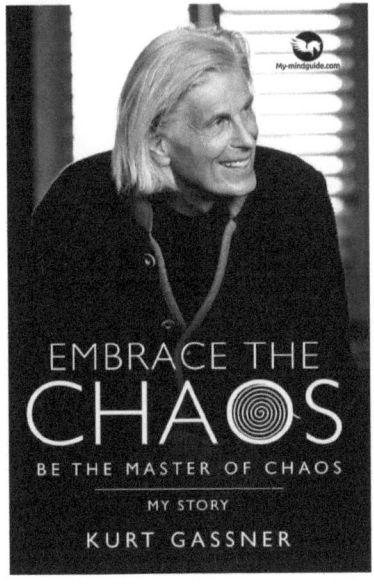

ECKO
FIRED FOR SUCCESS?

**TRUE STORIES AND MANAGEMENT LESSONS
FOR OUR TOUGH CHANGING TIMES**

KURT GASSNER

ECKO
WEGEN ERFOLG GEFEUERT

Eine wahre Geschichte über das Scheitern in Unternehmen und
was junge Führungskräfte aus einer Fehlerkultur lernen können.

KURT GASSNER

Unlocking
The Healing
Power of Pets

What Pets Can Tell You About Your Soul

KURT GASSNER

Heilkraft
Unserer
Lieblinge

Was Haustiere über Ihre Seele verraten können

KURT GASSNER

THE BLISS OF STRUGGLE

WINNING STRATEGIES
FOR DEMANDING TIMES

KURT GASSNER

STARK DURCH „STRUGGLES"

DAS IDEALE MINDSET,
UM KRISEN ZU MEISTERN

KURT GASSNER

LIE LYING & LIAR

A LIE HAS NO LEGS BUT IT HAS WINGS

KURT GASSNER

LÜGE LÜGEN & LÜGNER

EINE LÜGE HAT KEINE BEINE, ABER SIE HAT FLÜGEL

KURT GASSNER

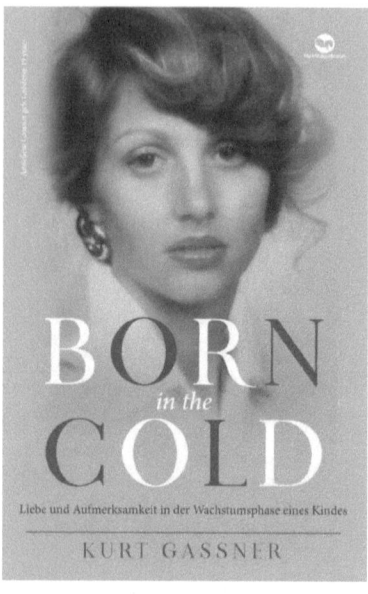

BORN
in the
COLD

Liebe und Aufmerksamkeit in der Wachstumsphase eines Kindes

KURT GASSNER

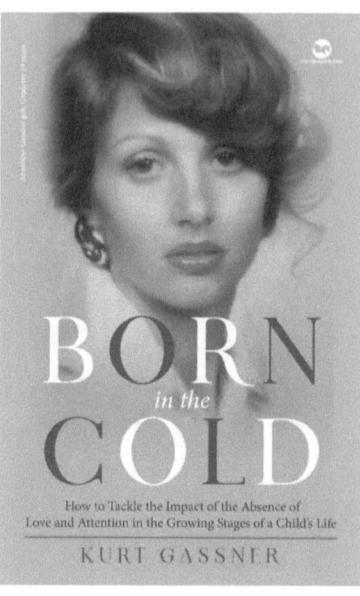

BORN
in the
COLD

How to Tackle the Impact of the Absence of
Love and Attention in the Growing Stages of a Child's Life

KURT GASSNER

SOPHIAS WUNDERWELT

10 ERZÄHLUNGEN
KURT GASSNER

SOPHIA'S WONDERWORLD

10 TALES
KURT GASSNER

See me also on Wikipedia

https://en.wikipedia.org/wiki/Kurt_Gassner